大学生
实用体能训练设计
与方法研究

怀 亮◎著

中国水利水电出版社
www.waterpub.com.cn
·北京·

内 容 提 要

本书针对大学生实用体能训练的概念、内容、价值、敏感期及影响因素、发展及训练体系的创新以及大学生基础体能教学与训练的发展对策等基本知识逐一进行阐述。

本书语言简洁凝练、结构明了、知识点丰富新颖,是一本值得学习研究的著作。

图书在版编目(CIP)数据

大学生实用体能训练设计与方法研究/怀亮著.——
北京:中国水利水电出版社,2017.6(2022.9重印)
ISBN 978-7-5170-5459-7

Ⅰ.①大… Ⅱ.①怀… Ⅲ.①大学生－体能－身体训练－研究 Ⅳ.①G808.14

中国版本图书馆 CIP 数据核字(2017)第 131170 号

书　　名	大学生实用体能训练设计与方法研究
	DAXUESHENG SHIYONG TINENG XUNLIAN SHEJI YU FANGFA YANJIU
作　　者	怀　亮　著
出版发行	中国水利水电出版社
	(北京市海淀区玉渊潭南路 1 号 D 座 100038)
	网址:www. waterpub. com. cn
	E-mail:sales@waterpub. com. cn
	电话:(010)68367658(营销中心)
经　　售	北京科水图书销售中心(零售)
	电话:(010)88383994、63202643、68545874
	全国各地新华书店和相关出版物销售网点
排　　版	北京亚吉飞数码科技有限公司
印　　刷	天津光之彩印刷有限公司
规　　格	170mm×240mm　16 开本　20 印张　358 千字
版　　次	2017 年 10 月第 1 版　2022 年 9 月第 2 次印刷
印　　数	2001—3001 册
定　　价	62.00 元

凡购买我社图书,如有缺页、倒页、脱页的,本社营销中心负责调换

前　言

当前,经济水平日益提高,科学技术不断发展,人们的生活水平不断提高,脑力劳动逐渐代替了体力劳动,再加上工作、生活压力的增大,用于体育运动锻炼的时间就很少,这就导致"文明病"的产生,人们的健康水平逐渐下降,并且"亚健康"的趋势越来越显著。随着人们健康意识的不断增强,以及"健康第一""全民健身""终身体育"等指导思想的提出,加强身体素质训练,保障身体健康,就成为当前社会的主要任务。大学生作为社会发展的重要人才来源,对其进行体能训练,是为他们踏入社会奠定良好的基础。

体能训练是提升身体素质和健康水平的重要途径和方式,只有经过科学、系统的设计和实践,才能够取得理想的训练效果。当前,关于体能训练的研究比较多,但大多都是从最基本、最广泛的角度来进行分析和阐述,缺乏创新;没有将当前社会的发展需要与体能训练有机结合起来,时代性较差;没有针对具体的目标群体作相应的调整,针对性较为欠缺 等 等。鉴于此,特撰写了《大学生实用体能训练设计与方法研究》一书,希望能够为体能训练的进一步研究提供一定的依据和支持。

本书共十章,第一章对大学生实用体能训练的概念、内容、价值、敏感期及影响因素、发展及训练体系的创新以及大学生基础体能教学与训练的发展对策等基本知识进行了阐述,对体能训练能有一个基本的概念;第二章对大学生实用体能训练的基础理论进行了分析,主要涉及学校体育与学生体能,大学生体能训练的任务与要求、原理、原则与方法、准备活动以及心理调节,由此来对大学生体能训练有一个初步的了解和认识;第三章则对大学生实用体能训练的营养与保健进行了说明,这就为大学生体能训练的安全性提供了科学的保障;第四章是对大学生实用体能训练的科学测评的研究,以此能对大学生体能训练的情况有客观的了解,并以此为依据来对后面的训练起到科学的指导作用;第五章对大学生实用体能训练计划设计进行了分析,由此能够使大学生体能训练计划的科学性和可行性更加显著,从而保证理想的训练效果;第六章至第九章分别对大学生实用体能训练中的力量素质训练、速度素质训练、耐力素质训练、柔韧与灵敏素质训练进行了指导;第十章则对不同体质以及不同就业方向的大学生的体能训练进行了研究,使大学生能够根据自身的兴趣爱好和未来的发展有针对性和目的性地进行有侧重的训练,为毕业后的工作奠定良好的身体基础。

总的来看,本书通过简洁凝练的语言、系统明了的结构以及丰富新颖的知识点,来对大学生实用体能训练进行了全面且深入地分析和研究,充分体现出了科学性、系统性、时代性、实用性、针对性等显著特点。可以说,这是一本借鉴意义非常强的专业学术著作,值得一读!

本书在撰写过程中参考并借鉴了相关专家学者的研究成果和观点,在此表示最诚挚的感谢!另外,由于时间和精力有限,书中不免出现纰漏,恳请广大读者批评指正!

作 者

2017 年 4 月

目　　录

第一章 体能训练基本知识概览

在各项运动中,体能是其重要的基础,如果体能素质较差,就难以发挥其技战术水平。因此,在运动训练中,体能训练处于基础地位。运动员只有具备良好的体能基础,才能够促进运动水平的不断提高。为了更好地了解体能训练,本章对体能训练的基本知识进行了分析。

第一节 体能训练的概念、内容及价值

一、体能训练的概念

(一)体能的含义

国际运动医学委员会于 1964 年成立"国际体能测试标准委员会",与此同时,制定了标准体能测试的六大内容,分别为身体资源调查、运动经历调查、医学检查与测验、生理学测验、体格和身体组织测验、运动能力测验。在此基础上,拉森(Larson)提出更为详细的体能构成十大因素,分别为:防卫能力、肌力能力、肌爆发力、柔韧性、速度、敏捷性、协调性、平衡性、技巧性和心肺耐力。

自 20 世纪 80 年代中后期,我国各类体育报刊和文献中开始频繁出现"体能"一词,各竞技运动项目的训练中也陆续开始强调"体能"训练。但是,在运动训练及运动训练学、运动生理学和各种体质研究的文献资料里,"体能"的含义并不完全一致。

训练学的观点认为,体能包含身体能力、身体素质、身体适应能力和人体机能等。作为运动员竞技能力的重要组成部分,体能训练与技战术训练、心理训练和智力训练一起构成运动训练这一整体。体能训练不仅能够提高运动员有机体的竞技能力,而且还能增进人体健康,改善身体形态,发展一般和专项运动素质等。在运动生理学研究中,体能更偏向于指身体功能、生理机能和运动能力,有氧和无氧能力也都属于体能的范围;在体质研究中,

体能又被赋予了新的内涵,它更多的指身体素质和身体适应能力。综上所述,有关体能的概念和外延及其本质属性的描述,一直以来都为各方面的专家学者所关注。

《现代汉语词典》中对体能做出的解释为:"体能",是指人体各器官系统的机能在体育活动中表现出来的能力,包括力量、速度、耐力、灵敏和柔韧等基本的身体素质与人体的基本活动能力(如走、跑、跳、投掷、攀登、爬越和支撑等)两部分。我国现行的一些体能训练学相关的教材中,对其所给的定义为:运动员体能是运动员机体的基本运动能力,是运动员竞技能力的重要组成部分。

运动员要想取得优异的成绩,超强的竞技能力是必不可少的,一般学者们将运动竞技能力分为五个维度,即体能、技术能力、战术能力、心理能力、运动智能。各方面的竞技能力在竞技比赛中会有不同的表现方式,具体见表 1-1。北京体育大学刘大庆教授则运动智能代之以知识,具体见表 1-2。

表 1-1　竞技能力构成要素一览表

竞技能力的构成要素	竞技表现
体能	力量、速度、耐力
技术能力	动作质量、动作稳定性
战术能力	自身发挥、干扰对手、影响判定
心理能力	参赛情绪动员、比赛情绪控制、竞技意志保持
运动智能	竞技知识的掌握与运用

表 1-2　刘大庆教授关于竞技能力要素的理论

	构成要素	经济表现	决定因素
竞技能力	体能	运动素质:速度、力量、耐力	形态
			机能
	技能	技术	技战术数量
		战术	
	心理能力	参赛情绪	动机
		意志品质	性格
	知识	分析综合能力	智力、知识容量

运动员体能发展水平由三部分决定:身体形态、生理机能和运动素质的发展状况。身体形态即为反映人体生长发育状况的各环节高度、围度、长度、宽度和充实度等外部形态特征与心脏大小、肌肉的横截面等内部形态特征;身体机能是指人体各内脏器官的机能状态;运动素质则是指在运动过程中,有机体在中枢神经系统的控制支配下,通过肌肉活动表现出来的各种基本运动能力。

通过对"体能"定义的多样化的探讨,综合各家所长,界定体能定义如下:体能,是指有机体在先天遗传的基础上,通过后天训练而获得的在形态结构、功能和调节方面及其在物质能量的贮存与转移方面所具有的潜在能力以及与外界环境相结合所表现出来的综合运动能力。其大小是由机体形态结构、系统器官的机能水平、能量物质的贮备与基础代谢水平及外界环境等条件决定的,体能的主要外在表现形式为运动素质,在运动过程中表现为力量、速度、耐力、柔韧和灵敏等各种运动能力。发展和提高体能的最主要手段是运动训练。

(二)体能训练的概念

体能训练是运动训练的重要内容,是发展运动员竞技运动能力的重要途径。要建立体能训练学的学科体系,必须首先明确体能训练学的概念。

体能训练理论及其基本概念经历了一个发展流变的过程,人们在实践的过程中对体能训练理论知识的认识逐渐发展和完善。在原始社会中,通过与大自然的搏斗,孕育了现代人类力量、速度、耐力、柔韧、灵敏等运动素质的基本痕迹。随着人类社会的发展,文明的逐渐进步,人类的体能训练理论也得到了相应的发展。古希腊奥运会时期,就已经出现了掌握一定训练知识的专业教练员。

到了近代,人们对体能训练的有关问题有了更多认识。1787年,德国学者P.菲劳梅发表了《身体形成问题》,阐述了身体练习原理。1836年,德国的韦伯兄弟将力学实验引入运动人体的研究,写出了《人走步器官的运动力学》一书,对走、跑及其他运动结构进行了分析研究。1883年,法国人格拉朗热将生理学应用于运动训练,发表了《不同年龄身体练习的生理学》,用生理学的有关原理阐述了体能练习的一些基本问题。

当代学者把运动训练分为四个发展阶段:

(1)自然发展阶段(19世纪—20世纪20年代)。

(2)新技术阶段(20世纪20—50年代)。

(3)大运动量阶段(20世纪60—70年代)。

(4)多学科综合利用,即科学训练阶段(20世纪80年代至今)。

新兴科学技术在体育领域广泛应用始于 20 世纪 50—90 年代,与此同时,新的训练理论和方法不断涌现,并先后形成了一般训练理论、项群训练理论和专项训练理论。运动员体能训练问题的研究受到了普遍重视,国外学者如前苏联的普拉托诺夫,英国的狄克·沃森,美国的霍克等学者都对这一问题进行了研究。我国的过家兴、唐思宗、杨世勇等学者,在其著作或发表的文章中,都先后探讨了与体能有关的身体素质训练问题,有些还进行了比较深入、系统的研究。例如,"身体素质"一词来源于前苏联。前苏联的普拉托诺夫,加拿大的波姆帕,我国的过家兴以及西方一些国家的学者在其著作中都表述了这样的观点:身体(素质)训练是直接提高力量、速度、耐力、柔韧和协调性等运动素质的过程,是运动训练的重要组成部分,对运动水平提高有促进作用。

长期以来,国内的学者将体能训练等同于身体训练,人们的认识水平落后于实践的发展。直到 20 世纪末,人们才对体能训练的问题有了新的认识。例如,董国珍等认为"体能指运动员机体的基本运动能力,是运动员竞技能力的重要构成部分"(体育院校通用教材《运动训练学》. 人民体育出版社,2000)。柳伯力等认为"体能是指运动员为提高运动技战术水平和创造优异运动成绩所必需的各种身体运动能力的综合"(体育院校函授教材《运动训练学》. 人民体育出版社,1999)。王兴等认为"体能即体力与专项运动能力的统称"(《上海体育学院学报》,1999,(1))。

根据上述观点和前人的认识,我们认为体能是运动员机体的运动能力,是竞技能力的重要组成部分,是运动员为提高技战术水平和创造优异成绩所必需的各种身体运动能力的综合。这些能力包括身体形态、身体机能、运动素质。其中运动素质是体能的最重要决定因素,身体形态、身体机能是形成良好运动素质的基础。体能训练的概念可以表述为:体能训练是运动训练的重要组成部分,是结合专项需要并通过合理负荷的动作练习,改善运动员身体形态,提高有机体各器官系统机能的活动能力,充分发展运动素质,促进运动成绩提高的训练过程。它是技术训练和战术训练的基础,并对掌握专项技术、战术,承担大负荷训练和激烈比赛,促进运动员身体健康,防止伤病以及延长运动寿命,都具有极为重要的意义。

虽然体能训练得到了长足的进步和发展,但是目前许多国家还没有正式使用体能训练学的概念,体能训练学科的建立任重而道远。任何一门学科的建立都不是一蹴而就的,我们只能根据已有的认识和研究成果,结合体能训练实践经验提出新的看法,为推动体能训练学理论的发展不懈努力。

体能训练学是研究和揭示体能训练的一般规律和基本方法的一门综合性技术理论学科。它从整体上系统地研究和揭示体能训练全过程的一般规律,客观地反映出体能训练的主要特征和基本要素,从而使体能训练更好地为创造优异的专项运动成绩服务。

开拓性、创造性以及研究新对象、发现新规律和为人们认识事物提供新知识,这些都是新兴学科的共同特点。但同时伴随着的是其不成熟性,这就需要在实践中去认识、补充和完善相关的理论。体能训练学要发展成长为一门独立的学科,也必须遵循这一发展规律。

体能训练学作为一门新学科,应该是人们已有的全部体能训练知识的系统化和理论化,应该具有理论性和应用性相统一,且重在应用性的特点。这就要求我们在建立这门学科时,既需要高度抽象的理论思维能力,又要有明确的应用目的,做到理论和应用兼而有之,并重在应用。总之,体能训练学既要包括能促进本学科发展的理论,又要能满足现代体能训练实践的需要,为体能训练理论和实践的发展服务。

二、体能训练的内容

运动、速度、耐力、柔韧性、灵敏等运动素质是体能训练的基本内容,它们也与运动员专项运动成绩直接密切相关。充分发展这几项运动素质能够影响和促进运动员身体形态和机能的改善,进而提高运动员的健康水平,为专项运动成绩的提高和技术水平的不断发展奠定良好的基础。学界一般把体能训练分为两类:一般体能训练和专项体能训练。

（一）一般体能训练

一般体能训练,是指运用多种非专项的体能练习手段,所进行的旨在增进运动员的身体健康,提高各器官系统机能,全面发展运动素质,改善身体形态,掌握非专项的运动技术、技能和知识,为专项成绩提高打好基础的训练。

一般体能训练能够让人的心脏、血管、肺脏和肌肉组织等都充分发挥有效的机能,因此又被称为良好的健康体能训练。它不仅能够让人对日常工作和生活游刃有余,同时也让人有应付突发紧急状况的身体能力。健康体能由四要素组成,它们对人体健康都有重要的作用。

1. 身体组成

人体是由脂肪及非脂肪组织（如肌肉、骨骼、水与其他脏器等）所组成的,保持理想体重对维持适当的身体组成很有帮助。其中脂肪的比例较容易变化并对健康影响较大。一般人体重过重可能是体内囤积过多的脂肪所致,过多的脂肪易导致一些慢性疾病,如糖尿病、高血压、动脉硬化及心肌梗塞等。

2. 柔韧性

柔韧性,是指关节的最大活动范围,使四肢和躯干充分伸展而不会感到疼痛的一种能力。影响柔韧性的身体因素主要包括骨骼、关节结构与关节周围的肌肉、脂肪、皮肤与结缔组织。通常来说,具有良好柔韧性的人,肢体的活动范围较大,肌肉不易拉伤,关节也较不易扭伤。而柔韧性不好的人,则容易造成姿势不良问题,如背痛及肩颈疼痛等。一般来说,不经常参加体育运动是造成柔韧性降低的主要原因。

3. 肌力与肌耐力

肌力是肌肉所能产生的最大力量,肌耐力是肌肉持续收缩的能力。良好的肌力与肌耐力可以维持正确的姿势并增进工作的效率;肌力与肌耐力不好的人较容易产生肌肉疲劳与酸痛现象。

4. 心肺耐力

心肺耐力是身体在活动时,能持续地吸收与利用氧气的能力,涉及的范围包括心脏、肺脏、血管和血液等,是健康体能中最重要的一项体现全身性运动持久能力的指标。

(二)专项体能训练

专项体能训练,是指采用直接提高专项素质的练习,以及与专项有紧密联系的专门性体能练习,最大限度地发展对专项成绩有直接关系的专项运动素质,以保证掌握专项技术和战术并使其在比赛中顺利、有效地运用,从而创造优异成绩的训练。

一般体能训练和专项体能训练之间是相互联系的,主要表现在:一般体能训练是专项体能训练的基础,同时为专项运动素质的提高创造必要的条件;专项体能训练则是提高专项运动成绩的特殊需要,并直接为创造优异的专项运动成绩服务。随着专项水平的不断提高,一般体能训练所提供的基础及专项体能训练的要求也要随之改变,以适应专项水平提高后的要求。一般体能训练和专项体能训练的目标是一致的,有时在训练实践中往往很难进行划分。

另外,由于项目的不同,一般体能训练与专项体能训练的内容之间存在着较大的区别。二者之间的主要区别如表1-3所示。

表1-3 一般体能训练与专项体能训练的区别

	一般体能训练	专项体能训练
任务	1. 提高各器官系统机能,增进身体健康 2. 全面发展运动素质 3. 改善身体形态 4. 掌握非专项的运动技术、技能和知识 5. 为提高运动技术水平创造一定条件	1. 提高与专项有关的器官系统机能 2. 最大限度地发展专项运动素质 3. 塑造专项所需的体型 4. 精确掌握与专项技术、战术有关的知识和技能 5. 促进专项运动成绩和技术水平提高
内容	多种多样的对全面发展运动素质、身体机能有益的身体练习手段,如球类、体操、举重、游戏等	直接发展专项运动素质的练习,以及在动作特点上与专项动作结构相似的练习,或有紧密联系的专门性练习
作用	为专项运动素质的全面发展和专项成绩的提高打好基础	直接提高专项运动素质,促使运动员创造优异的专项运动成绩

三、体能训练的价值

马克思主义认为,价值是客体对于主体的有用性。通俗来说,就是事物本身的属性、用途对人的积极作用。具体而言,体能训练对于大众和运动员的价值表现在如下几方面。

(一)增进身体健康

良好的健康状况是系统训练的根本保证,同时,良性的体能训练能够有效地促进运动者的身体健康。体能训练能够有效地提高各器官的机能,对于中枢神经系统机能的改善效果尤为明显。通过进行体能训练,运动者能够增强自身的骨骼、肌肉、肌腱和韧带等运动器官功能,并能改善心血管系统、呼吸系统机能,促进人体新陈代谢。此外,体能训练能够增强人的自制力、自控力,帮助运动者克服生物惰性。综合来说,体能训练能够有效地促进运动者身体健康的发展,提高机体对环境的适应能力和对疾病的抵抗能力。

(二)发展运动素质

现代奥林匹克运动会之所以广受关注和赞誉,是因为各国运动健儿为了创造良好成绩,而表现出来的刻苦训练、奋力拼搏、永不放弃以及向人类身体运动能力的极限发起一次又一次冲击的精神。而要充分发展人体运动能力的潜力,在赛场上创造优异成绩,就必须最大限度地发展和提高力量、速度、耐力、柔韧、灵敏和协调能力等运动素质,而体能训练正是实现这一目标的主要途径。通过体能训练,能够有效地发展运动者的力量水平,提高速度和耐力素质,并使运动专项所需的柔韧性得到良好发展,获得更好的灵敏素质和协调能力,使专项运动素质得到最大限度的提高,一般运动素质得到协调一致的发展,为最大限度地创造优异的专项成绩打下坚实基础。

(三)促进机体适应负荷

现代竞技运动竞赛频繁,竞争激烈,运动员要在重大比赛中夺取胜利,创造优异成绩,只有通过大负荷的运动训练,促进机体对于大强度运动负荷的生物适应,掌握娴熟的专项技术、战术,才能够促进其竞技水平的不断提高。从第一届奥运会至今,运动训练已经经过了自然发展阶段、新技术广泛应用阶段、大运动量阶段和多学科综合利用(即科学训练)阶段。科学训练阶段的一个重要特点是广泛运用现代科技成果于运动训练,科学、系统地监测训练过程,并在此基础上保证大负荷训练。而大负荷训练要求运动员必须具有强健的体魄,良好的身体机能能力。通过体能训练能够对此打下坚实的基础,并使运动员在不断加大负荷的情况下,承担训练和比赛对有机体的一切要求。

(四)掌握先进技战术

不同的运动项目对有机体的运动能力有不同的要求,体能训练使运动员有机体各器官系统功能协调发展,从而具备从事各专项竞技的运动能力。例如,举重要求最大限度地发展运动员的力量水平和专项动作速度,并对专项耐力、专项柔韧性和协调性有很高要求;短跑则要求运动员必须具备突出的爆发力、良好的反应速度、快速移动速度和专项柔韧性,以及高度的对快速运动的协调能力;体操、武术、拳击和球类等运动,则对各项运动素质都有很高要求,并且有些技术动作本身就是运动素质的综合表现。运动员只有通过科学合理的运动训练,充分发展各项运动素质,才能更进一步地掌握复杂、先进的技战术,这正是体能训练的意义所在。

(五)创造优异成绩

体能是竞技能力的物质保障,它是由运动员的身体机能、身体形态和运动素质表现出来的。体能是技能和心理能力的基础,没有体能,这两者则成为空中楼阁,竞技能力也将成为空谈。很多国家对于体能的训练都非常重视,并为每个优秀运动员配备了专门的体能训练教练,体能训练的比例在某些阶段甚至高达70%。这充分说明了体能训练的重要性。

雄厚的运动素质发展水平和有机体形态的改变、技能水平的高度发展,这是运动员取得优异成绩必不可少的条件,竞技比赛和运动实践充分证明了这一点。体能训练对身体形态改变越深刻,有机体机能发展水平越高,则其衰退速度也就越慢,保持时间也就越长。这样专项技术、战术发挥和保持的时间相应也会更长,运动水平衰退速度也就更慢,使得运动员能够更长久地保持较高的运动水平,具有更长的职业生涯。

第二节 体能素质发展的敏感期及影响因素分析

一、体能素质发展的敏感期

在体能素质的发展过程中,每一种素质的发展具有其一定的生理规律,应按照其生理规律来开展训练。人体相应的体能素质在不同的生长发育阶段有的敏感时期,把握这些敏感时期,有针对性地开展运动训练,能够更加有效的发展相应的体能素质。青春期发育速度较快,其可分为三个发展阶段(表1-4)。在不同的年龄阶段,各项素质发展是不一样的(表1-5)。男女各项素质增长阶段和稳定阶段的年龄见表1-6。表1-7为男女各项体能指标发展的敏感期。

表 1-4 人体青春期的三个阶段及其发育特点

	前期	中期	后期
女孩	10—12 岁	13—16 岁	17—23 岁
男孩	12—14 岁	14—17 岁	18—24 岁
特点	以身体形态发育突增现象为主,是人体成熟前的一个迅速生长阶段,也称为生长加速期	以第二性征发育为主,又称为性成熟期,此阶段形态的发育速度减慢	身体发育到完全成熟阶段

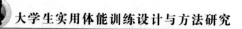

表 1-5　青少年儿童各项身体素质递增均值比较

指标	逐年增长平均值
60 米跑(速度素质)	0.13～0.22 秒
400 米跑(速度耐力素质)	0.68～1.63 秒
1 分钟快速仰卧起坐(腰腹肌力,速度素质)	0.23～0.6 次/分钟
立定跳远(下肢爆发力)	2.27～5.88 厘米
屈臂悬垂(抗体重静力性力量)	0.66～2.2 秒

表 1-6　青少年儿童身体素质增长阶段和稳定阶段的年龄

身体素质	增长阶段年龄		稳定阶段年龄	
	男	女	男	女
50 米跑	7—15	7—13	15 岁以后	13 岁以后
立定跳远	7—16	7—13	16 岁以后	13 岁以后
立位体前屈	12—18	11—20	7—12 岁,16 岁以后	7—11 岁,15 岁以后
仰卧起坐	—	7—12	—	12 岁以后
引体向上	13—19	—	19 岁以后	—

表 1-7　各项体能指标发展的敏感期

素质指标	男(岁)	女(岁)
50 米跑	7—9,12—14	7—11
立定跳远	7—9,12—13	7—11
立位体前屈	12—13,14—16	11—13,14—16
1 分钟快速仰卧起坐	—	7—10
引体向上	14—15	—

(一)力量发展敏感期

一般青少年的力量素质发展的敏感期为:男子 12—16 岁,女子相对较早为 11—15 岁。力量发展敏感期判断的主要依据有如下几方面。

第一,青少年儿童在生长发育过程中,其从 12 岁左右开始,肌肉会急剧增加,并且男女之间具有一定的差异性。一般女孩肌肉质量增加得特别急剧的时期是 11—13 岁;男孩在 12—14 岁时为肌肉急剧增加的时期。青少年儿童不同年龄阶段肌肉重量与体重百分比分别为:出生时为 16.6%,3 岁时为 21%,6 岁时为 21.7%,8 岁时为 27%,12 岁时为 29%,15 岁时接近 33.3%。成年男子为 43.5%,女子为 35%。[①]

第二,成年人其体内的肌肉细胞已丧失了合成脱氧核糖核酸及再分裂的能力,青少年则不同。青少年通过力量训练能够使得肌肉纤维"纵向劈裂",具体表现为:其肌肉变得发达,而肌肉单元数和毛细血管都有所增加,肌纤维密度也会明显增大。

青少年儿童不同力量素质的发展敏感期及其特点如下。

1. 绝对力量

表 1-8 为不同性别的青少年的绝对力量的增长情况。

表 1-8　青少年绝对力量增长情况分析

男孩	12—16 岁	绝对力量平均增长 57.5%
	17—20 岁	绝对力量增加 36.6%
	21—22 岁	绝对力量增加 9.6%
	25 岁左右	达到成人所能表现的最大力量
女孩	10—13 岁	绝对力量可提高 46%
	13—15 岁	绝对力量增长 8%
	15—16 岁	绝对力量增长 14%
	16—21 岁	绝对力量增长 6%

2. 相对力量

青少年男女的相对力量增长较为平缓。12—14 岁时,每年以 2%～3% 的速度增长。这主要是因为在身高增长的最快时期肌肉横断面积增加较少,而在身高增长速度减慢时肌肉的增加又相应使体重增加。

3. 速度力量

青少年在 7—14 岁时其速度力量增长速度很快。一般 14 岁以后,男孩的速度力量仍然保持较快的增长速度,而女孩则相对较小。青少年在 16—17 岁

---

① 杨世勇,李遵,唐照明. 体能训练学[M]. 成都:四川科学技术出版社,2001.

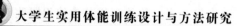

时,由于内分泌腺影响,使得其速度力量的增长速度慢了下来。

4. 力量耐力

青少年的力量耐力方面,女孩在7—13岁这一阶段处于直线上升趋势,其后逐渐开始缓慢发展,甚至下降。男孩的力量耐力在7—17岁这阶段呈直线上升的趋势。

(二)速度发展敏感期

青少年速度素质的发展敏感期在8—13岁这一阶段。速度素质包括多种,下面对其敏感期的具体发展特点进行分析。

1. 反应速度

反应速度主要受到遗传方面的影响,但是通过训练能够使得其更好的表现出来。青少年一般在6—12岁阶段,反应速度大幅度提高,尤其是9岁以后,其反应速度会明显加快,在12岁时,其反应速度达到了第一次发展的高潮。12岁之后,其反应速度的增长速度逐步放缓,但是在16—20岁这一阶段,其反应速度迎来了新的增长高峰。青少年在9—12岁阶段如果能够对反应速度进行系统的训练,则其反应速度的增长就会更加迅速。

2. 动作速度

动作速度方面,4—5岁小孩其随着年龄的增长,动作速度也在不断提高。13—14岁时其动作速度的发展程度已经接近成年人指标。一般动作速度训练可在9—13岁时开始,这样能够收到良好的效果。

3. 动作频率

青少年的动作频率会随着年龄的增长而增长,而不同部位的动作频率也有很大的不同。科学研究表明,动作频率与人体的灵敏性和协调性具有较大的关系。一般人体的灵敏性和协调性发展的最佳时期为6—13岁,而进行动作频率训练的最佳时期在8—13岁。[①]

4. 移动速度

国外的科学研究表明,人体在7—13岁这一阶段是移动速度快速提高的时期。一般男孩8—13岁、女孩9—12岁移动速度的增长最快。在13—16岁

---

① 杨世勇,李遵,唐照明. 体能训练学[M]. 成都:四川科学技术出版社,2001.

这一阶段期间,男孩的移动速度增长要比女孩更快、更稳定。

(三)耐力发展敏感期

耐力素质包括有氧耐力、无氧耐力两个方面。不同的耐力素质类型其发展的敏感期不同。

1. 有氧耐力

一般有氧耐力方面,女孩在9—12岁这一阶段的各项指标会有较大幅度的增长,而在14—16岁这一阶段,有氧耐力水平则出现一定的下降,在16岁以后,下降的速度减慢。

男孩的有氧耐力素质在10—13岁时各项指标大幅度提升,这是第一个增长高峰;在16—17岁时,会有更大幅度的提高,为第二增长高峰。

2. 无氧耐力

女子的无氧耐力在9—13岁这一阶段会逐渐递增,而在14—17岁这一阶段会有所下降。男子在10—20岁这一阶段期间,无氧耐力呈现出不断增加的趋势。尤其是在10岁、13岁、17岁会出现三次增长的高峰。在进行无氧耐力训练时,应在15—18岁期间加强训练。

在进行耐力素质训练时,应首先加强有氧耐力的训练,使得人体具备良好的一般耐力素质基础,在此基础上进行无氧耐力训练,并逐渐加大无氧耐力训练的比例。

(四)柔韧发展敏感期

柔韧素质训练会随着年龄的增长而逐渐降低,一般发展柔韧素质的敏感期为5—12岁。在进行柔韧素质训练时,应加强专项柔韧素质训练,只要柔韧素质能够满足专项运动需求,就不需要进行过多训练。

(五)灵敏发展敏感期

一般青少年在6—13岁这一阶段,为其灵敏素质的发展敏感期。在这一阶段,应积极促进灵敏素质水平的提高。

上文对各项身体素质的发展敏感期的相关特点进行了分析,表1-9则对各项运动素质训练的敏感期进行了总结。[①]

---

① 杨世勇,李遵,唐照明.体能训练学[M].成都:四川科学技术出版社,2001.

表 1-9　各项运动素质开始和加强训练的时期

运动素质	年龄（岁）							
	5—8	8—10	10—12	12—14	14—16	16—18	18—20	20 以上
最大力量			A、a	A、b	Bb	Bc	Cc	→
速度力量			A、a	B、b	Bb	Bc	Cc	→
力量耐力				A、b	Bb	Cc	→	
反应速度		A、a	B、b	B、b	Cc	→	→	→
动作速度		A、a	B、b	B、b	Cc	→	→	→
移动频率		A、a	A、a	B、b	Bb	Cc	→	→
移动速度		A、a	A、a	A、b	Bb	Bb	Cc	→
有氧耐力		A、a	A、a	B、b	Bb	Cc	→	→
无氧耐力				a	Ab	Bc	Cc	→
柔韧性	B、b	B、b	B、b	C、c	→	→	→	→
灵敏性	A、a	B、b	B、b	C、c	→	→	→	→

注 1：男子：A、B、C；女子 a、b、c。

注 2：A、a——谨慎训练；B、b——提高训练；C、c——高水平训练；→——继续发展训练。

二、影响体能素质发展的因素分析

（一）力量素质的影响因素

力量素质受多方面因素的影响，具体而言，其影响因素如下。

1. 肌肉的数量和长度

一块肌肉的肌纤维数量多，则其收缩力量也就较大。一种观点认为，通过进行力量训练，肌纤维不仅会增粗，而且还会使得肌纤维的数量增加。力量的大小取决于肌肉的体积，而肌肉体积的发展潜力主要取决于肌肉长度，而肌肉长度是遗传的。

2. 肌肉生理横截面积

一般绝对肌力的大小取决于肌肉的生理横截面积。肌肉的横截面积即为相应肌肉的所有肌纤维横截面积的总和。肌纤维增粗,则其肌肉生理横截面积也会增加。通过进行力量训练,能够提高相应部位肌肉的生理横截面积。

3. 肌纤维类型

肌肉力量的大小取决于不同类型肌纤维的百分比。一般可将肌纤维分为白肌纤维(又称快肌纤维)和红肌纤维(慢肌纤维)。人体的白肌纤维的收缩力量要比红肌纤维大,而白肌纤维在耐力方面占优。如果人体的白肌纤维所占的百分比较高,则其力量相对较大。

4. 神经因素

学者们认为,肌肉收缩的最佳效果并不是由于肌肉,而是由于神经冲动的合理频率的提高,从而调动人体一些物质的生理活性,促进肌肉工作能力的提高。中枢神经系统的机能状态对于肌肉力量具有直接影响。中枢神经处于兴奋状态时,人体会分泌出一定生理活动物质,如肾上腺素,从而使肌肉力量有所增强。

神经中枢对肌肉工作的协调及控制能力较强时,能够更好地协调各肌肉之间的配合,使其力量最大化。运动单位由运动神经元以及其所支配的一组肌纤维构成,一般肌肉最多可包括 700 个运动单位。人体运动时,并不是所有的运动员单位都参与工作,参加工作的运动单位越多,则力量也越大。

5. 性别和年龄差异

上文我们提到,男女之间的肌肉力量差别较大,而不同年龄阶段,人体的力量素质也具有较大的差异性。一般女子上肢肌肉力量比男子上肢肌肉力量低约 50%,而下肢肌肉力量与之相比低约 30%。在不同的年龄阶段,人体的力量也会不同,一般在 40 岁之前,人体的肌肉力量随着年龄增长而呈增长趋势。

6. 营养系统供能情况

在肌肉工作过程中,营养的供应直接影响肌肉力量的发挥,而这与肌肉中储备的能量物质具有重要关系。营养系统的工作还受到有氧代谢能力的

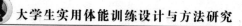

影响,较强的代谢能力能够促进代谢产物的排除,从而使得肌肉更好地工作。

(二)速度素质的影响因素

1. 反应时

人体接受相应的刺激与做出多以各肌肉动作之间的反应时间具有遗传性质。人体的感受器的敏感度和中枢神经的兴奋度决定了人反应的快慢。一般可将人的条件反射过程概括为:机体某些感觉器官被刺激而兴奋→兴奋通过神经传到中枢神经→大脑中枢根据过去的经验对传入的兴奋进行分析(刺激方式越复杂,中枢神经对信息加工的时间越长)→中枢所发的冲动沿着传出神经传到机体相应的肌肉群→肌肉作出相应的应答。在这一过程中,每一个阶段都有一定的时间延搁。

2. 神经过程的灵活性

神经过程的灵活性主要是指运动神经中枢兴奋与抑制间的快速转换程度,以及神经肌肉间的协调能力。其在一定程度上受到遗传因素的影响。人体各项运动都受神经系统的控制,当神经系统对肌肉的控制能力较强时,能够更好地协调各肌肉系统参与活动,使人体表现出更好的协调性,肌肉活动的效率提高的同时,表现出较快的动作速度。

3. 肌纤维类型

上文提到,力量素质受到肌纤维类型的影响,而速度素质也同样受到肌纤维类型的影响。这主要是因为速度素质在很大程度上依赖于肌肉力量。优秀的短跑运动员其肌肉中快肌纤维百分比可高达95%,快肌纤维所占百分比与其速度能力成正相关的关系。

4. 注意力集中度

注意力的集中程度与运动速度具有重要的关系。学者们认为,坚强的意志力与注意力的高度集中是获得高速度的重要保证。保持较高的注意力时,人体精神饱满,充满激情,具有更快的反应速度。

5. 身体形态和发育

身体形态和身体发育情况对于速度素质具有重要的影响。人体运动时,四肢会绕关节轴做相应的运动,如果四肢较长,则其相应的速度就会较快。因此,身高和四肢长度与动作和位移速度具有重要的影响。

6. 能量供应

肌肉的收缩与其供能系统关系密切,机体释放和分解三磷酸腺苷(ATP)的数量与速度越快,肌肉收缩速度相对也就越快,因此,磷酸原系统的供能能力对肌肉收缩速度具有重要的影响。

(三)耐力素质的影响因素

1. 有氧耐力的生理学因素

(1)呼吸系统和氧运输系统水平

当呼吸系统水平通过有氧运动锻炼而增强,其对于有氧耐力具有重要影响。呼吸系统功能较强,能够保证人体在运动时获得更多的氧气供应。人体心脏的泵血能力和血液的载氧能力对人体的氧运输能力具有重要的作用。当心脏泵血能力较强时,氧运输能力就会相对较强。

(2)能量供应水平

在进行有氧运动时,主要是糖和脂肪的有氧氧化供能为主,有氧供能系统的水平对其有氧耐力素质具有重要的影响。人体具有较高的糖原储备,并且脂肪和肌糖原的利用率较高,则其有氧耐力会比较强。

(3)年龄

人体的心肺系统会存在较大的年龄差异(表 1-10),年龄的差异对其耐力素质具有重要的影响。

表 1-10 青少年心脏指标的绝对值和相对值

年龄(岁)	心脏重量		每搏输出量		每分钟输出量	
	绝对值(克)	相对值(占体重%)	绝对值(毫升)	相对值(毫升/千克)	绝对值(毫升)	相对值(毫升/千克)
8	96.0	0.44	25.0	0.98	2 240	88
13	172.0	0.50	35.0	0.95	2 850	76
15	200.0	0.48	41.0	0.92	3 150	70
18	305.0	0.51	60.0	0.88	4 300	63
成人	310.0	0.52	75.0	1.07	5 000	71

2. 无氧耐力

(1)肌肉对酸性物质的缓冲能力

人体在进行无氧运动时,主要以无氧供能系统为主,糖的酵解会产生乳酸,而长时间运动时,这些乳酸无法及时清除,会在人体内堆积,从而影响人体的运动能力。人体耐酸能力较高,则其无氧耐力也会较强。

(2)神经系统对酸性物质的耐受能力

耐力训练对中枢神经系统具有较高的要求。中枢神经系统下降会造成人体的疲劳。无氧耐力运动所产生的乳酸会对人体的神经系统产生一定的刺激作用,导致人体神经系统对肌肉的协调能力下降。

(3)个性心理特征

个性心理特征对于运动者的耐力素质具有较大的影响。人的心理稳定性、努力程度和意志品质等都会直接影响其耐力水平。特别是意志品质,对其耐力训练具有重要的作用。在无氧耐力运动过程中,人体会伴随着一定的痛苦、不适,人们会由于疲劳而产生一定的软弱,这就需要用顽强的意志力去克服。

(四)灵敏素质的影响因素

1. 智力发展水平和敏捷思维能力

灵敏素质是大脑皮质分析综合能力高度发展的外在表现。良好的智力水平和敏捷的思维能力是影响大脑皮质分析综合能力的重要方面。

2. 前庭器官功能

前庭器官是对自身运动状态和投在空间位置的感受器,它对人的翻转、转体和平衡等动作起着重要的作用。人体的旋转、变速等运动都能刺激相应的前庭器官,从而引起人体相应的感受和其他效应。

3. 运动经验

在运动过程中,如果具有丰富的运动经验,则能够针对运动中出现的一些情况快速应变,这是建立在丰富的实践经验基础上的。

4. 性别、体型和疲劳程度

一般男性的灵敏素质要优于女性。而体型对于人的灵敏性也具有重要的影响,如果过于肥胖,则缺乏灵活性。疲劳程度对于人的灵敏性也具有重要的影响,在疲劳时,人的速度会下降,动作出现不协调,从而造成灵敏性的下降。

（五）柔韧素质的影响因素

1. 神经过程转换的灵活性

神经控制肌肉进行相应的活动,同时,肌肉活动也会影响神经活动。一方面,中枢神经系统对抗肌间协调性的调节、中枢神经系统对肌肉紧张和放松的调节等都能有效地提高肌肉的张力;另一方面,肌肉的张力与神经过程分化抑制的发展也有密切的关系。

2. 肌肉、韧带的弹性

肌肉组织、韧带组织的弹性是决定柔韧素质的重要因素,而这两方面不仅取决于年龄和性别,而且还取决于神经系统的兴奋性。运动实践表明,当人体处于兴奋、情绪高涨的状态时,其柔韧性会相对增大。

3. 关节的骨结构和周围组织的体积大小

关节的骨结构受先天因素的影响,关节周围组织的体积大小则对关节的活动范围也产生重要的影响。两者也是影响人体的柔韧素质的重要方面。

4. 外界环境

外界环境对于人体的柔韧素质也具有重要的影响。当气温较低时,不利于柔韧性的表现。人们在冬天运动时往往感觉活动不开,这与天气对于人的柔韧性的影响具有重要的关系。

5. 疲劳程度

疲劳程度对于人体的柔韧性也具有重要的影响。一般在疲劳状态下,人体的柔韧性会变差。另外,在心理紧张的状态下,中枢神经会受到影响,从而使得人体的柔韧性受到不良的影响。

第三节 体能训练的发展及训练体系的创新

一、现代运动训练发展趋势

对发展趋势的探讨和分析需要对事物的发展充分认识和了解,在此基础上由感性认识上升为理性认识,了解其发展的规律,最终对其发展的趋势做出科学的预测。运动训练的实战化、专项化和个体化是目前各项竞技体育训练所需遵守的共性规律①，具有普适性特征。现如今随着人们实践活动的不断开展，对于理论的认识也更加科学。一些新的科学理念不断应用于体育运动训练之中，推动了体能训练的科学化发展。在实践过程中，各国还积极进行交流与合作，促进了不同体能训练理念的不同与交流，这进一步拓展了体能训练的发展空间。总体而言，未来体能训练呈现出科学化、系统化、精确化等方面的特征。

（一）体能训练发展的一般趋势

1. 训练的实战化

体能训练的实战化发展是其重要的发展趋势。所谓实战化发展，即为体能训练过程中尤为注重专项体能的要求，依据专项比赛的特征来进行训练。随着体育竞赛制度的变化，现代竞技体育向着职业化、商业化和社会化方向发展，现代高水平运动训练与竞赛有机结合在一起，传统的训练观念受到严重的冲击。现代体能训练理论认为，机体对训练的刺激具有选择性应答，接近实战的训练可使机体适应实战的各项需要，从而在运动竞赛中有更好的发挥。运动竞赛的竞技性愈来愈突出，运动训练也表现出更大的强度。另外，通过实战化训练对于运动员的心理素质和临场反应能力都能得到良好的培养，使得运动员在比赛中保持更好的心理状态。②

在运动实践过程中，对于那些对运动员的快速力量和速度要求较高的运动项目，通过实战化的运动训练将会取得更好的训练效果。实践表明，一般训练只能够对慢肌产生刺激，而那些对速度力量具有决定作用的快肌得不到锻炼。如果以低强度和一般训练内容为主，则不可能使机体得到应有刺激，也不会获得良好的机能适应。如果运动员的训练强度与实战要求脱节，则会使运动员的机体形态结构和功能特征等方面与运动的专项要求相背离，这不利于运动员竞技水平的发展和提高。

另外，现代竞技体育更加注重以赛代练，通过这种方式增强运动员的专项技能，创造良好的运动成绩。现代田径运动员的训练尤为注重这种训练方法，比赛增多是现代田径运动发展的大趋势。随着科学技术的进一步

---

① 陈月亮. 现代训练发展趋势及体能训练方法手段概述[J]. 黄石工学院学报，2009,26(4).

② 陶永仲. 浅谈现代体能训练发展趋势及训练体系的创新[J]. 当代体育科技，2016(15).

发展,已经能最大限度地缩小了冬夏两季的气候对训练的影响,这些都为体能训练的多周期化提供了良好的客观条件。

2.训练负荷进一步增大

随着体能训练相关理论的不断发展,现代体能训练之后运动员的运动疲劳能够通过多种手段得到快速有效的缓解,这为提高运动训练的负荷量奠定了良好的基础。训练负荷有两个层次的内容,即负荷量和负荷强度。现代运动训练不仅是负荷量的增加,更表现在负荷强度的增加。大强度训练已成为当代高水平运动员的重要体能训练特点。由于训练水平提高的基础是运动员机体在受到不断新的刺激下,不断地形成新的适应,而机体对训练强度的刺激反应最强烈。因此,现代体能训练更加注重运动训练负荷强度的增强。运动训练实践表明,大强度的运动训练能够使运动员的各项技术得到更好地发展,从而使其在比赛中会有更加出色的表现。

高水平运动员要想得到更进一步的提升,必须强调运动训练与专项要求的结合。在训练过程中,运动员应更加重视训练内容的专门性,使其与运动项目的各项技术动作相匹配。在训练中,运动员将更多的按照专项特点和肌肉的供能特点,训练具有高度的目的性。随着运动水平的进一步提高,运动员对专项力量水平的要求也越来越高,使专项力量训练得到进一步深化和改善。传统的训练方法对于高水平运动员来说,很难再发挥其应有的作用,运动员的体能训练更多地是由单肌群过渡到多肌群的训练方法,训练更加具体化。

3.训练的个体化

训练的个体化,即为根据运动员的个体特点,制定符合其身体发展特征的体能训练计划。不同的运动员的身体素质具有很大的区别,这受到遗传因素以及训练的程度等因素的影响。虽然很多优秀的运动员的运动成绩很接近,但是其各项技能能力并不相同。就体能中的运动素质而言,每一个人发展的方向也是不同的,有的速度较差,有的力量较差,有的耐力较差,因此训练方法、手段要因人而异,没有哪一种方法、手段可以解决所有问题。因此,在训练过程中,应对每一位运动员的身体状态和技能特点进行深入的分析,在此基础上针对每一位运动员制定适合其发展方向的运动训练计划。[①]

---

① 陶永仲.浅谈现代体能训练发展趋势及训练体系的创新[J].当代体育科技,2016(15).

（二）体能训练手段和方法的发展趋势

1. 核心力量训练不断被重视

核心力量训练是一种新兴的训练方法，通过对核心肌群的训练，使运动过程中，力量的传递更加稳定，增加动作和技术的准确度和稳定性。任何竞技项目的技术动作都不是依靠某单一肌群就能完成的，它必须动员许多肌肉群协调做功。核心肌群具有重要的作用，起着稳定重心、传导力量的作用，是人体力量传输的枢纽。现代对运动员的体能训练更加强调的是系统整体性，任何一个动作都不是孤立的，因此对核心力量训练的地位的重视不断提高。

2. 训练多周期化

传统竞技体育的运动训练计划一般采用双周期训练计划模式，根据上下半年的两次大赛而制定训练的相应的训练计划。但是，随着竞技体育的不断发展，其市场化、商业化以及职业化的水平不断提高，各种运动比赛呈增多的趋势，这使得很多运动员必须全面保持较高的竞技状态，体能训练的周期也不得不作出相应的调整。在这种形势下，全年训练的多周期理论产生，传统的全年双周期训练模式被打破。

多周期的训练模式有如下的特点。

（1）运动员在准备期的一般体能训练时间和内容减少，相应的专项体能训练比例增加；运动训练的负荷强度进一步加大。

（2）准备期训练时间缩短，时间也有所提前，比赛期时间则大大延长。

（3）由于比赛次数的增多，以赛代练的形式将更加明显；训练一般以周或 10 天左右的加长训练周为小周期，并在小周期末参加测验和比赛。

3. 高效能的恢复训练体系

现代运动训练将更加重视运动训练的恢复，将采用各种方法和手段加速运动员运动疲劳的恢复。"超量恢复理论"认为，运动技能的获得和提高是在恢复过程中实现的，恢复不仅是训练的保证，也是训练的延续。通过积极进行恢复，能够有效改善运动恢复的环境，避免运动损伤和过度训练的出现。现代体能训练更加注重训练负荷的强度的增加，同时恢复训练的作用将变得更加明显。①

4. 部分耐力项目通过高原训练提高机能水平

高原训练肇始于20世纪70年代,其在耐力类运动中的训练效果较为明显,受到各国的关注。高原训练对运动员机体的作用主要有三方面:首先,该训练方式能够有效提高运动员机体的有氧代谢能力;其次,能够有效促进运动员体内红血球、血色素的提升;第三,增强肌细胞的新陈代谢能力和机体机能的无氧供能能力,提高承受高乳酸负荷的耐受力。但是,对于高原训练法历来具有争议,具体见表1-11。

表1-11 高原训练法的争论分析

反对观点	容易引发酸中毒	高原引起的急性缺氧可引起人体蛋白质合成代谢下降50%,而蛋白分解代谢增加25%。在大强度训练之下,会造成人体慢性酸中毒,机体不得不全面进入能量代谢的分解过程中,以修复被高浓度血乳酸损害的物质代谢方面的损伤,溶菌酶的激活导致酶、收缩蛋白和身体最基本组成部分的分解。此期间并不存在超量恢复过程和保持已经获得的身体素质水平的可能性
	骨骼肌质量下降	高原训练可能对肌肉组织有损耗,肌力、体重与速度可能下降,力量训练的效果可能不佳
	影响训练计划的制定	高原训练期间的适应、恢复和下高原后的调整约需10~16天,这不仅使得宝贵的准备期训练时间被浪费,还将使足球准备期的训练计划不得不大幅度调整
	影响技术水平的发挥	高原气压低,与平原使用相同力量与角度踢球,足球的飞行轨迹会有一定的偏差。在精确射门或传球时,会在很大程度上影响队员技术水平的发挥
	缺乏理论与实践支撑	目前已知足球先进国家有关足球的认识和实践均是在平原地区获得和进行的

① 陶永仲. 浅谈现代体能训练发展趋势及训练体系的创新[J]. 当代体育科技,2016(15).

续表

	提高呼吸系统机能	足球队员从平原到高原后,最初胸闷气短,呼吸频率加快,运动时通气量增加。从平原到高原的前几天,运动时的通气量较在平原同等负荷时增加23%或更多
支持观点	提高氧运输能力	运动员到高原后血红蛋白和红细胞含量增加,血红蛋白值可增至16克%左右。从高原回到平原后,绝大多数队员血红蛋白和红细胞都会超出高原训练前的含量,甚至能达到17~18克%,2~3周后又逐渐下降。高原缺氧还有促使体内EPO(红细胞生成素)增长的作用
	提高骨骼肌系统	足球队员在高原训练时肌肉适应的积极效应有:毛细血管数增加,肌红蛋白的浓度增加,肌肉氧化酶活性增高,肌肉对酸的缓冲能力增高
	提高乳酸耐受能力	高原训练对速度耐力性运动的糖酵解无氧代谢能力有着重要影响。训练时在相同亚极量负荷下,足球队员在高原初期血乳酸值比平原时几乎高一倍
	提高血睾酮	训练负荷合适则血睾酮上升,会加强肌蛋白合成,使肌纤维横截面积增加,对力量素质有积极意义。但负荷安排不当,队员血睾酮水平也会下降

5. 女子体能训练的"男性化"

女子训练的"男性化"逐渐受到了世界各国的重视。现代竞技运动项目中,男子比赛项目设立相对较早,从而其训练理论体系发展水平相对较高,经验更加丰富。在女子体能训练时,积极借助男子体能训练的经验和教训,能够起到良好的训练效果。在对女子运动员的体能选材、运动素质的训练以及与体能密切相关的意志品质与有关心理能力方面等的训练均有着"男性化"的倾向。[①]

研究证明,女子运动员实际承受负荷的能力并不比男子运动员低,运动疲劳的恢复和能量的补充、恢复都要好于男子运动员。目前女子运动员越来越趋于高大,肌肉越来越强壮;女子运动员体能训练中按对男运动员的要求发展运动素质,各专项素质水平得到大大加强,训练手段和训练负荷量与男运动员更为接近;训练中也常采用由男运动员带练的方式来提高强度等。

---

① 陶永仲. 浅谈现代体能训练发展趋势及训练体系的创新[J]. 当代体育科技,2016(15).

（三）体能训练的整体发展趋势

1. 训练日趋科学化

体能训练的科学化不仅表现在体能训练实践过程中采用更加科学的训练方法，制定更加科学、合理的训练计划，更表现在体能训练理论的不断发展和完善。在科学的体能训练理论的指导下，现代体能训练将朝着定量化和科学化的方向不断发展。

随着科学的体能训练理论的普及，高水平的教练员在这些理论的指导下，能够制定更加合理的体能训练计划，更好地适应运动员体能发展的要求。通过广泛运用科技成果，采用先进的技术与科学的训练方法和手段，对体能训练的全过程实施最佳调控，从而有效地提高运动员的体能水平，取得理想的训练效果和良好的运动成绩。例如，利用各种测试仪器，能够对运动员的身体状况进行分析，从而能够对运动训练的负荷量进行科学的安排；又如，利用生理学的相关理论能够对运动员的肌肉用力特征和肌肉供能系统进行研究，从而在设计供能方式、动作结构、肌肉用力特点、动作幅度和速度等方面均与专项动作相似或一致的练习方法与手段，对体能训练过程的监控与运动员水平的控制和评定更加准确与客观。另外，随着"大数据"思维的发展，也可将其应用于运动员的体能训练中，通过对运动员的各项身体数据指标的全面分析，不仅能够实现对运动员体能的全方位监控，还能够对其体能提供更加科学、合理的改进方案。

2. 运动训练管理的一体化进程

现代体能训练是一个科学的完整体系，未来的发展将更加注重其科学化的管理。在运动训练过程中，应高度重视训练的每一个阶段，提高每一个阶段的科学化管理水平，提高运动员的训练效率。运动训练管理的一体化，要对运动员的膳食结构、运动训练、疲劳恢复、损伤恢复等各方面科学管控，采用现代化的管理理念和管理方法，构建高效的体能训练恢复体系。

3. 体能训练国际化趋势

体能训练的国际化发展趋势将会更加明显，很多运动队和国家队都会聘任国外著名的体能训练教练指导体能训练，在这一过程中，先进的体能训练的方法得到传播。随着全球化的深化发展，这一趋势将会变得更加明显。这种趋势出现的原因之一是全球化发展的同时，很多国家都有着自身的发展特色，通过对各自优势的相互借鉴，促进体能训练水平的提高。体能教练已成为了一个国际性的职业,体能训练也伴随着人们对运动员体能的重视和体能教练职业的飞速发展而融入国际化的行列。

4. 传统和现代运动训练方法相结合的发展方向

现代运动训练理论的发展并不是意味着传统体能训练理论的消亡,现代体能训练更多的是对传统体能训练的扬弃。现代体能训练注重运动员以"力量"和"速度"为核心,全面提升运动员的竞技水平,更加注重在实效性和发挥个人特点的基础上不断完善技术。运动员的体能训练不仅保存了传统的持续、间歇、重复、循环、游戏、比赛等训练方法的精华,在此基础上引进了许多新的训练方法,给传统的体能训练注入了新的活力。因此,现代体能训练的发展是对传统体能训练的继承和发展,传统训练与现代训练相结合,在传统与现代训练方法的碰撞中产生更为先进的思想火花。[①]

5. 更加注重研究项目制胜规律

通过对项目的制胜规律进行研究,是取得更好的运动成绩的前提。一般认为,制胜规律是在比赛规则之内,战胜对手所必须遵循的准则。通过对运动项目的制胜规律进行研究,能够针对制胜因素进行更有针对性的运动训练。制胜因素之间的本质联系是指各要素之间的相互关系及组合方式。竞技体育实践证明,人们对制胜规律的把握首先是从制胜因素的分析入手,并逐渐深化到对制胜因素的本质联系的认识(表 1-12)。[②]

表 1-12　部分运动项目制胜因素分析

项目	制胜因素(1)	制胜因素(2)	制胜因素(3)	制胜因素(4)
跳水	难	稳	美	
体操	难	新	美	稳
排球	高	全	快	变
乒乓球	快	转	准	狠、变
游泳	技术创新	强化专项力量	充分挖掘力量潜能	训练整体效应
举重	最大力量	完美的技术	优秀的心理因素	
同场格斗对抗项目	快	全	连	变、准、控、狠

① 张良力,袁运平.对体能训练的发展趋势与我国竞技体育体能训练中存在问题的探讨[J].广州体育学院学报,2009,29(4).

② 杨世勇,李遵,唐照明.体能训练学[M].成都:四川科学技术出版社,2001.

在体能训练过程中,应根据专项运动特征,积极开展与运动相关的身体素质训练。通过对相应的运动项目的制胜因素进行分析,了解了运动对各器官、系统方面的要求,通过进行专项训练来促进运动者专项运动能力的提升。[①] 以拳击运动为例,其要求运动员快、全、连、变、准、控、狠。具体而言,要求运动员具有快速反应能力,不仅要出拳速度快,移动的步伐也要快;全是指攻防技术要全面;连主要指连续出拳,避免出单拳;变指攻防变化多,进攻时组合多,方法多,使对手找不到规律;准指出拳要准确,打准有效部位;控主要指要加强对训练和日常生活的管理与控制(包括饮食);狠指要有战胜一切对手的勇气和决心。有教练总结了八条拳击项目制胜因素之间的本质联系。

(1)技术、战术是拳击比赛的生命。

(2)速度是拳击运动的灵魂,只有速度够快才能够有效攻击以及及时闪避。

(3)以距离、时间差为突破口,只有掌握良好的空间感和时间感,才能有良好的节奏感。

(4)心理、意志品质是拳击运动的重要保障,拳击比赛中,只有具有良好的心理品质,才能不惧对手,并在比赛中积极调整心态。

(5)以体能为载体,各项技术动作,以及对对手的动作的预判等都需要运动员具有较强的自身能力。

(6)以创新求发展,只有不断进行技术和战术的创新,才能不断提升自我。

(7)以控制来把握,通过对自身动作技术的控制,以及对比赛节奏的控制,把握比赛全局。

(8)以赢得比赛为目的。

二、体能训练体系的创新

(一)重视对体能训练教练员的培养

通过对竞技体育发展水平较高的国家进行分析和研究,发现其在进行运动训练时,都会配备相应的体能训练教练,专职促进运动员体能素质的不断发展。而在我国,体能训练水平相对较为落后,很少有运动队配备体能训

---

① 陶永仲.浅谈现代体能训练发展趋势及训练体系的创新[J].当代体育科技,2016(15).

练教练。我国各运动队的主教练全面负责各方面的训练工作,体能训练水平相对有限。我国的很多教练员都是运动员出身,其体能训练理论方面有所不足,并且其掌握的体能训练理论体系不完善,对于运动训练理论的认识往往停留在经验的阶段。因此,为了促进我国体能训练水平的提高,应积极促进体能教练员的培养,加强对于教练员的培训,明确教练员的分工,促使其各司其职。①

(二)努力促进理念、制度以及技术的创新

在运动训练创新发展过程中,不仅要从现代化训练手段和训练技术方面入手,更应该立足长远,积极促进新的训练理念的引进和现代化训练制度的建立。在体能训练过程中,以科学的训练理念来指导训练,这样才能够促进训练的科学化发展。建立和完善相应的体能训练制度,则是进行科学化训练的重要保证。当务之急,应深化对于现代化体能训练理念的学习,在实践过程中建立和完善相应的训练制度,不断促进训练制度的改进与创新。

(三)体能训练创新体系构建的对策分析

1. 加大对外交流,努力推动自主创新

在体能训练过程中,理念创新是体能训练体系创新的核心方面。一些先进的运动训练理念并不是凭空出现的,而是经过长期的训练实践总结出来的。而我国体能训练的理念创新过程中,不仅需要加强实践创新,丰富体能训练的理论,还应积极促进与体能训练理念相对较为发达的国家进行交流与学习,吸收国外的先进训练理念。在训练理念创新过程中,应积极将国外的先进理念与我国的具体实际相结合。在体能训练发展过程中,还应积极促进相关科研人员的培养,促进其积极进行科研探索,这是体能训练不断发展的重要推动力。

2. 推动体能训练制度创新,紧密连接创新环节

在体能训练体系构建过程中,还应促进训练制度的构建,促进训练制度的创新发展。只有建立科学、完善的体能训练制度,才能够保证科学的体能训练理念的贯彻实施。在体能训练过程中,应积极促进训练的各个环节的紧密结合,通过促进体能训练的各个方面的优化,促进体能训练整体效果的提升。

---

① 陶永仲.浅谈现代体能训练发展趋势及训练体系的创新[J].当代体育科技,2016(15).

第四节　大学生基础体能教学与训练的发展对策

一、对美国体能训练发展的借鉴

(一)政府的高度关注

美国的体能训练的发展高度重视政府的干预,政府成立的相关的部门,针对美国人的体能状况展开改善和提高的工作。1956 年,针对美国青少年体质状况下降的状况,美国成立了青少年体能总统委员会,强调将体能训练对青少年体能的发展作用。其后,肯尼迪、约翰逊总统更名为体能总统委员会及体能与竞技体育总统委员会。自此以后,美国的国家体育政策便开始提倡全国国民应不分年龄、不分身体活动能力以从事体能活动和维持运动习惯。2006 年,当时的美国总统布什将这一年的 5 月定为体能与竞技体育月,以纪念体能与运动总统委员会成立的 50 周年。在体能与竞技体育月里,政府积极呼吁人们参与各种体育活动,促进体质的增强。

(二)职业体育的高度发展

美国职业体育的高度发展是其体能训练走在世界前列的重要原因。以美国的 AP 训练中心为代表,有一大批体能训练中心为世界各国提供高水平的体能训练服务。例如,德国、日本的足球,职业网球、篮球以及多个国家的高水平运动队都有与美国体能训练团队的合作服务。相关的资料显示,"美国体能协会在全球有 62 个国家接近超过 40 000 会员,美国 30 000 多会员。美国的很多竞技项目的国家队都有专门的体能训练教练;美国不仅有体能协会和训练基地,很多高水平体能训练中心,他们形成多学科交叉的团队模式,包括体能训练师、物理治疗师、运动防护师、运动矫正师、医生、运动营养师、心理咨询师、按摩师等专业工作者,具有很强的研发能力。"[①]

美国从高中到大学的体育教学过程中,也配备有专门的体能训练教练员。体能协会还与美国的警察系统和军队等进行了各种体能训练服务工作。"AP 训练的 12 个训练内容板块包括:系统训练方法论;功能性动作筛查与矫正;核心柱力量;动作模式训练;快速伸缩复合力量;个性化训练评价

---

①　袁守龙. 现代体能训练发展趋势与对策[J]. 体育成人教育学刊,2014,30(1).

和处方;技术准备;发展能量系统;直线和多向加速;运动营养;主动分离式拉伸和再生方法等内容。"①

二、大学生体能教学与训练的发展对策

在发展我国体能训练事业时,首先,应正确的认识体能训练在体育发展过程中的重要作用。在发展过程中,应提高体能训练在竞技体育、人民体质健康和特种行业等方面的重要作用。其次,应转变体能训练的观念,开拓视野,学习西方的先进技术和理念,创新体能训练事业的发展;第三,要对体能训练的各项资源进行有效整合,对学校教育、科研机构与运动员队伍进行有效整合,使我国形成体能训练的研发、培训和管理的产业体系;第四,应注重专门人才的培养,注重体能训练专家、体能训练教练等的培养,建立体能训练教练认证和培训体系,使我国体能训练快速发展。

目前,我国体育训练的理论研究与技术水平的发展极不对称,较为滞后。另外,我国体能训练研究定性研究较多,而定量研究少。其内容以技术与战术,教学与训练的研究较多,与运动生理,运动医学,运动生物力学,体育统计学等多学科相结合研究的较少,我国体能训练缺乏一支高水平、高学历的科研队伍,这在以后的发展过程中应充分重视。

现在体能训练发展过程中,当务之急是要加强其理论研究,使对其的研究形成科学化、系统化的理论研究体系,建立一支高水平的科研队伍,加强运动训练界体能训练之间的合作,优势互补,理论联系实际,促进体能训练技术与理论的不断发展,最终提高我国体能训练的理论水平。

对高校体育教学开展过程中,积极推动大学生基础体能教学与训练的发展,应注意以下几方面。

(一)牢固树立"健康第一"的指导思想,加强学校体育工作

现代体育教学中,以"健康第一"教学思想为指导,积极推进体育教学对学生体质的增强、健康的促进和体育素养的发展等方面的积极作用。为了积极实现体育教学的目标,应积极促进体育教学相关方针、政策的贯彻执行。在体育教学中,应积极促进教师和学生思想观念的转变,促进体育教学在学校中的发展。应建立和完善相应的责任制度,使得体育教学的各项工作能够有序开展。应积极通过多种手段来促进体育教学工作中存在的问题的解决,促进体育教学目标和要求的科学化、合理化。

---

① 袁守龙.现代体能训练发展趋势与对策[J].体育成人教育学刊,2014,30(1).

（二）改革教学模式，大学一年级开设基础体能课

20世纪90八九十年代以来，我国积极推进改革开放，经济社会各方面快速发展。在这一时期，我国的高等教育事业也获得了快速的发展，各方面的教学改革也在不断推进。通过开设体育选项课，能够使得学生对课程进行自主选择，有助于充分调动学生的积极性和自觉性。而现阶段，我国的体育教学模式仍然存在一定的问题，应积极实现体育教学模式的创新，促进体育教学的发展。

通过在大学一年级开设相应的基础体能课，增加相关的体能教学内容，能够促进学生体质健康的增强。在大二时，可适当增加体能训练的内容，促进学生体质的进一步增强。其后，可开设相应的体能选项课，为学生体能的提高提供一定的保障。教师在进行选项课教学时，应灵活采用多种手段，促进学生体能素质的不断发展。①

在体能教学过程中，还应积极促进相应的评价手段和方法的创新，采用科学的评价方法，注重过程性评价。对于大学生而言，其体能素质的发展具有较大的发展空间，在对其体能进行评价时，应注重学生的个体差异，注重对学生进行纵向评价。同时，在评价过程中，还应采用多种评价方式相结合，促进评价的全面性和客观性。

（三）加强课外体育俱乐部建设

1. 积极开展俱乐部形式的课外活动

体育教学时间有限，如果只是通过教学来促进学生体质健康的增强，其效果是相对有限的。应积极促进学生在课外参与运动训练。学校的体育俱乐部对于学生积极参与体育活动具有重要的促进作用，其还能够促进学校体育文化的发展，促进更多的学生参与到体育运动锻炼中去。学校应积极注重推动体育俱乐部的发展，并积极引导俱乐部开展各种形式的课外体育活动。

体育俱乐部是学生自己管理的一种学生团体组织，学生充分参与其中，能够更好地发挥其积极性和创造性。学校应积极引导体育俱乐部开展一些小型的体育竞赛活动，在业务和经费方面予以支持。通过推动学校体育俱乐部的发展，吸引更多的学生参与体育锻炼，促进其体能水平的不断提升。

---

① 李雪峰．加强大学生基础体能教学的对策研究[D]．南京师范大学，2008.

2. 加强学校体育俱乐部的组织与管理

为了促进学校体育俱乐部的发展,应积极完善体育俱乐部的组织与管理。应建立相应的体育俱乐部的组织结构,明确相应的主管领导。学校应建立多种形式的体育俱乐部,各俱乐部应为学生参与体育活动创造良好的氛围。学校应积极协调体育教学与课外体育活动,使得体育俱乐部开展的活动与体育教学内容相适应,共同促进学生体能的增强。

(四)促进教师业务素质的发展

学校在体育教学中,应建立一套切实可行的体能测试管理制度,确保体能教学和训练能够贯彻实施。现阶段,应积极开展教师培训,促进教师业务素质水平的不断提升,使得其体能教学和训练方面的理论和技能不断完善。

体能测试是反应教学水平和学生体能状况的重要方面,教师应充分重视体能测试的重要性。应积极提升教师体能测试方面的业务素质,促进体能测试的科学开展,促进体能教学和训练的科学性。在教学过程中,应将学生体能达标作为教师考量教师工作的重要方面。[①]

(五)加大体育经费投入,搞好体育场馆设施的建设

在开展相应的体育活动时,需要一定的场地、器材设备。如果场地、器材设备欠缺,会影响学生参与体育运动,从而影响学生体能水平的发展。例如,在高校中很多学生都喜爱篮球运动,但是我国高校中篮球运动场地相对较为有限,很多学生都由于没有篮球场地而无法打球。

在促进大学生体能教学和训练发展时,应积极促进体育场馆设施建设,尽可能为学生提供开展体育活动的场所。应充分利用学校的空间,建设多样化的体育设施,创建更好的体育运动环境。

---

① 李雪峰. 加强大学生基础体能教学的对策研究[D]. 南京师范大学,2008.

第二章　大学生实用体能训练的基础理论

在上一章我们详细地探究了关于体能训练的基础知识,阐明了体能训练的重要性。大学校园中每年都对学生进行体能测试,在最新出台的《国家学生体质健康标准》中重新规定了大学生的身体素质健康的标准,其中的一项长跑就有一部分大一新生达不到合格线。这也说明我国大学生体能素质整体呈下降趋势,因此,科学合理地进行体能训练是十分必要的,本章就大学生的体能训练展开探究。

第一节　学校体育与学生体能

一、提高大学生体能迫在眉睫

整理历年的学生资料发现,我国青少年的肥胖率在逐年递增,学生的身体素质一届不如一届,所以就大学生来说,改善他们的体能素质迫在眉睫。

《中共中央国务院关于深化教育改革,全面推进素质教育的决定》中指出:"健康体魄是青少年为祖国、为人民服务的前提,是中华民族旺盛生命力的体现,学校教育要树立健康第一的指导思想,切实加强体育工作。

学校教育如何贯彻国家的指导思想,如何落实"健康第一"的教学要求,这是值得每一位高校教育工作者所要思考和探讨的,也是必须要正视和回答的。

(一)我国大学生体质呈下滑趋势

根据 2014 年出台的《国民体质监测公报》,可以证明发展大学生体能素质有多么重要。与 2010 年相比,2014 年全国城乡学生总体上在身体发育上数据都有提高,身高、体重和胸围等都高于 4 年前,但是各年龄段学生肥胖检出率持续上升,大学生身体素质继续呈现下降趋势。

根据国民体质水平的报告,可以直观发现大学生整体的体质水平依旧在下降,在一定程度上反映出我国学校体育,主要是大学体育教学课上对于在提高和发展学生的体能与健康方面存在着很多的不足。也就是说,当前的体育教学课无论从教学观念,还是教学内容与方法上都需要一定程度的改进。近年来很多工作者都在倡导教育改革,但这不是一朝一夕的事情,是需要时间去探索的。体育教学改革首先要确保体育课程目标的实现,原则上要有效促进和发展学生的体能与健康水平,首先要提高的就是大学生的体能水平。

随着我国国民经济的快速发展,生活水平全面提高,我国当代大学生的物质生活水平也越来越高。以前的大学生在课余时间往往会去操场跑步,去篮球场打球,而现在的大学生们的业余生活更加物质化,去消费,去享受,比如去网吧打游戏,去餐馆吃美食等,现代文明病在我国大学生身上已逐渐地显示出来。肥胖、近视眼、身体素质下滑和身体机能衰退等,是当前影响我国大学生身体素质的罪魁祸首。因此,不论是学校的体育工作者还是广大学生,一定要充分认识到发展学生体能的重要性和紧迫性。发展和提高学生体能是我国体育教育当前和今后的一项基本任务。

(二)不同阶段体育课要求上的变化影响大学生体质

有人会问,为什么大学生的体能水平会这么差,难道真的只是学校单方面的问题吗?原因恐怕不只是那么简单。我们将一下我国青少年的成长历程生活习惯,就能发现不少端倪。

小学的时候,孩子们还处于发育阶段,体育课的成绩没有其他文化课那么重要,即便体质差,体育成绩不好,也不会引起家长的重视。

上初中后,体育是中考的必考科目之一,所以从学校、老师到家长,大家都高度重视体育成绩,所以会花大力气进行体能锻炼,保证体育方面不成为影响孩子考高中的因素。

上高中后,体育不是高考科目,大家就没那么重视体育运动了,都把目光投入到文化课的学习中,而体育锻炼在某些学生眼里不过是一种爱好和休闲手段罢了,对体育课和课外体育活动都不像初中时候那么紧张了。

经历了严酷的高考之后,大家踏入大学的校门,此时,受到社会观念的影响和学长学姐的“经验”,大家往往想的是“解放了”“自由了”,更不重视体育课了,很多学生每天除了上课就是待在寝室里,几乎很少去操场上锻炼。

通过学生成长的经历就不用惊讶大学生整体体质为什么会下降,可以说不同阶段体育课的不同要求也是造成大学生体质下滑的一大因素。

(三)新的健康标准对大学生体能有更高要求

2014 年,国家更新了《学生体质健康标准》,从要求上对学生的体育素质有了更高的要求。其中,最考验大学生体能的长跑项目成为了必测项目,这对大学生体能提出了新的要求。《标准》中规定,"建立健全《国家学生体质健康标准》管理制度,学生测试成绩列入学生档案。毕业时,学生测试成绩达不到 50 分者按结业处理"。这意味着,体测不达标的大学生将无法获得毕业证。对于大学生们来说,就毕业不毕业这个问题来讲,都应该对于体能训练要有更加端正的态度。

二、高校体育课与学生体能

对于高校体育课来说,课上的内容主要还是以学习运动技术和发展运动技能为主。在每节课中,体育教学主要是围绕某一技术动作的学习和掌握进行的,最终期末考核和评价标准主要以学生在技术动作上完成的具体情况,给出评价。

大学生的身体条件、身体机能、运动素质、爱好兴趣以及个性发展都具有明显的差异性,运用单一死板的运动技能类考核与评价方法,对于有些同学来说太过艰难,久之会失去对体育的兴趣。这种传统的测评方法无法调动学生锻炼身体的积极性,又不利于学生体能和健康水平的提高与发展。

因此,观念要更新,方法要革新。高校树立现代体育健康教育观,对于以竞技运动形式开展体育课程和体育活动的做法要加以改进,同时遵照《体育与健康课程标准》提出的课程目标体系,构建新时期的体育与健康学科教学体系,创建和发展学生体能的教学大纲与课程教材。

我国高校要迅速建立体育与健康课程评价体系。建立学生体能与健康发展提高的评价体系。将过程与结果、定性与定量、纵向与横向等适合我国不同学生群体的评价方法结合起来,建立包括教师评价、学生自我评价、学生间相互评价相结合、充分考虑学生个体差异、体现多层面特征的体育学科科学评价体系。切实把提高和发展学生的体能与健康放在体育课考核评价的首位,充分调动广大学生进行体育锻炼、学习体育技能的积极性,使体育课真正与终身体育结合起来,使体育课真正为提高全体学生的健康和个性发展服务。

体育教学课是发展和提高学生体能水平的重要渠道,所以,教师要加强重视、亲身参与,学生要从思想上重视,从行动上落实,共同迎接体育教学改革。通过体育课使学生体能水平重回正轨,这是每一个体育工作者的历史使命。

三、学校课余体育活动与学生体能

现代社会全面提倡素质教育,所以高校的体育功能不断拓宽,随着现代社会发展和人们对健康认识水平的提高,学校课余体育活动对于增强学生体质是个很好的途径。特别是学校课余体育活动也和体育课共同构成学生体能的培养系统。

学校课余体育活动是课内体育课的延伸,要与体育课一同建立起学生体能与健康发展的价值体系。在大学校园内,课余体育活动花样繁多,踢毽子、健美操、扭秧歌等休闲项目,还有球类运动等传统竞技项目,构成了课外体育活动体系。

在发展大学生的体能过程中,体育教学课是基础,要达到《国家学生体质健康标准》的要求,要系统地、全面地提高学生的各项素质;而在课外,有着多种体育活动形式:校园体育是课堂体育课的丰富与提高,培养运动兴趣与合作意识及团队精神,提高运动技能,形成终身体育意识,活跃校园文化;生态体育是校外体育的延伸和扩展,让学生感受大自然、陶冶身心、培养生活能力;社区体育延伸到社会,主要是满足学生身心健康要求、培养体育锻炼的习惯。因此,课余体育与课堂体育一样重要,是学生体能发展的重要的、不能忽视的活动。

第二节　大学生体能训练的任务与要求

一、大学生体能训练的任务

(一)增强体质,提高健康水平

无论是青少年还是成年人,都要通过体能训练达到增强体质、提高健康水平的目的。说到体质,就是人的身体质量,它是在父母的先天遗传的基础上加上人在后天个人因素的总和。它是一个人在身体形态、身体机能和身体素质等多方面全要素的综合体现。

人的身体素质,也就是力量、速度、耐力、柔韧和灵敏,这些都是外在表现,它与人的身体结构、器官功能和智力水平等都有着紧密的联系。比如一个人力量的大小取决于肌肉体积,肌肉生理横断面积越大,在收缩时产生的力量越大。人体肌肉是否发达，一眼就可以瞅出来，也就是俗话说的"身大力不亏"。又如人的耐力水平，就是大家所说的人有没有"长劲儿"，除了看肌肉对疲劳的忍耐程度之外，更主要看人的呼吸，看人体的摄氧量的能力，看人体的循环系统的功能水平，如果呼吸、循环系统的生理功能很强，就能表现出很好的耐力水平。

学生的身体素质提高了，不仅提高了身体形态，在生理机能和心理智能方面也不断得到改善和提高。在进行体能训练时，心脏经常受到负荷刺激，持久了之后心肌纤维会变得粗壮，心壁增厚，心脏的体积增大，每跳动一次就能推进更多的血液循环。这样，人体处于安静状态下，心脏就可以进行慢节奏工作，当进行剧烈体育运动时，它又会迅速转换到快节奏运动，表现出高水平的生理功能。

当代大学生进行体能训练的最基础的任务就是强身健体，提高身体素质水平。身体是人体进行生活、学习、实践等一切活动的保障，没有一个好的身体就无法进行大学正常的生活与学习。

（二）塑造完美身材和完美姿态

大学校园是个开放的场所，大学生皆有爱美之心，通过良好的姿态度过美好的大学时光。进行长时间的体能训练可以塑造完美身材，建立完美姿态。人随着身体发育产生不同的身材特点，表现因素就是身材的高低，肢体的长短，体形的胖瘦等。

上述因素有一些是家族遗传，取决于先天条件，但有的因素完全可以依靠体能训练而改变。如人体的"三围"（胸围、腰围和臀围）比例，就完全可以通过体能训练来达成完美比例。通过持续的体能锻炼后，有的学生最明显的变化就是人肌肉变得发达，因为体能训练可以使学生的肌肉变得结实而富有弹性，使其不断增大并隆起，随着体内脂肪含量的减少，形成矫健的体形。

在身高的高矮上，如果人进入了成熟期，再怎么锻炼也不会长高，因为这时人长骨两端的骨骺已经完全骨化。但是，在大学生涯的初级阶段，学生还处于生长发育期内，通过体能训练对身材的变高还是有一定的促进的。国内外的一些研究表明，青少年时期经常参加体育运动的孩子和不经常参加体育运动的孩子相比，前者身高超过父母的比率明显高于后者。

除了在意体形，还需要注意的就是体姿了。值得注意的是，拥有完美身材不一定意味着拥有好的体姿。含胸驼背、脊柱侧弯、双肩高度不一致、走路内八字或外八字、罗圈腿等，这都是当代大学在身体发育中存在的问题。这些问题也会使大学生的个人形象大打折扣。

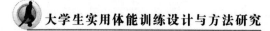

体能训练对改进身体姿态有着很大的作用。例如,进行速度与耐力的培养,往往会去跑步,而八字脚对跑步的姿势有着很大的影响,也进一步影响了速度,故在练习跑步中老师往往会帮学生纠正这些错误的身体姿态,久而久之会矫正这些错误姿势,塑造完美身体形态。

(三)磨炼意志,提高自信

体能训练对当代大学生来说还有一个任务就是磨炼意志,提高自信,从而形成健全的人格。体能训练往往是艰苦的、乏味的,甚至是让人感到痛苦的。在大运动量的训练中,体内肌肉中堆积大量乳酸,这会让人感到浑身不舒服,甚至产生疼痛感;经历大量体能消耗时,人的膝盖发软,使不上力,进入到极点后,会出现浑身疲倦、动作无力、技术动作变形,这时人往往会放弃,具有停下来休息的强烈欲望。如果放缓节奏、降低强度,撑过这一段痛苦的感觉,就又能让身体回到舒适状态,也能让力量回复本来的水平,又有信心继续跑下去了。

在体能训练中,这种艰苦的过程也是磨炼人意志的过程,所谓"动心忍性,增益其所不能",能让人的意志力更加坚强。在体能锻炼中经受过这些困难考验的人,往往也会大大的增加自信心。大学生在校园的生活与学习中遇到困难,就会想起体能训练时激励自己:"那么长距离的跑步我都撑下来了,这点小困难也能难住我?"

(四)养成健康的生活习惯

当代人的生活方式对人体健康和社会和谐都很重要。学生进行体能训练的任务之一就是要形成健康的生活习惯。

生活方式是个广泛的范畴,包括人的饮食、睡眠、人际交往、嗜好、业余生活等内容。大学生相较于其他行业的人们来说,拥有着充足的闲暇时间,而闲暇时间正是学生认识自我、发展自我、完善自我的最佳时段,所以如何度过闲暇时间,对于大学生来说是一个值得考虑的问题,而正确的对待方式对健康生活有着重要意义,参加体育锻炼就是一个好的习惯。

但就体能锻炼来说,需要长时间的坚持。三分钟热度的兴趣,三天打鱼两天晒网的锻炼频率,对增强身体健康是没有多大作用的。而经常坚持体能训练的同学自然而然的会形成一种习惯,让体能训练成为闲暇生活中不可缺少的有机成分。体内的生物运动和活动具有规律性,每到锻炼的时间,人体会自然地发出信号,就会产生运动的欲望。如果打破这种生活习惯,人反而会感到不舒服,感到"技痒"。

（五）提高国民素质，报效祖国

一个国家想要屹立在世界民族之林中，就必须要有强大的国力。虽然和平与发展是当今主题，但战争的危机还是时刻存在的。各个国家无不把国防问题视为头等战略问题，而军人的身体素质也是构成国防能力的一大因素。报效国家，以实际行动参与到国家建设是我国当代大学生义不容辞的责任，所以说大学生进行身体素质培养后，还有着建设国家、报效祖国的任务。我国部队每年都会在全国各个高校展开征兵工作，往往会看到有些同学在读期间参加解放军，报效祖国。而没有一个强健的体魄是无法为祖国守好边、站好岗的。

二、大学生体能训练的要求

（一）与身体生长发育相一致

大学生从呱呱坠地，到幼儿园、小学、中学的培养，进入到大学校园，经历了人体生长发育的全过程。值得注意的是，人的体能发展应与身体的生长发育同步进行。因此，大学生体能训练一定要遵循与身体生长发育相一致性。

不同的生长发育期，对于体能锻炼的要求也不一样。

小学时期，进行体能练习的方式往往是活动性游戏，其趣味性强，活动量小，能吸引学生参加活动的兴趣。进入初中，进行一些规则较为复杂的体育游戏，在此基础上增加了各项体育素质练习以及少量技术动作的体育项目。而在高中，学生逐步学习各种体育项目，掌握更多的运动技能。进入大学后，根据不同运动项目独立安排课程，对于某些项目进行深度学习，主要以学生个人爱好为出发点，在此基础上提高运动水平。

随着学生处于不同的年龄阶段，体能发展方法也应有所差异。除去通常采用的讲解法、示范法、比赛法、分解完整法等，随着年龄的增长，体育教师应更多地把练习方法传授给大学生，让他们自己调动练习兴趣和积极性，自己开展相关活动练习。

在不同的年龄段，体能发展的要求和评价标准也应有所不同。体能的发展不是孤立存在的，身体素质的提高不是一朝一夕的，体能发展是随着学生身体素质不断发育、体质与健康不断发展而逐步提升的。有的教师过分要强，揠苗助长，一味地追求学生的素质提高，采用不利于学生身体成长发育的方法与手段，这都是不可取的。

（二）做到刺激与适应相结合

学生在体能训练中承受一定的负荷刺激后,机体必然会产生反应,体现出训练效果。但并不是增加的负荷越大,练习效果就越明显。只有安排适宜的负荷才能使机体在应激以后产生的一系列变化保持在一个合理的范围之内。如果负荷过小,机体就不能引起必要的刺激反应,训练就没有效果;而过度负荷,则会出现身体疲劳,危害身体健康。所以,只有做到刺激与适应相结合,通过循序渐进地增加运动负荷的强度,才会让大学生的体能水平有着进一步的提高。

练习负荷是体能练习时对身体刺激的量度,适应是在体能训练中逐步形成的情况,机体对练习所给予的负荷由不适应到逐渐适应,到增大负荷,又不适应,变成逐渐适应。这一情况反映了人体承受相应负荷能力的变化,体能的发展水平就是在由不平衡到平衡、再由不平衡到再平衡的过程中逐步提高的。

因此,学生的体能是在逐步提高人体承受相应练习负荷能力的过程中发展的。当然,学生在增加负荷时候要根据实际,宁缺毋滥,逐步找到身体最适应的负荷水准。

（三）与学习和掌握技术动作相结合

技术动作是完成一种体育动作的要领与方法。根据不同的体育项目和体育活动,需要学习和掌握不同的技术。学生掌握了合理、正确的技术动作,对于学生在生理和心理上都是一种促进。教师在技术动作的教学过程中,要锻炼学生的观察与分析能力,提高他们的灵活性与协调性,同时要注意防止运动损伤。

在体能训练中,恰恰是对技术动作的学习和掌握打下基础。因为大学体育课中的一切体育活动都包含着动作技术,而一些简单的身体素质练习,也同样具有技术因素。

随着年龄的增长,大学生在某些项目中已不满足于会"玩"而已,对于专业运动员的一些高超的动作会产生浓厚的兴趣,在通过练习掌握后会有一种成就感,对在实际对抗中成功完成后拥有满足感,这些都能激发学生对体育活动的动力和兴趣,从而为树立终身体育思想打下良好的基础。

技术动作的掌握受到多方面的制约,主要是学生的身体形态、身体素质、学习能力、感知能力和心理因素等。技术动作的过程是一个循序渐进的过程,由简到繁,由单一到复杂。基础低的学生要从最简单的入门,不断增加技术动作的储备量,掌握更多的新技术。一些项目的技术动作非常复杂,此时学生不要气馁,可以考虑简化规则,降低难度,达到其核心内容即可,不必过分强调技术动作的细节和效果。在学习和掌握技术动作的过程中,还应注意以下四点。

(1)不断改良教学方法,使之更符合每届学生的实际特点。

(2)培养学生形成技术动作定型,养成良好习惯。

(3)针对不同基础的同学相应制定不同要求。

(4)重视安全保护措施。

(四)计划性与系统性

学生的体能训练和专业运动员的训练类似,没有长期的计划、没有科学严谨的方法,学生的体能就不会有实质性的提高。具体原因如下。

(1)体能训练具有时间性和局限性,即某一方面的训练成果只能保持一段时间,若不给予新的力量负荷,那么相应的素质水平就会停滞、倒退。所以,学生的体能训练必须要形成多年习惯,若停止下来就会倒退回去。

(2)机体只有持续承受适宜的练习负荷,慢慢增加运动负荷,那么相关的素质能力才能增强,体能水平才会有提高。隔三差五地练习就会打破系统性,实现不了训练效果。

(3)没有目标地、无计划地发展体能,不仅可能引发身体的不适,也会打破循序渐进的训练过程,这样不利于理论的认知、技能的掌握和兴趣的培养。

因此,体能训练必须尊重学生的身体、心理发育过程的特点,有计划、系统地进行。

(五)健康性

健康性是一切体育活动的根本要求,而通过正确的方法手段发展学生体能是增进当代大学生身心健康的重要途径。

"体能"一词来源于运动训练,而体能训练能够发掘人类的体能和极限,从而提高运动能力,超越自己。但这是对专业运动员所定义的,而对普通高校大学生在锻炼目的上和培养方法上都有很大的差异。普通大学生如果向专业运动员学习,过分地去追求各种运动素质的提升,不仅达不到相应的水准,而且还会妨碍损伤机体的正常发育,带来不必要的损伤。因此,在实践中要考虑到以下观点。

(1)体能训练中,教师应把"健康第一"作为思想指导,树立以当代大学生身心全面发展为价值追求和工作目标的健康观。

(2)"健康"是一个多元化的词语,拥有着相当丰富的内涵。它不仅具有生物学上的意义,而且也受到人体精神、心理学和社会文化等影响,所以学生体能训练不仅仅是增强体质,还是传授理论知识、技术动作、身体技能,更重要的是培养学生的创新精神和终身体育的意识。

（3）心理健康是现代健康观的重要组成部分,必须重视学生的心理健康。在体能练习过程中,学生心理素质的培养主要通过心理调节和情绪调控的方式进行。

（4）根据健康性原则,教师要多多关心学生的心理状态和身体情况,注意锻炼中的安全防护,向学生传递自我保护的意识,尽最大可能防止伤害事故的发生。

第三节　大学生体能训练的原理、原则与方法

一、大学生体能训练的原理

（一）适应性原理

人体具有两大生物特征:一是稳定性。稳定性,又称稳态,指的是无论是对内部环境,包括体温、体液等,还是外部环境,包括气温、湿度等,都能够保持在一定范围内波动的生理机能。如在高温环境中,为维持正常体温,人体需要通过发汗来散热;在寒冷的环境中,为了防止体热散失,人们则是通过皮肤血管的收缩来进行。

又如在运动训练中,体内代谢产物随着代谢功能的增强而增多,要使内环境理化性质保持平衡必须将代谢产物排除,运动后又将体内的一时性变化复原,这样体内环境的稳定才得以维持。稳态的功能作用包括机体内这种自我调节的过程。二是适应性。长时间经受外部环境变化和运动刺激,人体的形态和功能除稳定性外,还具有适应变化的能力。适应性包括特殊的机能应变。如生长在高寒地区的人耐寒,热带地区的人耐暑等。人体为维持生命必不可少的应激反应包括适应性和稳定性。

（二）负荷原理

身体训练最重要的控制与影响因素就是训练负荷。通过对受训者施加运动负荷,从而引起机体形态结构和机能产生生物适应,进而使体能训练的全过程得以实现。进行科学体能训练的关键在于了解和掌握负荷与刺激的

基本原理,这是由于在训练活动中,新的适应现象的产生必然是因为机体承受了一定的负荷刺激。

1. 运动训练负荷的内容

运动负荷包括两个方面的内容:一是负荷量;二是负荷强度。负荷强度是反映负荷对有机体的刺激深度,其构成因素主要包括密度、难度、质量以及重量等,不同的运动专项和不同的练习,其运动负荷强度的衡量标准和影响因素也各不相同。周期性运动项目中,多用来衡量负荷强度的因素主要包括练习中所完成的时间、高度、远度以及重量等;而非周期性运动项目中,反映负荷强度包括两个重要因素:一是动作难度;二是完成质量。

根据客观标准,如练习密度、机能的紧张度和完成练习的努力程度,可将负荷强度区分为不同的强度区域,一般包括五级负荷强度,即小、轻、中、大、最大负荷强度。掌握负荷强度不是一成不变的,也不能一视同仁,不同训练对象,其负荷强度也不同,对负荷强度的安排要注意,在因人而异的同时进行科学合理的安排。在实际应用中,不同训练对象的衡量负荷强度大小的指标一般包括四个方面:一是本人最快速度;二是最大远度;三是高度;四是最高负荷量的百分比值。

2. 运动负荷强度和负荷量的关系

作为构成运动负荷的两大要素,负荷强度和负荷量两者之间有着紧密的关系,两者是相互依存,不可分割。在运动训练中,运动负荷量都包含着负荷强度的因素,负荷强度是通过负荷量才得以充分反映出来的。不能使机体承受刺激或产生应激反应包括以下两种情况。

第一,刺激量大而刺激强度不够;第二,刺激强度大而刺激量太小。因此,机体产生新的适应现象,必须是满足两个条件:一是一定刺激强度的负荷;二是达到相应的刺激量。整个训练过程,实际就是合理安排运动负荷的过程。合理安排运动负荷主要是通过各组成因素来完成的,主要包括调节、变动负荷量和负荷强度。

(三)按需发展原理

按照运动训练学原理,体能训练必须是围绕提高该项目竞赛实际需要的各种能力来开展训练活动。体能训练对于当代大学生来说是要按照自身需求进行的。

拉马克曾提出了以环境的变化,会使生活在这个环境中的生物发生变化为中心论点的"用进废退"学说。其中有提到"有的器官由于经常使用而发达,有的器官因为不用而退化,这些变化了的性状就能够遗传下去,久而久之,就会形成新的物种",由此说明拉马克的"用进废退"观点。

"用进废退"学说主要表现出两种思想:首先,身体常用的部分会变得更大、更强壮;反之,则会退化。其次,生物可通过遗传取得原生物的特质,且又可透过子代获得变异。

研究认为,"用进废退"学说中"越用越强"和"不用则废"的观点成为体能训练按需发展理论的科学依据。在大学生的体能训练中,就能得到很好的体现。像有些同学喜欢锻炼力量素质,每天都去健身房,四肢的肌肉越来越有力,证明了"越用越强";有些学生在之前有着出色的足球技巧,具有很好的敏捷性,但到了大学很久没有运动,踢球时已经跟不上节奏了,就体现着"不用则废"。

(四)均衡发展原理

学生的运动素质只能在整体有所提高后,才能决定下一阶段优先发展哪种素质,这就是身体素质所需要的均衡性。运动水平得到较好的提升离不开整体素质的提高。如果部分素质过高而其他素质较差,学生的整体运动水平就得不到很好的提升效果,体现不出成果。

管理学中的"木桶理论"指出,一只沿口不齐的木桶,其存水量的多少,不取决于最长的那块木板,而取决于最短的那块木板。因此,在球类运动员的体能训练中,其体能训练和各种机能素质的均衡发展十分重要。只有各方面机能素质得到均衡发展,才能使体能训练到达较好的效果。比如说,有的学生哪方面都很出色,就是上肢力量不足,在篮球运动中就占不到上风;再比如有的学生身体很强壮,但速度很慢,在有些需要反应速度的运动中就无法适应。

二、大学生体能训练的原则

(一)力量素质训练原则

1.循序渐进

力量素质的提高是一个由浅入深、循序渐进的过程,切不可急于求成。一般来说,大学生进行15～20天的合理训练,肌肉力量就会明显增长。在锻炼过程中如果没有采取循序渐进的方法,那么肌肉的负荷量就不会与肌力的增长保持一致,身体力量就不会最大限度地获得增进。在一组练习中顺利完成要求的重复次数而未感到疲劳感,则说明负荷量过小需要增加,每次增加的负荷约为原负荷的5％,最多不超讨10％。

2. 针对性

力量素质练习在手段上要具有针对性。主要从两方面入手:一方面是大学生的个人情况,另一方面是大学生的个人需求。每个大学生的力量素质水平不同,对于力量素质的培养方向也有所不同,要考虑到个人情况与个人需求相结合。

力量训练是因人而异的,根据缺乏哪方面的肌肉素质,在一定的周期内制定不同的训练任务,采取不同的训练方法,也就是说要注意根据每个大学生的特点,有针对性地发展其弱肌。哪个肌群缺乏力量,就主要发展这个肌群,缺少什么类型的力量,就注意发展什么类型的力量。大学生必须全面深入地分析个体因素,使力量训练在针对性的特征下达到科学有效。

3. 恢复性

每次力量训练结束后,同一肌的恢复时间至少为48小时。若每天训练不同的肌群,且保证同一肌群在训练的间隔时间达到48小时,就可以实现每天都进行力量训练。每组训练之间的恢复时间在一定程度上取决于训练的强度。

训练后肌肉要彻底放松,如果肌肉只收缩不放松,会使肌纤维失去弹性,肌肉阻力增大,大脑皮层受到影响,肌肉提前进入疲劳状态,消耗更多的能源物质,从而影响身体恢复。

4. 平衡性

在制定力量训练计划时,选用能够分别训练上、下肢所有肌群的练习十分重要。由于人体肌肉之间相互关联,组成相应关系,因此,在组织力量训练时,最好安排能使同一关节屈和伸的练习。这种力量训练方法有助于发展肌肉之间的相互协调配合关系,有助于保持相应肌群之间的良好力量平衡,有助于减少肌肉的运动性损伤。

力量训练要全身肌肉共同发展。身体中的大肌群和主要肌肉群得到发展,主要是四肢、腹部、臀部、腰部的肌肉,还应有意识地发展薄弱的肌肉群和小肌肉群力量。小肌肉群的力量,如足底、踝关节周围、腕关节周围、肩关节肌肉群的力量对稳定关节、防止损伤、提高运动成绩有至关重要的作用。进行全身力量训练的一般顺序:首先是发展臀部和腿部肌肉力量,其次是背部、胸部肌肉,最后是上肢、腹部、腰部、颈部肌肉。只要所有肌群都以适宜

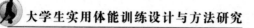

强度进行训练,就会取得理想的力量训练效果。

5. 多样性

高校普通大学生运动员的力量素质练习,要避免手段模式化、顺序单一化,动作要领要多样化。练习的方式不能固定不变,多年实验证明,长时间进行相对固定不变的力量练习,运动员会很快适应,并使神经系统产生相应的抑制状态,从而削弱这些练习的效果。不断变化负荷重量、重复次数、完成动作的频率及练习的顺序等,科学地安排训练次数及训练内容,能达到良好的效果。枯燥单调的力量训练会令人觉得厌倦乏味,因此,采用不同器械、多种训练方法以及改变练习的量和强度等可使力量训练变得丰富多彩,从而使训练获得较好的效果,因此应对运动员实施周期性的不同训练方法,如由杠铃练习转换成同伴或其他形式的抗阻练习,但也应避免频繁的整套方法的更换。

(二)速度素质训练原则

速度素质受多方位的影响,为了进一步提高大学生的快速运动能力,在相关的练习中要遵循以下原则。

1. 合理安排练习顺序与练习时间

要注意的是,人是一个统一的整体,所以在锻炼身体各项素质、提高运动能力的时候,存在着身体各部位相互联系、相互促进和相互制约的关系。当人在发展某一方面的素质时,都会直接或间接地对身体其他素质产生有利或不利的影响。因此,大学生要有一定的意识,就是要在练习速度的时候注意到身体部位的变化,在制定速度训练计划时候要合理安排练习的顺序,使得速度素质与其他素质产生积极和良性的反应;也要注意训练时间,不宜过短和过长,过短会达不到效果,过长会产生疲劳。

2. 通过发展力量和柔韧性等来促进速度素质

身体各部位是互相影响的,身体素质在某一项素质的练习也会联系到其他的素质。在练习速度时,有些练习手段和练习方式常常会联系和考虑到力量素质。比如,在进行静力性力量练习,过程中将身体放缓,这会降低神经反射和肌肉活动的灵活性,而速度练习过程要求快速的神经反射,对反应的灵活性要求极高,兴奋与抑制迅速转换,肌肉收缩轻松协调。

快速力量和柔韧性,是影响速度素质的重要因素。采取中小强度的快速负重练习,可以加大肌肉横断面积和肌肉力量,进一步提高肌肉灵活性。

把训练强度提上去,是身体在发力过程中最大限度地促进更多肌纤维同时进行收缩,提高肌肉的收缩功效。其次,练习柔韧性后可以增加力量的作用范围,提高肌肉耐力水平,改善肌肉内部的协调性,从而减少肌肉阻力和增大肌肉合力,最终结果就是速度素质的提高。

3. 在身体最佳状态时练习

由于速度素质的特殊性,所以大学生应该在身心状态最佳、精力最充沛的时候进行。因为长时间运动后身体会疲劳,神经的灵活性降低,导致兴奋与抑制很难快速转换,造成练习得不到相应效果。

人体处于最佳状态时,包括神经系统、内脏系统和肌肉系统的全面适宜状态。想要达到这种状态,可以通过强度较小的热身准备运动得到满足。学生要注意力集中,这样能使神经系统处于兴奋状态,并让肌肉保持紧张度,同时还能提高中枢神经系统功能,使内脏系统与肌肉系统和谐稳定,对改善肌肉内协调性有良好的作用,以便于发展速度素质。

4. 重视肌肉放松

大学生的个人情况都不大相同,而他们的肌肉水平也具有明显的差异性。练习速度素质时要做到肌肉放松、张弛有度,这能够减少阻力,增大肌肉合力,促进血液循环。如果肌肉紧张度超过60%,机体内的血液流动就会受阻,协调性下降,就是拥有再大的速度潜力也得不到发挥。

肌肉处于松弛环境下,血液能够循环通畅,加大肌肉的输氧量,加快ATP的快速合成,还能使能量物质得到合理利用,使其得到节省,这都有利于提高速度素质。

5. 正确对待"速度障碍"

学生的速度素质发展到一定水平后,提高的速度就会逐渐缓慢,有的还会出现停滞不前的现象,这种情况就是"速度障碍"。造成这种情况的出现是因为练习过程中采取的手段过于单一,同时没有采取正确的训练量和训练强度,从而使得训练没有刺激作用,导致节奏、技术等都达到一个平稳的状态,没有更好的变化。为了克服瓶颈,继续提高,应做到以下几点。

(1)巩固基础训练,全面提高身体综合素质水平。

(2)要进行多种联系手段,安排不同的节奏和频率,这样能使得中枢神经系统产生灵活多样的条件反射。

(3)调整练习量和练习强度,对身体产生新的刺激,改变固有的动力定型让中枢神经系统形成新的反射联系。

（三）耐力素质训练原则

1. 遵循人体生长发育规律

耐力素质在某种程度上来说与大学生生长发育水平有一定影响。在训练耐力时如果不考虑与生长发育水平的一致性，往往不能收到良好的效果，甚至可能会损害身体健康。因此，根据大学生发育水平，注重安排的合理性，这才是发展耐力水平的正确方向。

一般来说，高校学生处于成年人的状态，而发展有氧耐力的最佳时机是少年儿童时期；男生 14—16 岁，女生 13—14 岁则是无氧耐力的敏感发展期。所以大学生已经历了耐力练习的最佳时间，而在大学校园中的耐力素质主要以巩固为主，避免随着年龄增大而产生的不自觉性。

另外，耐力练习时的负荷安排也有着不同的标准，一般通过心率来控制。有氧耐力的最适强度公式是（最高心率－安静心率）×0.5＋安静时心率，而最高心率的估测值的公式为：最高心率＝220－年龄。

2. 体现个体化特点

通常来说，想要最大限度地发展耐力水平，就必须安排大负荷、大运动量的练习。然而，大学生的情况比较特殊，他们在身体机能水平和训练强度的承受能力上都存在着明显的差异性，因此，在耐力练习上要采取不同的手段和方法。同时，在训练长度、持续时间、运动间歇以及重复练习的次数上也要按照身体实际情况来安排。

3. 注意激发学生的主动性

耐力练习相对来说比较艰苦，而学生在练习中是否主动投入，对练习效果十分关键。学生主动参与，中枢神经系统、内脏系统和肌肉系统等都处于良性循环，促进学生承受较大负荷，战胜困难，坚持到底，能够提高耐力水平。

耐力练习中学生主动性占据了大部分因素。因为耐力训练是十分枯燥和乏味的，想要坚持下来，学生的兴趣爱好、意志品质、思想认知和目标追求起着重要的作用。耐力练习在采用多种多样的方法与手段提高学生兴趣的基础上，还要注重思想的教育，比如坚韧不拔、永不放弃的意志品质；敢于攀登，勇敢向前的思想作风等。

提高学生练习耐力的主动性可以根据建立逐级目标来实现。根据学生的个人情况，制定合理的逐级目标，规划好中远期的方案。当学生实现了一个小目标后,教师要给予充分的鼓励和表扬,这样就能进一步提高学生的自信心和练习热情,使其主动练习,实现下一个目标。

4. 掌握呼吸方法,注重呼吸节奏和深度

掌握好呼吸方法对于全面发展耐力素质,尤其是有氧耐力水平是极其重要的。人体的呼吸作用在于摄取耐力素质需要的氧气。通过加大呼吸频率,加深呼吸深度,机体才能得到更多的氧气量。

呼吸还要有节奏感,比如长跑运动中的 2 步一呼吸和 3 步一呼吸,若呼吸没有节奏,就会导致呼吸肌出现疲劳,机能下降,导致身体运动功能下降,影响耐力素质的培养。在有氧耐力中还会出现极点现象。极点现象简单来说就是在持续运动过程中身体内部缺氧,大量的二氧化碳和乳酸聚集,此时学生往往表现为两腿发软,全身乏力,呼吸困难。此时要做的就是保持有节奏的呼吸,增加呼吸深度,这样会减轻极点带来的痛苦。当极点产生时,一定要坚持下去,咬紧牙关,同时加深呼吸,这样极点反应会适当减缓,直至最终消失。

5. 注意有氧耐力与无氧耐力的结合

有氧耐力和无氧耐力虽然在代谢中呈现出很大的差异,但实际上二者存在着密切关系。有氧耐力是耐力素质的基础,无氧耐力是建立在有氧耐力的提高上而进行的。

通过长期的有氧耐力练习,学生能够增大心脏体积,提高每搏输出量,为之后无氧训练建立基础。对于耐力素质较差的学生,如果在一开始就进行无氧耐力练习,则无法提高每搏输出量,反而会影响全身的血液供给,对身体发展不利;反之,发展有氧耐力过程中,穿插进行一些无氧耐力练习,就能改善学生的呼吸能力和血液循环,提高有氧耐力水平。

有氧耐力和无氧耐力之间相互联系,相互促进。所以,在耐力练习中要科学把控有氧耐力练习和无氧耐力练习的比例,注重二者相互结合。

6. 在练习耐力素质前做好准备工作

进行耐力训练还要注意做好准备工作。不要在饥饿和空腹状态下进行锻炼,这会导致腹痛、低血糖、肌肉痉挛,严重会导致昏厥,甚至休克。运动前要做好热身准备活动,通过准备活动摆脱内脏器官的惰性,提高神经的兴奋度。增加肌肉的伸展性和柔韧性。准备活动要将身体活动开,至少持续10 分钟左右,到微微出汗或自我感觉身体活动开为宜。

7. 在耐力练习中要注意加强保护监督

由于耐力练习时间较长,运动负荷较大,对人体各系统的影响也比较深刻。

针对于耐力练习,要进行两方面的保护与监督。一是在运动前对学生的身体机能评定,简单来说就是检测一下学生能否进行大强度的耐力练习,主要测血压、心率,还要看学生的自我感觉如何;二是看学生对负荷的承受能力,看看学生在练习持续一段时间后身体动作的变化程度和学生的面部表情等,一旦发现异常情况就要采取相应措施,比如减缓训练量或中止训练,以防不测。

8. 练习后注意消除疲劳,尽快恢复

耐力练习结束后,要及时补充营养。耐力训练时间较长,消耗了人体巨大的能量,所以重点补充糖、蛋白质、水分和电解质。运动后要进行放松运动,如放松操、场边慢走等。当天课余后要进行适当的休息、按摩等,促进机体尽快恢复,以便第二天的生活。

(四)柔韧素质训练原则

1. 循序渐进,持之以恒

柔韧素质练习对于一般的大学生来说具有很大的疼痛感,且见效慢,稍微停止练习水平就会倒退,所以要有持之以恒的精神。

柔韧的练习在初次进行时容易产生效果,但很多学生就会在当天下课之后感到身体酸痛,这是由于肌肉被拉伸,导致了回缩力增加的缘故。因此要循序渐进,在下次练习时应继续慢慢拉伸,疼痛感会逐渐减小。经过一段时间的练习,肌肉已经适应了这种长度的伸展,这时候就要继续进一步拉长肌肉、牵拉肌腱,使回缩力进一步加大。柔韧素质训练就是身体由不适应到适应的逐步提高过程。和其他素质练习类似,柔韧练习持续一段时间后停止下来,已获得的柔韧效果便会持续消退。所以要系统的训练身体柔韧性,养成良好习惯。

2. 因人而异

柔韧性练习必须要结合大学生的个人情况和所进行的运动项目。例如,练习跳高、跳远的同学主要练习腿部和髋部的柔韧性;经常游泳的同学主要发展踝关节和躯干的柔韧性;经常踢足球的同学主要练习腿部、腰部和髋部的柔韧性。因此,在全面发展身体各部位柔韧性的基础上,要重点练习本专项所需要的几个部位的柔韧性。

另外,由于大学生的身体素质各异,在进行柔韧素质练习过程要量力而行,突出针对性、应用性,不要过度追求极限而弄伤身体。在运动训练中,虽然对整体柔韧性都有一定要求,但结合大学生的时间和精力,没有必要去苛求完美,柔韧性的发展程度只要能满足同学们热爱的体育项目就可以了。

3. 与力量素质发展相适应

柔韧素质的发展建立于肌肉力量的增长,而肌力的增长决不能因为增大体积而影响关节活动幅度。力量练习是发展肌肉的收缩能力,柔韧练习能发展肌肉的伸展能力,因此二者相结合对肌肉质量的提高最为有效,通过力量素质和柔韧素质一起练习,既能发展肌肉力量又能保证关节的灵活性和稳固性。

4. 注意外界温度与练习时间

外界温度的高低变化都会影响到肌肉的状态。据素质训练的经验来讲,当外界温度在 18℃ 左右时最有利于柔韧性练习,因为这个温度不高不低,肌肉在这个温度下能达到最佳伸展状态。

对于普通大学生来说,任何时间都可以进行柔韧性练习,但是不同时间练习的效果也不尽相同。早晨时段,人的柔韧性会明显降低,所以在早上锻炼时可以进行"拉韧带"练习。在上午 10 点以后到下午 6 点之前,人体的柔韧性处于稳定状态,此时可进行一些强度较大的柔韧性练习。

5. 练习结束后进行放松练习

每个伸展练习之后,要进行放松练习,使身体的供血、供能机能加强,加快肌群的放松和恢复。如压腿之后做几次屈膝练习,体前屈练习之后做几次挺腹挺脖动作等。

(五)灵敏素质训练原则

1. 练习方法、手段多样化并经常变化

灵敏素质的练习方法应该是多种多样的,并且要经常改变。这样可以让学生掌握更多运动技能,还可以提高人体内各种器官的功能,表现出动作准确、变换迅速的能力。

2. 注意消除学生的紧张心理

练习灵敏素质时,体育教师要采取一定的手段,消除部分学生的紧张感和恐惧感。因为不同于其他素质练习,灵敏素质的训练手法比较复杂,不是一下就能掌握的,而有些学生心理紧张,肌肉等达不到练习标准,导致身体迟钝,动作不协调,影响练习效果。

3. 合理安排训练时间

灵敏素质的训练要合理安排,形成系统化。由于灵敏素质的特点,决定了其训练时间不能过长,重复次数不能过多。因为身体疲劳时,人的力量水平会下降,速度减缓,失去节奏感,降低平衡性,这些对灵敏素质的培养都是不利的。

有经验的教练员都是根据体育课的不同内容安排的。如学校要展开某项运动竞赛了,技术动作的比重要加大,协调能力的训练应相应加强,就要多练习灵敏素质。灵敏素质往往安排在体育课的前半部分,让学生在体力充沛、神清气爽的条件下进行。

三、大学生体能训练的方法

(一)完整训练法

完整训练法指的是在体能训练的过程中,不论是基础的身体素质练习还是专项的技术动作训练,从开始到结束,完整的结合在一起进行练习的一种训练形式。

在大学生体能训练过程中,运用完整训练法的作用在于在训练体能的同时还能训练某些运动项目的技战术,从而保持技术动作和战术配合的完整结构以及各个部分之间的内在联系。完整训练法不仅可以用于单一动作的某项身体素质练习,还可以用于多元动作的训练;同时,既可以用于个人成套动作的训练,也可以用于集体配合动作的训练。

(二)间歇训练法

间歇训练法指的是在机体没有恢复到工作前起始水平时即进行训练,是一种严格控制间歇时间的训练方法,也是提高体能的主要方法。人们认为体质增强的过程是在运动中实现的,其实体质内部增强过程主要是在间歇中实现的,是在休息过程中取得了超量恢复。若是离开在休息中取得超量恢复,则运动就变成对增强体质毫无意义的事,甚至起不了作用。间歇对增强体质的作用并不亚于运动本身。间歇法分为三种,一种是高强性间歇训练法;一种是强化性间歇训练法;还有一种是发展性间歇训练法。

在体能训练中具体运用来讲,要根据不同的目标,实施不同间歇方案。一般来说,如果用间歇法来发展身体的耐久力,每次练习的距离要长些,重复次数应多些,强度要偏小些。如果用间歇法来发展力量耐力,则采用负荷重量相对较轻,强度偏中小,练习的次数和组数则较多些。而如果用间歇法来发展绝对速度,就要安排的练习距离短些,重复次数少些,强度大些。

(三)连续训练法

持续训练法指的是在相对较长的时间里用较稳定的强度,无间歇的连续进行训练的方法。持续训练法常用于发展一般耐力素质,并有助于完成强度不大但动作很细腻的技术动作。通常可将持续训练法分为三种。第 1 种是短时间持续训练,第二种是中时间持续训练;最后一种是长时间持续训练方法。

在具体实施连续训练方法时,连续训练时间的长短,根据大学生从事的项目和自身情况,并且要将负荷价值有效范围作为依据来确定,通常认为在 140 次/分左右心率下连续训练 20~30 分钟,可使机体的各个部位都长时间地获得充分的血液和氧的供应,有效地发展有氧代谢能力。采用连续训练法进行练习时,平均心率在 130~170 次/分钟之间,其作用主要体现在以下几个方面。

(1)可使机体运动机能在较长时间的负荷刺激下产生稳定的适应,内脏器官产生良性适应变化。

(2)能有效提高有氧代谢系统供能能力以及在该供能状态下有氧运动的强度。

(3)能进一步提高无氧代谢能力及为无氧工作强度奠定坚实的基础。实践中,用于连续训练的主要是那些比较容易,并被大家所熟知的动作。

(四)循环训练法

循环训练法是根据体能训练的具体任务,建立若干练习站或练习点,学生按规定顺序、路线,依次循环完成每站所规定的练习内容和要求的训练方法。

循环训练法具体有三种方法。

(1)第一种是循环重复训练。循环重复训练方法是指按照重复训练法的要求,对各站之间和各组循环之间的间歇时间不作特殊规定,以使机体得以基本恢复,可全力进行每站或每组循环练习的方法。

(2)第二种是循环间歇训练。循环间歇训练方法是指按照间歇训练法的要求,对各站和各组之间的间歇时间作出特殊规定,以使机体在不完全恢复的状态下进行练习的方法。

(3)第三种是循环持续训练。循环持续训练方法是指按照持续训练法的要求,各站和各组之间不安排间歇时间,用较长时间进行连续练习的方法。

(五)重复训练法

重复训练法是在不改变动作结构和运动负荷的条件下,按照既定的要求反复进行练习,每一次(组)练习之间的间歇时间能使机体基本恢复的练习方法。构成重复训练法的主要因素有以下几个方面:一是单次(组)练习的负荷量;二是负荷强度;三是每两次(组)练习之间的休息时间。

值得注意的是,由于重复次数的多少不同,对身体的作用也不相同,一般来说重复次数越多,对身体的负荷反应越大。如果重复次数不断地增加,可能使身体承受的负荷达到极点,乃至破坏有机体的正常状态,甚至是造成身体的伤害。大学生要结合自身情况采取合适的次数,若身体素质较高可以多重复几次,若身体强度没那么大就不要重复太多次数。

重复练习法每次的练习通常是以极限强度或极限下强度进行的。这样才能对提高机体的机能能力起到很好的促进作用。它不仅适用于身体训练,也适用于技术和战术训练。在大强度训练的情况下,重复练习能够不断强化技术动作,有利于建立和巩固动作技术。

第四节 大学生体能训练的准备活动

一、准备活动概述

准备活动是大学生在进行体能训练中基础的一环。准备活动是指在进行剧烈运动之前,为克服身体的内脏器官的惰性,使它们提前进入到工作状态,并预防运动创伤的一系列身体练习。准备活动又被称作热身运动,具有很强的目的性,那就是为训练、比赛和体育课的正常进行打下基础。准备活动是全身性的运动,运动负荷较小,以便于提高随后激烈运动的效率。

准备活动是运动训练的重要组成部分。

二、准备活动的作用

大学生进行体育活动时,无论是体育课、体育素质训练还是体育竞赛,准备活动都是不可缺少的重要环节。人在相对放松的状态时,如果没有进行准备活动就盲目地、仓促地进行大运动量的活动,往往会使机体感到不适应;随之带来的后果就是身体动作不协调,力量速度等素质发挥不出来,运动成绩达不到正常水平等。这种情况还不是短瞬间的,而是一段时间后才能逐步消除,这种情况叫身体的惰性作用。

准备活动是人为地通过肌肉的活动,克服机体活动的惰性,从而缩短进入工作状态的时间,使机体进入正式活动时发挥较大的工作效率。总体来说,可归纳为以下四个方面的作用。

(一)提高肌肉温度,预防运动损伤

在进行体育锻炼前,充分地热身运动可以加强体内肌肉代谢,增高肌肉温度,一方面可使肌肉的黏滞性下降,提高肌肉的收缩和舒张速度,增强肌力;另一方面还可以增加肌肉、韧带的弹性和伸展性,减少由于肌肉剧烈收缩造成的运动损伤。

做准备活动后,人体的体温升高了,便可以减小肌肉与韧带的黏滞性(减少阻力),增加弹性,并促使关节囊分泌更多的滑液,以减小关节间的摩擦力,加大关节的灵活性。

体内的这些变化看似微小,但对身体的作用是很大的。通过热身活动,提高速度、力量、灵敏和柔韧等身体素质,能够真正地预防肌肉、韧带和关节的损伤。准备活动的各种练习,在锻炼身体素质的同时,在不同的体育运动项目中可以培养正确的动作姿态,促使各种器官的正常发育和身体的全面发展,最终可以增强体质。

(二)提高内脏器官的机能水平

内脏器官本身具有很大的生理惰性,即人体开始活动时,肌肉逐渐发挥到最大功能水平,内脏器官并没有进入到与身体活动强度相匹配的运动状态。在正式开始体育锻炼前进行适当的准备活动,在一定程度上能够率先给人体的内脏器官一个信号,促使它们随着准备活动的进行逐渐达到较高水平。另外,在准备活动中可以减轻运动开始时由于内脏器官不适应所造成的身体不适。

人体是各器官统一的整体,在不同的器官和系统中,其机能是互相配

合、互相协调的。当肌肉高速运动时,会释放强劲的能量,分解出大量有机物,需要氧气和营养物质的大量供应,而氧气和营养物质的供应是由呼吸系统与血液循环系统来执行的。

若不做准备活动就直接进行激烈运动时,内脏器官的机能适应不了肌肉的要求,情况严重了甚至会出现不良的生理反应,如头晕目眩、恶心呕吐,甚至是休克等现象,会损害人体健康。

(三)调节心理状态

要指出的是,大学生的体育锻炼不仅仅是在活动身体,而且也是心理上的活动。相关学者在研究中认为,心理活动在体育活动中起着越来越重要的作用,而准备活动可以起到心理调节作用,通过身体上的活动与拉伸能够联系各运动中枢,使大脑皮层处于体育运动的最佳兴奋状态。

准备活动不但可以提高中枢神经系统的兴奋性,而且可以大大提高植物性神经系统的兴奋性和灵活性。如心脏中血液输出、输入量的增加,肺对气体交换量的提高,这些都促使新陈代谢加强,保证了肌肉中的营养及时供应和废物的及时排出,就能够全面提高机体与运动能力,提高运动成绩。

实际上,大学生在运动之前,由于条件反射,身体也会产生变化,使机体各器官系统的机能产生影响,准备适应随之而来的肌肉活动。这种生理变化被称作赛前状态。但人体具有差异性,有的学生在运动前大脑皮层的兴奋性过高,导致过度紧张;有的学生则兴奋性过低,导致无精打采,这两种极端都将对即将到来的体育运动带来不良影响。这就需要通过准备活动加以调节,抑制赛前的过度紧张状态或消除无精打采,为顺利进行教学或比赛做好思想上与生理上的准备。

(四)实现体育课教学目标

在大学体育课中,准备活动对实现体育教学目标有以下几方面的作用。

(1)促进大学生身体正常发育,使个人素质全面发展;通过培养正确的身体姿势,增强体质。

(2)在体育课的相关技术动作学习上做好思想上与生理上的准备,防止运动损伤。

(3)通过掌握准备活动的基本知识与技能,使学生自己在体育锻炼时懂得如何做准备活动。

(4)思想上的促进,培养学生的组织纪律性和集体主义精神。

三、准备活动的分类

准备活动要根据体育活动的目标和性质来决定。展开来说就是根据体育课的内容、大学生的个人情况、运动竞赛项目的特点等来确定。准备活动的进行方式上以班级内集体进行最为常见,可以大家统一听命令做,也可2人一组进行;既可在体育课上做,也可以在课外锻炼时做。准备活动的内容既要有提高大学生运动能力的练习,又要有保持大学生正确体态的基本练习。准备活动可分为以下几类。

（一）常规性准备活动

常规性准备活动以学生的全面素质发展为着眼点,根据教学内容的性质和学生的特点组织安排热身。在内容上既有逐步提高大学生运动素质的跳、跑练习,如蛙跳、高抬腿等,又有使大学生保持正确姿势的形体练习,如腹背运动、扩胸运动等。准备活动的安排还要考虑到外部因素,如考虑气候和季节的影响,比如寒冷的冬季要多做一些准备活动,这样才能充分热身。

（二）诱导性准备活动

诱导性准备活动是加快大学生对某些动作技术的掌握,根据具体教学内容安排的针对性活动。比如篮球课之前的原地起跳练习,就是对篮球比赛中争夺篮板的诱导性准备活动。这种诱导性可以让学生加深对技术动作的理解,增强学生的信心,以便更快掌握。同时,诱导性准备活动的运用要根据学生的身心情况灵活安排活动强度和负荷。

（三）兴趣性准备活动

兴趣性准备活动充分考虑了学生的兴趣,根据主要学习内容,通过游戏、竞赛的形式安排准备活动。兴趣性准备活动经常被体育教师所运用,因为它能极大地调动学生的积极性,活跃课内气氛,提高教学质量。在进行时,要注意控制运动负荷,正确的引导学生在游戏中掌握运动技术。

（四）节律性准备活动

节律性准备活动是指在各种口号、节奏、节拍、旋律的刺激下进行的准备活动。如大学体育课经常采用的音乐、口哨的准备活动,包括广播体操、健美操、传统武术等。

节律性准备活动在校园中开展广泛,能够展现学生的表现力和审美能力,对体育教学具有非常重要的作用。

（五）意念性准备活动

意念性准备活动是通过学生自我在意识上的引导和心理上的调节,充分调动身心,为动作练习所进行的准备活动。如在动作上的练习之前,心里默念动作要领,进行自我暗示等。

意念性准备活动可以加深对动作的理解和掌握,节省体能,还可以防止运动性损伤。它适用于一些难度较大的、易导致运动损伤的技术动作和运动项目。

（六）放松性准备活动

放松性准备活动是在训练或比赛之前,为了调整自身体能,让自己处于最佳状态而进行的活动,如田径项目的试跑、试投等。

放松性准备活动时,身体要自然放松,呼吸均匀,在跳跃和跑步中平稳而自然的进行,不要过分发力。放松性准备活动对于运动员来说经常进行,在次数的多少和时间的长短上自由决定。

（七）补偿性准备活动

补偿性准备活动是为了掌握动作技术,根据大学生对某种动作技术所欠缺的身体素质而组织的准备活动。如为了掌握引体向上锻炼上肢力量而采取俯卧撑准备活动等,这为技术动作的掌握打下基础。

补偿性准备活动的选择和应用是根据相关动作技术的需要来选择,并依据大学生的耐力安排运动负荷。

（八）迁移性准备活动

迁移性准备活动是在形成一种正确的动作概念后,加速对另一种相似动作技术的掌握,通过技术迁移而组织安排的准备活动。如跳远和跳高都是跳跃项目,但二者的踏跳是截然不同的。掌握跳远技术之后,在学习跳高动作时所安排的模仿练习、辅助性练习应与跳远技术练习相区别,并应在主要动作学习之前进行学习。

四、准备活动的基本原则

大学生准备活动是有一定的基本原则的。准备活动中有一定的规律性和原则性,要做到以下五条原则。

（一）趣味性

趣味性原则进一步要求了准备活动的内容能够激发学生的学习兴趣，调动学生的积极性，从热身中进入到上课状态。

一般的集体性游戏、健美操、趣味比赛等准备活动就体现了趣味性原则。具有趣味性的活动能使大学生摆脱身体的懒惰性，做好上课准备。

当前，各个高校体育课一般都安排下午进行，大学生在下午时正是精神疲倦之时，容易犯困，上课的积极性较低。因此，体育教师在教学时要精神饱满、口令洪亮、严格要求，在准备活动中增加有吸引力的游戏，提高学生的兴奋性。

（二）针对性

针对性原则是根据学生的年龄特征、生理和心理特点、个体差异、体育技能的学习目标、学习内容，进行有目的、有针对性地选择准备活动的内容。

准备活动的针对性主要有两个方面的含义：一是针对对象；二是针对教学。针对性原则要求准备活动要为教学做好充分的准备。当代大学生的准备活动内容应简单易学、具有节奏感和韵律感、动作速度较快、灵活变化。对于女同学，应根据她们的生理特点，注意在腹肌、髂腰肌、骨盆底肌和腿部肌肉的练习，对于男同学则可以适时地提高难度，选择刚强有力、积极快速、幅度大的动作进行练习。运动能力出色的同学，准备活动的动作应内容多一些，难度高一些，具有专门性。对于身体素质较差的学生应该查缺补漏，选择身体的薄弱环节，发展该部位的身体素质的练习，促进素质的发展与提高。

准备活动还应层次清楚，突出重点。体育教师在组织准备活动练习中，应把一般性准备活动、专项性准备活动以及为专项服务的辅助练习紧密地结合起来，从精神上自然地向身体上过渡，这都是为了技术动作的练习效果打好基础。准备部分的成功与否，直接影响到体育教学效果是否奏效。

（三）创新性

创新性原则要求师生双方开动脑筋，在准备活动的方式方法上大胆创新。教师要不拘一格，敢于创新；学生要勇敢地提建议，有什么好的想法可以告诉老师。这样能积极培养学生的创新精神和实践能力，为学生提供施展的空间，使准备活动更加符合学生的胃口。部分体育教师在安排准备活动时，形式单一，按部就班，每次的体育课永远是那么几节运动，没有改变，这会使学生产生机械性思维。例如，在编排热身操时，既要选用学生熟悉的练习,又要适当添加新鲜的内容,同时在每次课上都要有变化,这样能更加调动学生对体育课的积极性和参与性。

(四)实用性

要注意准备活动必须遵循实用性的原则,不能为了准备而准备。准备活动绝对不能是摆摆样子,人云亦云,更不能简化流程、睁一只眼闭一只眼。不论采取什么样的内容,什么样的形式,都要体现出其实用性的价值,要让学生真正能够充分活动肢体,为激烈的运动做好准备。

(五)全面性

全面性原则是指准备活动必须让学生的身体各部位都得到活动。头部、颈部、躯干、四肢、腹背、手腕、脚腕,哪方面都要涉及。在身体活动时,也要涉及心理,要让学生充分活动。教师要清楚,这么做的一切是为了完成课程的目标,是为了提高学生身体素质的平衡,掌握体育运动项目的技术技能。进行准备活动时,老师要做到少说多练,在短时间内充分加大活动速度,中间少停顿。准备活动中先做简单的活动,普通学生一看就能领会,老师无须讲解动作要领;之后到复杂的动作,老师做示范,学生跟着学,这样不仅节省时间,而且能提高学生耐力。

第五节　体能训练与心理调节

一、大学生心理健康状况概况

(一)大学生心理问题成为社会热点

随着社会经济的快速发展,人们的物质生活条件不断提高,当代大学生在发展过程中会受到各种因素的影响,出现各种心理方面的问题。有些大学生因为心理问题,体现出各种异常的举止,出现逃学、厌学等偏执行为,甚至会出现自杀、他杀等恶性事件。久而久之,当代大学生的心理健康问题也成为社会热点。在高校体育中,要充分重视心理健康教育与体能训练的关联,在体能训练中要采取正确措施积极引导学生展示当代青年的阳光与活力,促进学生心理健康,全面发展。

（二）大学生心理健康状况调查

一般情况下，大学生的心理健康状况具有如下判断标准。

（1）大学生对外界是否有着正确的认知能力，对于外界事物作出正确判断，进行合理的推理。

（2）大学生能否保持稳定的情绪，对生活有着积极向上的态度。大学生若长期处于消极状态下，就会对生活丧失希望，产生亚健康心理和疾病性心理。

（3）大学生是否具有良好的抗压能力和坚强的意志力。若没有抗压力，就经不起失败和挫折，就会一蹶不振，陷入到萎靡的状态。

（4）大学生是否有基本的社交能力。若有的人经常和别人闹矛盾，不懂得包容和饶恕，厌恶与他人交往，那么这个人的心理状态肯定是不健康的。

经过相关调查分析，当代大学生在心理状况上令人堪忧。有相当一部分人处于亚健康状态。随着大学校园生活的展开，学生具有高度独立性，什么事情都要自己去面对，所以造成了学生在面对压力与挫折时产生明显的缺陷。具体表现为一遇到困难就打退堂鼓，做事情容易受到外界影响，人际交往能力差，不爱交朋友。这些亚健康的表现积少成多，就有可能造成斗殴、自杀和他杀等恶性事件。因此在高校体育教育中，要充分引导学生建立良好的心理环境。

二、体能训练对大学生心理教育的特殊性

（一）调控情绪，及时发现和消除心理障碍

情绪是心理健康的晴雨表。学生在体能训练中的行为、表情、意志等因素上的表现就是其心理状态的真实流露。在体能训练中能发现到存在不同心理障碍的学生。

体能训练不光是锻炼身体的一个过程，也是一个心理锻炼的过程。在持续的运动中，包括情感上的历练，通过体能锻炼对某些心理障碍、疾病具有一定的缓解性，能使紧张、焦虑、压抑、沮丧等消极情绪得以宣泄，使人从消极情绪中走出来。比如有些大学生因为遭受到失恋、考试没通过等挫折，去操场上狂奔，跑几圈，其压抑的心情就能得到一定的释放。

（二）培养心理素质，促进意志品质和性格特征形成

体能训练对于大学生的耐力与意志力具有很大的考验。在持续进行的

体育活动中,是一种极限的挑战,也是一种自我的竞争。在这个过程中,学生能体验到生命存在的道理,生命延续的价值以及超越自我的意义。漫长而艰苦的体能训练能使大学生的抗挫折能力进一步提高,培养他们的纪律性与自制力,形成勇敢拼搏、坚毅顽强的意志品质,形成开拓进取的积极精神。这些无异于是对心理素质的调节与锻炼。

(三)提高社会适应能力

大学校园在某种程度上说就是一个社会群体,在高校体育课中每一项内容都可以锻炼大学生的社会适应能力,而体能训练也不例外。体育教学往往是以班级为单位,而体能训练往往也是班级所有人一起进行。在体能训练中,师生之间的交流和沟通也体现出对学生人际沟通能力的培养。从社会角度上来说,体能训练的过程可以看作是社会生产与社会生活的一种模拟,因为体育精神与现代社会精神具有共通性,在体能训练中,学生获得失败与成功、委屈与满足等种种情感体验,如果教师能够根据这些加以深度引导,就能让学生通过体能训练去认识体育,认识生活,直到认识社会,这将对学生人格的塑造和人生观、价值观的培养有着积极促进的作用,从而提高他们的社会适应能力。

三、体能训练中培养大学生健康心理的方法与途径

(一)利用体能训练自身特点促进学生心理健康

1. 体能训练的艰辛性培养学生意志品质

体能训练对培养学生的意志品质具有促进作用。在中长跑训练中,内容枯燥乏味,对身心都是一种消耗,所以大部分学生都很畏惧这项训练内容,甚至找理由逃避练习。但是从心理调节上来说,长距离的奔跑是最能磨炼人的耐力与毅力,是培养当代大学生吃苦耐劳的最好手段之一。

2. 体育的竞争性培养学生的拼搏精神

体能的训练还充满着竞争。比如《国家学生体质健康标准》中要求的1 000米跑,就包含了学生的拼搏与竞争。在共同的规则约束下,学生往往有着好胜心,有超越对手第一个到达终点的渴望,这就是体育活动中所带来的趣味。体能训练能培养学生的思维能力、应变能力和创造能力,形成勇于拼搏的竞争意识。

3. 体育的开放性能培养学生的人际交往和沟通能力

在足球、篮球等集体项目的专项体能训练上，在力量、速度等体能素质练习的方式和手段上多以集体练习为主，需要同学间的合作与交流，所以在这些练习中，体育教师要注意培养学生的集体主义，让学生形成团队意识，培养人际交往和沟通能力。

（二）根据体育课的主导满足学生需求

高校体育教学中，学生是主题，教师是主导。师生在合作中时间越长，交流次数越多，就越能产生共同的体验和感受。在体能训练中，老师要做到根据他们的生理和心理特征去安排体能训练计划，这样才能让学生对艰苦的体能训练形成兴趣，不产生抵触心理。同时，要采取多种训练形式，创造宽松环境，营造良好教学氛围。如采用游戏、竞赛以及音乐伴奏等手段和形式，激发学生的情绪，在他们热情高涨时有意识地加大训练量和训练强度，这样不仅能让学生感到高兴，还能保障教学质量。通过别具匠心的体能教学内容设计与方法，可以促使学生心理的健康发展。

（三）教师要及时疏导，树立心理健康新形象

学生的心理调节是否有效，与教师个人有着密切关系。新时代的高校体育教师应该有着更新的观念和认知，在确保自身的身心健康同时，在教学过程中也要不断提高各方面的素质。当代高校体育教师要加强对心理学的学习，以便于学生的宣传与教育，切实帮助学生疏导心理困惑，缓解心理压力。

第三章　大学生实用体能训练的营养与保健

　　大学生参与体能训练主要是为了增强体质,为提高运动技能奠定良好的基础。为了顺利达到训练目的,大学生需掌握基本的运动营养知识及科学保健知识,并在训练过程中将这些知识运用其中,科学指导训练实践,以此来提高体能训练效果。营养饮食、疲劳恢复、体能康复以及伤病防治等都是参加体能训练的大学生需要重点掌握的保健知识,本章主要围绕这几方面展开探讨与研究,具体内容有大学生体重管理及提高体能的营养品、体能训练与科学饮食、体能训练的疲劳及恢复、运动损伤及体能康复训练以及体能训练中常见伤病的防治。

第一节　大学生体重管理及提高体能的营养品

一、大学生体重管理

(一)减重的生理学机制

1.能量平衡

(1)能量平衡公式的基本原则

　　能量摄取与能量消耗相等,体重维持不变,能量摄取比能量消耗多,体重上升,能量摄取小于能量消耗,体重下降,这就是简单的能量平衡公式的基本原则。

　　如果可以将每天能量的需求量精确地计算出来,就可以使能量摄取和能量消耗维持平衡了,但能量需求量会受到遗传因素、生活状态等因素的影响,而且个别差异明显,所以很难精确计算出来。

(2)能量平衡的基本原理

　　①基础代谢。热量供应与基础代谢有关。当人们处于安静状态时,基础代谢可为机体提供热能,所以人们的体温才会保持在正常范围内,生理功能才能得到正常发挥。不同人的基础代谢率有明显的差异,这主要是因为

受到年龄、性别等各种因素的影响(表3-1)。

表 3-1　不同年龄与性别的人的基础代谢率①

年龄(岁)	男	女
	千焦/(平方米·小时)	千焦/(平方米·小时)
7	197.9	192.0
9	189.1	179.1
11	179.9	175.7
13	177.0	168.6
15	174.9	166.1
17	170.7	151.9
19	164.0	148.5
20	161.5	147.7
25	156.9	147.3
30	154.0	146.9
35	152.7	146.4
40	151.9	146.0
45	151.5	144.3
50	149.8	141.8
55	148.1	139.3
60	146.0	136.8
65	143.9	134.7
70	141.4	132.3
75	134.7	131.0
80	129.3	129.3

②相对代谢。大学生在运动过程中会有大量的肌肉活动,因此体能的热量会被大量消耗,这时就涉及了相对代谢率(RMR)这一新概念,相对代

---

① 张钧．运动营养学(第二版)[M]．北京:高等教育出版社,2010．

谢率是运动过程中净能耗与基础代谢率的比值。大学生参与不同的运动项目,其相对代谢率也是不同的,具体见表3-2。

表3-2 常见项目的相对代谢率[千卡/(平方米·小时)]①

类别	项目	RMR	类别	项目	RMR
球类	篮球	6~11	竞走	50 米	1.5
	足球	6~7		70 米	2.0
	排球	6~8		88 米	3.6
	乒乓球	3.9		105 米	5.2
	棒球(投手)	5.82	体操	鞍马	20.8~25.2
	(捕手)	4.63		单杠	35.2~40.0
	(全队平均)	2.67		双杠	23.8~29.0
田径跑、跳、投	100 米	209	滑雪	平地滑	3.3~6.5
	400 米	95		直降滑	5.9~10.9
	1 500 米	30		回转滑降	16.9~28.0
	10 000 米	17	游泳	蛙泳 100 米	39.6
	马拉松	16		仰泳 100 米	44.5
	跳远	62~116		400 米	27.7
	三级跳远	126~165		1 500 米	21.9
	跳高	68~78			
	撑竿跳高	99~125		—	—
	铅球	54~65			
	链球	89~134			
	标枪	100			
	铁饼	58~70			

(3)运动与能量平衡的关系

①日常活动的能量消耗。大学生进行不同的活动,会消耗不同数量的能量,表3-3显示了大学生日常活动的能量消耗率。

---

① 张钧.运动营养学(第二版)[M].北京:高等教育出版社,2010.

表 3-3　大学生日常活动能量消耗率①

动作名称	千焦/(平方米·分钟)	千卡/(平方米·分钟)
睡眠	2.736	0.654
午睡	3.192	0.736
站位休息	3.690	0.882
坐位休息	3.628	0.867
跑步	28.602	6.836
走路	11.234	2.685
穿脱衣服	7.012	1.676
拖地板	11.698	2.796
整理床铺	8.841	2.113
看报	3.481	0.832
上下坡	26.966	6.445
上下楼	18.518	4.426
乘公共汽车	4.820	1.152
室内上课	3.770	0.901
洗手	5.777	1.333
洗衣服	26.967	6.445

②测量机体能量消耗量的方法。用量热计可以直接对机体能量消耗量进行计算,这一测量工具的工作原理如图 3-1 所示。

2. 设定点理论

相关研究表明,在长时间特有的饮食习惯和生活状态下,人体的体重调控机制中会逐渐形成一个设定点。在一段时间内,该机制可自动对人体食欲和能量基础代谢率进行调控,以此来使人体内的脂肪得以完好储存。如果我们强行对体重进行调整,就会受到来自体重调控机制的阻碍与反抗,这样减重计划就很难顺利实施了。

---

① 张钧. 运动营养学(第二版)[M]. 北京:高等教育出版社,2010.

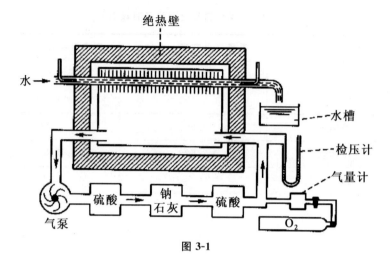

图 3-1

人们将体重调控机制中的设定点称为"身体脂肪的调节器",利用这个机制,体重可以得到稳定且有效的维持,不同人的体重调控机制中的这个设定点有的较高,有的较低。

假如大学生通过节食减低了体重,体重的这种改变就会被调控机制中的设定点察觉到,一旦察觉,这个设定点就会提高,从而使大学生食欲增加,使其体重恢复到原来的数字。相反的情况同样也是这样,一些大学生感觉增重很难,因为体重调控机制中设定点的下降会影响食欲,使大学生没有胃口摄取食物,这样其体重就只能维持在较低范围内。

（二）节食与新陈代谢

选择适当的食物种类、运动或限制能量摄取等方式可以达到减脂的效果。而仅仅依靠节食来减脂,会导致去脂体重的流失,能量摄取限制的程度会影响去脂体重的流失量。

有人通过节食甚至是接近绝食的方式来减重,虽然体重下降了,但减少的体重中,去脂体重将近占了一半。如果将饮食限制和运动两种方式结合起来减重,那么所减去的体重中大都是脂肪,而且去脂体重不仅不会减少,反而还会增加。去脂体重流失不利于身体健康,容易导致器官和肌肉功能的下降,并使新陈代谢率降低。此外,大量去脂体重流失也会对心脏的功能造成不良影响,并且对其他器官造成严重的伤害。需要注意的是,过度采取极低能量的减肥法是不科学的,这样会对新陈代谢率和电解质的平衡造成严重影响,从而导致心律不齐,危害生命。

基础代谢与去脂体重之间存在着密切的联系,基础代谢率随去脂体重的增加而提高。大学生因为缺乏一定的活动,所以脂肪量会不断增加,去脂体重会不断减少。人体每 500 克去脂体重会消耗一定数量的氧气,从能量消耗的角度来看,脂肪是代谢比较缓慢的一种物质。即使在静止状态,去脂体重依然会消耗大量氧气。当肌肉量和去脂体重减少时,休息状态下的能量消耗也会减少。

严格限制饮食的大学生,其去脂体重的流失最为明显,这会导致这类学生新陈代谢率降低,而且要使新陈代谢率再回升,还需一段时间。

大学生在节食过程中,如果每天摄取的能量不足 1 200 千卡,原有的去脂体重将很难继续维持。除非结合适量的运动来减重,否则必然导致去脂体重的流失。虽然一些人在推荐减肥法时洋洋洒洒地说不会导致去脂体重的流失,然而实际上,无论将什么样的营养素添加在饮食中,没有采取严格的饮食限制方式来减重,去脂体重流失都是必然结果。

(三)运动减重和健康增重

1. 运动减重

对于所有人来说,节食都是很痛苦的一件事,而且起初决定节食减肥的人中途大都放弃了。大学生如果体重过重且一心想减重,必须在节食的过程中结合有规律的运动,这样才能达到良好的减重效果。运动减重需要注意以下几点。

(1)进行健康检查

在实施减重计划前,应先采取一些有效的预防措施。因为体脂过多可能会诱发心血管疾病,在进行运动前,大学生应从个人的肥胖情况出发做全面的健康检查,听取医师给出的科学意见,这样实施减重计划才会更有效。

(2)科学选择运动手段

体重超过标准体重很多的大学生所选择的运动,必须是不必支撑自己的体重而且还能促进能量消耗的运动。而如果体重过重的大学生所选的运动是走路、慢跑和有氧运动等支撑体重的运动,那么关节和肌肉就很容易受伤。

大学生要想减重,游泳运动是很好的选择。一般来说,人的体脂较多,浮力也就较大,熟练掌握游泳技术后,快游可以达到良好的减重效果。此外,在浅水池中走路、在深水中踩水、做水中有氧运动等运动效果也很好。近几年,水中运动颇受大学生欢迎,而且实践已经证明这类运动很有利于减重,而且发生运动损伤的几率也比较小。

(3)合理安排运动时间和频次

通过运动来减重,还需将运动时间安排好。大学生在运动过程中,想要达到减重目的并维持减重后的体重所需的运动量和单纯想要提升体能素质

的运动量是不同的。

第一,大学生想要促进健康体适能水平的提高,每天的身体活动必须大于半小时。

第二,大学生如果想促进心肺适能的提高并使其维持在很好的状态中,每周进行 3～5 次运动,每次运动 20～30 分钟是比较适宜的。

第三,大学生如果想要通过运动达到减重目的,则每周需进行 5～6 次运动,且每次需持续 1 小时左右的运动时间。

2. 健康增重

对于很瘦弱的大学生来说,最苦恼的事就是如何健康增重了,运动是最好的增重方法。很多大学生都选择通过过量饮食来增重,这是不科学也是不健康的,因为这只会增加脂肪,而不会使去脂体重增加。

要想每星期增加 500 克的肌肉组织,每天需多摄取 500 千卡的能量,其中蛋白质摄取量要比平时多 15 克。需要注意的是,多摄取的 500 千卡能量应以复合碳水化合物为主,在摄取能量的同时还要注意运动,特别是要进行肌力训练,这样才能使去脂体重有所增加。

(四)体重管理的要求

1. 改变行为习惯

改变行为习惯是体重管理的基本要求。大学生往往需要很长的时间才能改掉旧的行为习惯并养成新的积极的行为习惯,通过对以下管理技术进行运用,可以成功达到这一要求。

(1)对行为改变进行承诺

大学生首先必须承诺要改变旧的消极的行为习惯,表现出对正面行为的渴求,如果意图不明确,就无法顺利继续向前迈进。大学生在说服自己时,需找有说服力的理由,并否定目前的生活形态,勇于承认自己当前存在的偏差行为,只有先自我否定,自我批评,才能进步。

(2)设定可行的目标

对确实可行的短期目标和长期目标进行规划,短程的目标可以是 1 个月减少 1% 的体脂,长期目标可以是将体脂减到 20%。大学生制定目标并有所行动后,需定期评估短期目标的完成情况,并根据完成情况来对短期目标进行调整,从而顺利实现长期目标。

(3)在运动计划中加入减重课程

大学生选择自己喜爱的运动项目和运动环境,在适宜的时间实施运动计划,为了能够坚持不懈进行下去,可选择可以相互鼓励的运动伙伴,共同锻炼,共同进步,共同获得健康和优美的体形。

(4)辨识饥饿和食欲的差异

生理上对食物的实际需求才是饥饿,而单纯的对食物的渴望是食欲。大学生看到美食时,很有食欲,但错误地认为这是饥饿的表现,所以就会毫不犹豫地进食,实际上生理上并没有这一需求,所以就会导致肥胖。因此大学生必须将食欲和饥饿区分开来。

2. 培养健康的饮食习惯

(1)在饮食中可摄取一些能够使食欲降低的食物。

(2)严格控制自己,避免随时吃东西。

(3)尽量保持忙碌状态,这样就不会没有节制地进食了。

(4)将膳食内容提前规划好。

总之,大学生不可能通过既简单而又快速的方法达到减掉多余体脂、维持良好体形的目的的。而要想达到这一目的,就必须培养终生的运动习惯和健康的饮食习惯,科学进行体重管理。在制定好减重计划后,必须适当地少摄取一些能量,严格执行计划。

二、提高体能的营养食品

体内物质代谢是生命存在和延续,机体生长发育,各种生命活动及体育活动顺利进行的基础与前提,也可以说机体生命存在和延续的一个重要条件与保障就是营养。所以大学生必须加强对营养食品的补充,多吃一些可以提高体能素质和促进生长发育的食品,养成健康的饮食习惯,远离垃圾食品。

下面主要介绍一些可以提高力量、速度及耐力素质的营养食品。

(一)提高力量、速度素质的营养食品

在体能训练中,大学生应适当地多补充一些富含磷酸原、蛋白质、有机铬、钒等微量元素的营养品,这对提高力量和速度非常有帮助,而富含这些营养素的食品主要有肌酸及其复合物、蛋白粉、乳清蛋白制剂、生长激素刺激剂(以牛磺酸、精氨酸和鸟氨酸为主)等。

(二)提高有氧耐力素质的营养食品

可以促进有氧耐力素质提高的营养食品具体见表3-4。

表 3-4   提高有氧耐力素质的营养食品①

食品种类	常见食品
蛋白类食品	生长激素刺激剂、支链氨基酸复合物、高能 OKG、GKG 等
糖类食品	果糖、糖泵(由左旋肉碱、维生素、磷酸钾、柠檬酸等组成)等
脂肪类食品	含不饱和脂肪酸、丙酮酸盐、中链脂肪酸甘油三酯的食品;含肌酸、胆碱、左旋肉碱、蛋氨酸的食品等
抗氧化物质	磷脂、SOD、维生素 A、维生素 C、维生素 E、FDP 等

第二节   体能训练与科学饮食

一、大学生体能训练的膳食要求

（一）营养要求

（1）能够满足体能训练中能量消耗的需要是决定补充多少数量的食物的依据,体重和体脂需维持适宜水平。

（2）注意食物的质量,各类营养素之间要保持适当的配比,尤其要注意蛋白质、脂肪和糖类的摄入比例。

（3）营养平衡和多样化是摄取食物时需要考虑的重点。

（4）每天应补充丰富的蛋白质、矿物质和维生素。午餐的量可适当增加,但要以不给肠胃道造成负担为宜。晚餐摄取的食物不可含有太高的热量,否则会对睡眠造成影响。

（5）训练期间要定时进餐,饮食有节,暴饮暴食、喝酒都是不健康的习惯。

（6）训练期间每天在三餐外可增加 1~2 次点心,以补充能量,更好地进行训练。

（7）合理安排进食时间,在对消化功能和饮食习惯加以考虑的基础上决定何时进食。

---

① 吴东明,王健．体能训练[M]．北京:高等教育出版社,2005.

(8)训练结束后立即进食是不可取的,至少休息半小时后再吃东西比较科学。

(二)膳食平衡

1.各种营养素摄入量的平衡

中国营养学会对有关各种营养素每日供给量的相关方案进行了制定,提出在一定时期内,膳食中所含的各种营养素保持在标准供给量上下(误差不超过 10%)是比较科学的。营养学家建议,每日约摄入 1 500 克食物,而且食物种类应包含 20 多种,这样才能使平衡膳食的要求得到保障。而且各种食物之间的比例要适宜,使营养素间的基本平衡得到保障。

2.酸碱平衡

正常情况下,人体 pH 值在 7.3～7.4 的范围内。如果食品搭配不合理,膳食中酸性食品(大米、蛋黄、鸡肉、面粉、鳗鱼、鲤鱼、猪肉、牛肉、啤酒、干鱿鱼、花生等)过量,就会使血液偏酸性,血液颜色加深、黏度增加,甚至会有酸中毒现象发生。此外,酸性食品过量还会导致体内钙、镁、钾等元素消耗的增加,使机体缺钙,呈现酸性体质,对身体健康造成影响。参加体能训练的大学生在训练后体内会产生许多酸性代谢产物,此时应多补充碱性食物(海带、菠菜、萝卜、西瓜、苹果、茶叶、香蕉、四季豆、草莓、南瓜、黄瓜、藕等),使酸碱保持平衡状态。

3.热量营养素平衡

热量营养素主要是指可以为机体提供能量的糖类、脂肪、蛋白质。当适当摄入这三种物质时,才能将各自的特殊作用发挥出来,并使三者互补,这就是热量营养素平衡。6.5：1：0.7 是糖、蛋白质、脂肪三种热量营养素适宜的摄入比例,它们各自为机体提供的热量为 60%～70%、10%～15%、20%～25%。

4.氨基酸平衡

食物蛋白质营养价值的高低,很大程度上取决于食物中所含的 8 种必需氨基酸的数量及比例。只有数量及比例同人体的需要接近时,才能合成人体的组织蛋白质;反之,则会影响食物中蛋白质的利用。WHO 提出了人体所需 8 种必需氨基酸的比例(表 3-5),比例越与之接近,生理价值越高。生理价值接近 100 时,即 100%被吸收,就称为全部氨基酸平衡。能达到氨基酸全部平衡的蛋白质,称之为完全蛋白质。利用上面的标准可以对各种食物的蛋白质进行氨基酸评分。

多数食品氨基酸构成均不平衡,所以严重影响了蛋白质的营养价值,如玉米中亮氨酸过高使异亮氨酸的利用受到了影响;小米中赖氨酸过高,使赖氨酸的利用受到了影响。因此,大学生在以植物性食物为主的膳食中,应注意合理搭配食物,使氨基酸构成比例趋于平衡,从而促进身体健康。

表 3-5　必需氨基酸

氨基酸	蛋白质(毫克/克)
异亮氨酸	40
亮氨酸	70
赖氨酸	55
蛋氨酸＋胱氨酸	35
苏氨酸	40
色氨酸	10
缬氨酸	50
苯丙氨酸＋酪氨酸	60

二、大学生体能训练的膳食建议

(一)健康膳食要求

1. 少吃脂肪多吃粮

中国人多以谷类食物为主食,美国人多吃脂肪性食物,所以中国肥胖人要比美国肥胖人少。随着生活条件的改善,动物性食物受到了越来越多人的欢迎。有些家庭的谷类食物消费量远不及动物性食物消费量,人们过多摄取脂肪和能量会导致一些慢性病的出现。

2. 少吃红肉多吃白肉

鱼肉富含优质蛋白质,脂肪比较低,而且不饱和脂肪酸较多,所以是理想的白肉。猪羊牛等红肉中富含大量的脂肪,且饱和脂肪酸较多,所以应少吃。

3. 奶品豆类多吃

奶品中的蛋白质、维生素、钙等营养素都很丰富,而且容易被机体吸收,所以应多吃。

4. 水果蔬菜多吃

蔬菜水果、薯类食品中的维生素、矿物质、植物纤维等营养素较为丰富,有利于促进心血管的健康。

5. 盐和食糖少吃

高血压、冠心病等疾病的产生与过量摄入食盐有很大的关系,此外,一些胃溃疡、胃癌患者也是因为过量食入食盐而发病的,所以应少吃。

糖品可以为机体增加一些热量,但增加的热量是机体并不需要的那部分热量,所以应少吃。

(二)科学安排三餐比例

三餐比例失调、晚餐热量过高会严重影响大学生的健康,不利于大学生在体能训练中充分发挥自己的能力。大学生往往因为晚餐时间相对充裕而搞得很丰盛,喜欢将各种各样的食物作为晚餐,而且所吃的食物中,蛋白、脂肪、能量等含量都比较高,长期如此,就形成了习惯,也就影响了健康。很多人胆固醇升高,动脉硬化,出现心脑血管类疾病等都与晚餐吃得过多有关系,而且餐后不注意运动,导致热量在体内堆积,无法消耗,长期如此就会转变为脂肪,使身体逐渐变胖。

合理安排一日三餐既能保证活动时能量的供给,又能使胃肠在睡眠中得到休息。从营养学的角度来说,每天的热量供应需集中在午餐上,而晚餐所供给的热量应在全日膳食总热量的30%以下,否则会引起发胖、动脉硬化等问题。

(三)不要做纯素食主义者

一些发达国家的膳食结构特征主要是高热量、高脂肪,人们既贪嘴却苦于"现代病"(肥胖症、冠心病、高血压、糖尿病等)的折磨,因此"食素热"逐渐在这些国家兴起,并慢慢传到我国。我国一些人极力号召人们去效仿,很多大学生就是效仿的主要群体。需要注意的是,虽然培养以素食为主的饮食习惯有一定的好处,但纯素食也会引起以下一些问题,这是大学生尤其是进行体能训练与体育锻炼的大学生必须注意的。

1. 导致营养不良

素食中并不含有丰富的蛋白质与脂肪,而人体细胞组织的建造与修补是离不开蛋白质这一原料的,如果长时间缺乏对蛋白质的补充,机体抗病能力就会减弱。脂肪会产生很高的热量,"人脑的食粮"主要来源于不饱和脂肪酸,其对于大脑智力发育具有非常重要的影响,所以长期素食不利于大学生的大脑发育。女生如果经常吃素,会导致月经不调,甚至会出现继发性闭经的症状。另外,脂肪的缺乏会对脂溶性维生素的吸收造成影响,从而危害人体健康。

2. 导致微量元素和维生素缺乏症

荤食中富含锌、钙、铁等人体必需的微量元素,素食中这些元素的含量较少。动物性食物富含锌,奶类中的钙含量占到饮食中所有钙元素的80%,肉类和蛋类中的铁含量占到饮食中所有铁元素的80%。而锌、钙、铁在素食中的含量很少,植酸和草酸比较多,这会影响机体有效吸收锌、钙和铁等微量元素。因此,大学生长期食素就会导致微量元素缺乏,从而引起一些危害健康的疾病,如铁的缺乏会引起贫血;锌元素的缺乏会导致异食癖、不育症;钙的缺乏会导致佝偻和骨质增生。

对包括大学生在内的所有人而言,最为适宜的饮食结构是荤素结合。如果大学生患有肥胖症、心血管疾病,需多素食少荤食,而如果营养不良、微量元素缺乏,需多吃荤食。总之,荤素搭配才是最为科学健康的饮食结构。"素食主义"并非理想的饮食习惯。

第三节　体能训练的疲劳及恢复

一、体能训练引起的运动疲劳概述

(一)运动疲劳的概念

运动性疲劳主要是指人体运动到一定的时候,运动能力及其身体功能暂时出现下降的现象。简单来说,运动性疲劳是生理疲劳和精神疲劳的综合表现。具体来说,运动疲劳是以中枢神经系统作用为主导,在中枢神经和周围组织相互影响下发生的神经和感觉系统、运动系统、内脏系统及内脏器官活动出现的复杂而相互联系的变化。运动性疲劳是一种综合性的生理过程,也是一种警报信号,也有人称其为"健康的保险阀"。[1]

(二)运动疲劳的产生原因

1. 体能训练中身体素质和运动能力出现变化就会造成运动性疲劳

人体身体素质、运动能力与机体各器官系统功能之间的联系非常紧密。人体各器官系统的功能能够在肌肉中反映出来,这主要是通过身体素质反映的。肌肉长时间处于活动状态,功能自然就会下降,因而就会导致力量的减弱和速度的减缓,此时继续进行体能训练,就会感到疲劳;在耐力素质训练中,心肺功能发挥的作用至关重要,如果该功能下降,机体就难以继续承受较大的耐力负荷,这时继续练习就会感到疲劳,而且训练效果也会降低。

2. 体内能源物质减少会造成运动性疲劳

主要能源物质(糖类)和直接能源物质(三磷酸腺苷)等是体内重要的能源物质,这些能源物质是机体各器官正常运转的基本条件,只有这些能源物质为机体提供充足的能量,器官才能正常运转,各器官系统的功能才能正常发挥,而如果长时间运动,体内能源物质就会减少,此时机体就得不到充足的能量供应,各器官就无法正常运转,系统功能就会下降,从而出现疲劳症状。

二、体能训练中运动疲劳的恢复措施

(一)合理进行整理活动

训练后的整体活动是体能训练课的最后一个环节,也是提高训练效果和消除运动性疲劳的一种有效手段。有些大学生在结束体能训练后就会立即休息,通过静坐、静卧来缓解疲劳,事实上,这都不是积极的休闲方式。实践证明,如果大学生在训练后可以做一些整理活动,如慢跑,其血乳酸的消除速度就会提高,甚至是静坐或静卧时的一倍。所以建议大学生在训练后选择慢跑或有一定速度的步行来作为整理活动的内容。此外,将肌肉伸展性练习作为最后的整理活动也是必不可少的,这有利于肌肉纤维痉挛症状的缓解和肌肉血液循环的改善,有利于肌肉酸痛和僵硬程度的减轻,使乳酸

---

① 马龙蛟,王卫国. 运动疲劳与恢复[J]. 体育科研,2008(04).

消除速度加快,达到缓解和消除疲劳的效果。

(二)对训练周期进行科学安排

科学安排训练周期也是大学生在体能训练过程中缓解疲劳的有效手段。大学生需对大小体能训练周期进行科学安排,合理控制训练负荷,对各种训练手段、条件、场地器材等进行有效的运用。此外,大学生还需保持正确的训练节奏和生活节奏,养成良好的生活习惯,这都有利于消除疲劳。

大脑皮层支配着人的一切活动,大学生如果能够保持正确的生活和训练节奏,其大脑皮层中就会形成"运动定型",动力定型一旦形成,机体活动就会更加自觉与自动,而且也会节省体能,使机体生理负担减轻,这不但有利于消除疲劳,还有利于提高体能训练成绩。大学生在日常生活中要尽可能改掉吸烟、喝酒的不良习惯,保持健康的生理机能,从而有效预防运动疲劳。

(三)合理补充营养

在体能训练中消除疲劳,提高机体抗疲劳能力往往需要合理补充营养。能量供应不足是体能训练中产生疲劳的一个重要原因。如果出现疲劳症状,需注意对能量和维生素的补充,尤其要补充糖、维生素 B_1 和维生素 C。夏季进行体能训练容易出汗,所以补盐与补水很重要。补充的食品不仅应该富含营养素,而且要比较容易消化。新鲜蔬菜、水果等碱性食物是最好的补充物,但要视具体的训练内容而定。

大学生在进行力量素质训练时,需增加蛋白质、维生素 B_2 的补充量;在进行速度素质和耐力素质训练时,需多补充糖、维生素 B_1、维生素 C、蛋白质、磷等营养素。根据具体的训练内容来选择补充物不但可以提高身体抗疲劳能力,还能有效消除运动疲劳。

在大运动量的训练中,人体脂肪代谢会加速。一般人摄入脂肪后,脂肪在血液中变成脂肪球,并贮存在脂肪组织中,直到糖原被消耗后,才会动用脂肪。但在体能训练过程中,机体胰岛素水平经常会被暂时抑制,肌肉会很快摄取血液中的脂肪,脂肪便会迅速参与代谢,所以很难在脂肪组织中保存下来。对于训练中的大学生而言,脂肪是高质量的能源,而非累赘。

从世界运动史来看,大多竞技体育强者之所以是西方人而非东方人,与饮食习惯有很大的关系。东方人的饮食中主要以补充碳水化合物为主,而西方人则注重脂肪的摄入。饮食习惯对运动成绩的影响是显而易见的,将谷类食物作为主食的运动员往往缺乏脂肪营养,所以在强力运动中就很容易感到疲劳。因此,让脂肪成为主要能源是提高耐力素质的主要手段之一。

（四）保证睡眠充足

睡眠可以使人得到休息,可以有效消除疲劳。在一天内,人们都需要睡眠,这是周期性需求,一定时间的睡眠对疲劳的消除非常有效,但要保证足够睡眠时间和睡眠深度。在平时训练期间,如果每天睡 8 小时,那么在大运动量训练期间,每天需保证 10 小时的睡眠时间,如果一整天都训练,中午需安排 1~2 小时的午休时间,这样才能保持良好的训练状态。为了提高睡眠效果,需注意以下几点。

（1）睡前尽量保持平静的精神状态。

（2）保持室内空气新鲜。

（3）避免外界刺激。

（4）睡前洗脚能够充分放松大脑,有助于尽快进入睡眠状态。

（五）采取物理疗法

物理疗法对于促进血液循环、消除疲劳及恢复正常机能具有积极的影响。常见的物理疗法有以下几种。

1. 按摩

按摩是最常见的一项物理疗法,按摩的重点是负担量最大的部位。按摩不同的部位,按摩手法是有一定区别的。

（1）按摩肌肉部位时,主要采取揉捏方式,抖动、按压、扣打等手法需交替使用。

（2）按摩肌肉发达部位时,肘顶、脚踩等方法比较有效。

（3）按摩关节部位时,需进行全面按摩,因为这是运动的着力点和重要枢纽。具体按摩中,主要采用擦摩手法,搓、按压和远拉等手法可穿插使用。

（4）按摩运动负担过重的部位时,需先进行全身按摩（俯卧位）,再重点进行局部按摩。

（5）在对肢体进行按摩时,需先对大肌肉群进行按摩,然后对小肌肉群进行按摩。

（6）对下肢进行按摩时,需先对大腿肌肉进行按摩,后对小腿肌肉进行按摩,以促进肌肉韧带工作能力的提高,促进血液循环和心脏收缩功能的改善。

2. 温水浴

物理疗法中,有一个最方便且消除疲劳速度最快的方法,即温水浴。这项方法对水温和时间有特别的要求,水温以 38℃～46℃ 最适宜,时间以

10～15 分钟为宜,超过 20 分钟会引起新的疲劳。每天最多可以进行两次温水浴,如果次数过于频繁,将会导致能量消耗,从而使疲劳加重。

(六)适当进行心理调节

体能训练中也可以通过心理学手段来达到体能恢复和消除疲劳的目的。心理调节主要是通过意念活动进行的,即先用一定的套语进行自我暗示,从而放松肌肉,保持平静的心理状态,这有利于对植物性神经系统的机能进行调节,然后再用带有一定愿望的套语进行自我动员,从而使肌肉松弛,心理恢复正常。

实践证明,上述意念训练方法对于消除身体疲劳、恢复身体机能、保持良好的心理状态具有积极的意义。需要注意的是,在采用心理调节方法消除疲劳时,需在幽雅舒适的环境中进行,这样疲劳消除效果会更好。

(七)采用药物疗法

药物消除疲劳的效果也很好。黄芪、刺五加、参三七等中药都能够对中枢神经系统的功能进行调节,使冠状动脉扩张,从而达到补气壮筋、消除疲劳的效果。体能训练时间长的大学生也可服用维生素 B_{12} 来消除疲劳。

总之,为了尽快使大学生在体能训练后消除疲劳,促进大学生体能训练效果的提高,教师或教练员需在训练中加强医务监督,对大学生的身体状况及时加以了解,对其疲劳程度加以掌握,从而合理调节训练计划。此外,体能训练中,教师也应安排一定的恢复训练时间,科学指导大学生消除疲劳。

第四节　运动损伤及体能康复训练

一、运动损伤的基本知识阐释

(一)运动损伤的概念及特征

1. 运动损伤的概念

所谓运动损伤,是指大学生在运动过程中所发生的对身体的各种伤害。大学生出现运动损伤后,不仅不能参加正常的训练与比赛,而且还会影响运动水平的提高,严重时甚至还可能会残废或致命。

2. 运动损伤的特征

运动损伤与一般损伤相比,具有以下几方面的独特性。

(1)不同运动项目各有其专项多发性损伤,与运动技术密切相关。

(2)运动损伤的种类以慢性小损伤较多,多系局部过劳所致(多发生于软组织、骨、软骨、神经及血管)。

(3)在治疗过程中,改进与安排锻炼非常重要。

(4)研究运动损伤必须将受伤动作与受伤机制重视起来,从而使损伤得到有效的预防。

(二)体能训练中运动损伤产生的原因分析

1. 缺乏正确认识

大学生在体能训练中之所以会发生运动损伤,主要是因为自己和教练员对预防运动损伤的重要性都没有充分的认识,预防意识薄弱,因此事先没有积极地采取各种预防措施。大学生因为缺乏经验,思想上麻痹大意,所以就会盲目或冒失地进行锻炼,有时脾气急躁,想要快速达到训练目的,忽视了循序渐进和量力而行的重要性,这些都有可能导致运动损伤的发生。

2. 训练安排不合理

体能训练安排不合理会导致运动损伤的发生,训练安排不合理主要体现在以下几方面。

(1)缺乏合理的准备活动。

(2)运动负荷过大。

(3)运动项目选择不当。

(4)运动组织方法不当。

3. 身体状态和心理状态不佳

大学生如果在休息不好、患病或伤病初愈阶段参与体能训练,极有可能导致运动损伤发生,因为这时其肌肉力量不足,身体协调性较差,注意力难以集中,反应速度较慢,所以就可能发生损伤。

4. 环境因素影响

大学生在体能训练中出现运动损伤离不开环境因素的影响,如训练场地不平、太滑,地面上有碎石或杂物,器械不规范、维护不良等。此外,大学

生的着装不当也会引发损伤,如穿皮鞋、塑料底鞋等进行训练就很危险。

气温、光线、污染等环境因素也会引发运动损伤,如夏季气温过高,就会引发中暑,冬季气候寒冷,就可能会导致冻伤等。

二、体能康复训练的概念及原则

(一)体能康复训练的概念

在竞技体育中,体能康复训练是一个较新的概念,也被称为"康复体能训练"。有关学者指出,体能康复训练是运用体能训练方法来对运动损伤所造成的身体功能障碍进行解决的一门综合学科。体能康复训练本身是一种特殊的恢复性运动训练形式,其具有极强的针对性,所以我们可以用"身体运动机能的康复训练"来解释体能康复训练。体能康复训练的概念突出反映了体能训练和康复理念之间的关系。体能康复训练是一项综合训练方法,充分结合了体能与康复两个要素,即在运动损伤出现后,通过体能训练方法来促进身体的康复,使机体机能恢复到原来的水平。

为了对体能康复训练的概念有一个更清晰的认识,需对体能的含义做简单阐释。作为竞技能力体系中的一个重要构成因素,体能是心智能力、技战术能力的基础。速度、力量、耐力、灵敏和柔韧等运动素质的强弱综合体现了运动员体能水平的高低。大学生在运动训练中或体育锻炼中出现运动损伤后,可以采用科学、合理的专业训练技术来促进机体的康复,而且在整个训练与康复的过程中要尽量使机体的运动功能达到正常状态,防止因运动损伤而造成身体功能障碍,对机体产生坏的影响。尽早促进运动伤病的恢复,重返运动和赛场,保持和重新获得优秀的运动成绩是大学生采用体能康复训练方法来处理运动损伤的主要目的。

(二)体能康复训练的基本原则

制定体能康复训练的基本原则,需先充分认识运动损伤,并与体能康复训练所涉及的内容相结合,在此基础上总结出的原则更为科学和有效。在体能康复训练活动中,我们可以清晰地看到运动损伤与体能训练之间的关系,体能康复训练方法的实施进程受二者关系的影响。

体能康复训练中需遵循与贯彻如下两个重要原则。

1. 渐进式原则(无疼痛前提下)

在无痛情况下逐步加强练习,不能强行练习,这是体能康复训练中最为重要的一项原则。如果在训练中产生痛感,说明训练负荷超过了机体承受能力和承受范围,这样运动损伤的症状就会加重,并可能造成二次损伤的情况出现。经过调查发现,突然加大运动强度是导致大学生出现运动损伤的一个主要影响因素。这充分说明在体能康复训练中必须贯彻渐进式原则。如果将运动量突然加大,就会导致机体功能损害,这是非常危险的。在体能康复训练的任何一个阶段,大学生都不能出现明显的疼痛感,一旦出现,需马上停止练习。

作为一种特殊的运动训练形式,体能康复训练充分表明了机体会因适应特定需求而发生改变。"适应"是一个循序渐进的过程,在短期内很难看到生理适应性改变,所以也不可能在训练中立马就取得明显的体能康复训练效果。损伤机体的恢复是渐进的,所以需遵循循序渐进的训练原则。对这一训练原则的贯彻要求在安排训练内容及训练负荷时,需体现出由小到大,从简单到复杂的规律,这样机体才能逐渐适应,功能才能渐渐恢复,才能取得良好的训练效果。

2. 个性化原则

个性化训练原则要求在体能康复训练中,对大学生的年龄、性别、生理状态、损伤部位的组织特点、术后功能障碍特点等进行全方位的考虑,并在对项目特点和体能训练规律加以分析的基础上对体能康复训练目标和计划进行详细的制定。对于大学生而言,个体化训练非常重要,调查表明,因年龄、性别、运动基础、组织损伤特点等因素的不同,大学生运动损伤后身体素质的缺乏是不同的,且不同的运动项目对大学生体能素质的要求也是不同的。因此对体能康复训练方案进行设计时,要在运动损伤早期就对体能康复训练的时间、阶段性治疗重点和可能面临的问题与解决措施等进行科学预计,此外还要以大学生的个体特征为依据因人制宜地开展训练。

三、体能康复训练的常用手段

在体能康复训练过程中,为完成某一训练任务、提高由某一运动损伤而导致缺失的运动能力所采用的具体练习就是体能康复训练手段。为顺利完成训练任务,促进损伤后机能的恢复,大学生在体能康复训练活动中必须采取科学的手段进行训练。

大学生在体能康复训练中具体选择什么方法和手段来进行训练,要看自己在运动损伤后机体欠缺哪部分功能。只有有针对性地采取训练方法和手段,才能促进所缺失的功能的恢复和提高。因此选用合理有效的体能康

复训练方法与手段对于大学生而言至关重要。

现阶段,体能康复训练中常见的手段有核心力量训练、肌力平衡训练、柔韧性训练和稳定性训练,这几项训练方法和手段主要是为了提高伤者的力量素质、肌力水平、柔韧性及平衡稳定性。下面具体分析这几种方法。

（一）核心力量训练

大学生进行核心力量训练,主要是为了提高身体力量,而重点是增强身体中枢的稳定性。在运动过程中,大学生骨盆和躯干的力量维持稳定的能力就是身体中枢的稳定性。核心指的是肌肉的起止点在躯干部位的所有区域。大学生在体能训练中主要是靠腹背肌、脊柱和骨盆区域内的肌肉力量来发挥自己的核心力量的。因此,大学生在体能训练中身体姿态平衡的维持,技术动作的稳定,最佳力量的产生主要受其腹背肌、骨盆的稳定性的影响。如果大学生身体中枢的稳定性差,无法进行力量传递,其在运动中上下动作就会明显脱节,从而造成技术动作不规范。此外还会使原有的运动损伤更加严重,或导致新的损伤发生。提升骨盆和脊椎的稳定性,需要加强身体中枢稳定性训练,这样腿部肌肉动力和活力才会增强,上下动作才能更好地连接,动作才能更加规范。

近年来,运动员很重视对骨盆和髋关节力量的训练,有关学者也在这方面做了大量的研究。髋关节力量的增强可以使膝关节力量的投入相对减少,这样,膝关节发生运动损伤的风险就降低了。人体在运动时,关节及其周围肌肉的参与度不仅会影响运动效率,而且还会影响运动损伤发生的概率。为了提高关节的工作效率,同时避免运动损伤的出现,大学生在核心力量训练中,需适当增加髋关节的参与度,将盘带肌（如臀大肌等）的力量充分利用起来,在保证运动效率不降低甚至有所提高的前提下,使膝关节及其周围肌肉的运动负担尽可能降到最低。

（二）肌力平衡训练

在肌力训练中,教练员往往将大肌群的训练看得很重,而对小肌群的功能训练没有予以重视。所以大学生经过一段时期的体能训练后,大肌群逐渐发达,而小肌肉群的力量则没有明显的提高,甚至还有所减弱,这不利于关节的固定,也不利于功能恢复,甚至还有可能导致运动损伤。所以,大学生应在运动损伤后有针对性地进行肌肉力量训练,促进肌肉力量的增加和协调性的提高。

（三）柔韧性训练

在运动前、运动中或运动后,大学生都需要进行柔韧性训练,具体就是有目的地拉伸肌肉和软组织,使肌肉或软组织处于放松状态,这有利于肌肉保持良好的弹性,预防肌肉疲劳和肌肉拉伤,尽快排除肌肉内部的代谢产物,防止动作变形和僵硬。如果大学生在运动中肌肉受伤,更应注意拉伸训练。主动拉伸、被动拉伸是拉伸训练的两种练习形式。在体能康复训练中,大学生可自己采用弹性带进行拉伸,这样便于控制力道。在体能训练的准备活动与整理活动中进行拉伸练习尤为重要。

（四）稳定性训练

不管是运动员在运动训练中,还是大学生在体能训练中,都经常会出现关节损伤的情况。调查发现,运动员的很多损伤都出现在关节部位（表3-6）,大学生同样如此。要使关节损伤得到有效的预防,就要加强关节的稳定性训练和平衡训练。关节稳定性的维持离不开关节的本体感觉这一要素。例如,大学生如果踝关节韧带受过伤,那么在运动过程中重复伤害出现的可能性很大,甚至会导致习惯性踝关节扭伤。这是由于在踝关节受到损伤后,其本体感觉器官的反应能力在变弱,因而无法对关节位置进行及时调节。通过关节稳定性训练、平衡训练可以增强踝关节周围肌群的力量,因而能够有效防止关节损伤。此外,稳定性训练对于大学生体能状况的改善、健康水平和竞技水平的提高都有积极的影响。

大学生在不平衡的环境下,努力保持平衡状态,使机体得到运动训练的适应,这就是稳定性训练的基本原理。要恢复本体感觉的能力,需借助一些不稳定的平面。平衡板、瑞士球、滑雪平衡板、半圆球等是平衡训练中经常会用到的器材,借助这些器材可以对不同难度的平衡训练方法进行设计。

表3-6　运动员关节损伤数据统计（N=227）[①]

关节部位	选择人数	比例（%）
肩部	9	3.9
肘部	17	7.4
手臂	18	7.9
膝部	23	10.1
踝部	27	11.9
总计	94	41.4

①　朱云龙.体能康复训练理论及应用研究——以江苏省部分运动员为例[D].南京体育学院,2014.

四、体能康复训练方法在运动损伤康复中的运用

(一)我国运动员运动损伤康复的常见措施及效果分析

药物治疗、静养、降低负荷(训练量或训练强度)、针灸、体能康复训练、理疗等是当前我国运动员在运动损伤恢复中经常采用的一些措施。近几年,很多教练员与运动员都逐渐认识到了体能康复训练方法在促进运动损伤康复中的作用,但真正采用体能康复训练措施来恢复身体的运动员则相对比较少,采用这一措施的运动员普遍取得了良好的恢复效果。

通过对我国部分运动员的运动损伤康复措施及康复效果进行实际调查后了解到,在所调查的所有运动员中,只有8.8%的运动员在运动损伤康复中采用了体能康复训练方法,由于选择基数小,所以很难比较权威地评价这一方法的疗效。静养、针灸、理疗、降低负荷是运动员在损伤康复中运用得比较多的措施,其中选择静养的运动员占54.6%,排在第一位;选择理疗的运动员占到48.5%,排在第二位;选择针灸的运动员占到42.2%,排在第三位,选择药物治疗、降低负荷的人数分别占41.4%和39.2%(表3-7)。

表3-7　运动员运动损伤康复措施的选择调查(N＝227)[①]

康复措施	选择人数	比例(%)
静养	124	54.6
理疗	110	48.5
针灸	96	42.2
药物治疗	94	41.4
降低负荷	89	39.2
体能康复	20	8.8
总选择人数	533	—

虽然静养的方式颇受欢迎,大多数运动员在运动损伤后都采用这一方法来恢复身体,但经过进一步的调查了解到,采用静养方式的运动员中,有80.6%认为这一方式的康复效果不好(表3-8)。

---

① 朱云龙.体能康复训练理论及应用研究——以江苏省部分运动员为例[D].南京体育学院,2014.

表 3-8 运动员运动损伤康复效果调查（N＝227）①

选项	非常好	较好	好	一般	不好
静养			3.2%	16.1%	80.6%
理疗	5.5%	19%	21%	40%	14.5%
针灸	13.5%	16.7%	24%	37.5%	8.3%
药物治疗	26.6%	36.1%	13.8%	12.8%	10.6%
降低负荷		67.4%	24.7%	2.2%	11.2%
体能康复训练			80%	20%	

通过调查队医及康复医生对体能康复训练措施在运动损伤康复中的重要性的认知后发现，认为这一训练措施对于运动损伤恢复非常重要和比较重要的分别占 73% 和 20%（表 3-9），可见体能康复训练措施的作用不容忽视。

表 3-9 体能康复训练措施的认知调查（N＝30）②

认知选项	选择人数	比例
非常重要	22	73%
比较重要	6	20%
一般	2	7%
不重要	0	0

虽然传统的康复手段（降低负荷、静养、针灸、药物治疗、理疗等）依然受到运动员的推崇，而且降低负荷、药物治疗、针灸、理疗等措施的疗效显著，但单纯依靠这些措施来恢复身体机能和运动能力是不够的，还需要采用新兴的措施，即体能康复训练措施。大学生在出现运动损伤后同样需要采用这一措施来达到恢复运动能力和身体健康的目的。体能康复训练的具体手段有很多，前面已经详细分析了核心力量训练、平衡训练、柔韧性训练、稳定性训练等几种常见的体能康复训练手段，这里不再赘述。

但是，体能康复训练在运动损伤恢复中的运用也遇到了一些问题，比较

---

① 朱云龙．体能康复训练理论及应用研究——以江苏省部分运动员为例[D]．南京体育学院，2014.

② 同上．

突出的有以下两个方面。

（1）大多数运动损伤患者对体能康复训练的认识还比较浅薄，还是习惯采用传统的康复措施，主动采用体能康复训练来恢复损伤的患者很少。

（2）体能康复训练的相关人才比较缺乏，体能康复训练得不到专业人才的指导，所以要针对损伤部位对康复训练方案进行制定有一定的困难。

（二）体能康复训练对运动损伤康复的作用

大学生运动员是比较特殊的群体，由于经常参加运动训练，所以其生理也总是处于特殊状态。如果在训练中受伤后，需停止训练，而突然停止训练会将机体内环境的运动适应性平衡破坏，所以需要通过体能康复训练来促进运动功能的恢复和改善。利用体能康复训练方法可以使大学生对运动损伤的正向适应能力得到提升，可以使"停训综合症"及因此而可能产生的各种问题的发生得到有效的避免，从而全面促进其各项功能的恢复，使其获得最佳运动状态，对更优异的运动成绩进行创造。

运动损伤康复与简单的临床愈合、静养和理疗是有差别的，损伤后康复的目的不仅是使伤者拥有健康的身体，还要使伤者的训练和比赛能力得以恢复，甚至较之前有所提高。表3-10显示的是大学生处于活动与制动时对损伤愈合所造成的影响，从表中的内容可以看出，大学生在活动状态下更有利于损伤的恢复。

运动损伤后的康复是一个系统的长期的工程，对受伤的大学生运动员而言，要想恢复运动能力、延长运动生涯、再创运动佳绩，就必须系统地进行运动康复，而科学采用体能康复训练方法可以帮助大学生运动员实现这一目标。

表3-10 活动与制动对肌肉损伤愈合过程的影响①

选项	活动	制动
炎性细胞反应（1～2 天）	强	中等
肌管的数量（3～5 天）	多	少
毛细血管的长入（5～14 天）	快速和强度高	延迟和适中
瘢痕形成（5～14 天）	开始有些延迟但强度高	平稳开始和进展但强度适中
抗张强度的获得（7～42 天）	快速达到或接近正常水平	缓慢，不能达到正常水平

当前，我国很多运动员在运动训练中发生损伤后，为了快速止痛，往往

---

① 朱云龙．体能康复训练理论及应用研究——以江苏省部分运动员为例[D]．南京体育学院，2014.

会依赖针灸和按摩等传统治疗方法,此时他们没有意识到通过治疗来提高体能的重要性。很多教练员和运动员都认为通过治疗可消除疼痛,这时就意味着伤病痊愈了,这是错误的认知。如果运动员不改善这种认识,竞技水平是难以得到有效提高的。体能康复训练手段不但可以帮助大学生运动员彻底痊愈,还可以降低恢复后再复发的可能性,并进一步增强大学生运动员的生理机能和运动能力。

(三)体能康复训练在运动损伤康复中的阶段划分

使大学生运动员恢复到正常状态(可以正常活动,力量和爆发力和伤前一样,关节可活动区域保持正常)甚至好于正常状态是体能康复的主要目的。只有重新恢复到之前的状态,才可以重返运动场继续训练和比赛。体能康复训练是一个系统的过程,不同时间段内的主要康复内容是有区别的,通常大致将损伤后的康复期分为以下三个紧密联系和衔接的阶段。

1. 次急症期

这是体能康复训练的第一阶段,也是受伤或做完手术后的初期阶段,在这一时期,稳定伤情,避免伤情恶化是主要目的,需严格贯彻休息与制动的原则。所以,大强度的训练是必须要停止的。受伤部位的训练尤其要严格避免,所进行的练习以不造成病情加重为宜。针对其他非受伤部位,可进行专门性的力量训练和柔韧训练。如果上下肢没有发生损伤,可安排心肺耐力训练,目的是使原有的心肺耐力水平得以保持,以便之后更好地投入专项训练。伤部休息时间的长短主要取决于损伤类型。

2. 体能修补期

体能康复训练是从体能修补开始的,使受伤部位的功能得以恢复(关节活动范围能够保持正常、肌肉力量和耐力的恢复、协调性和本体感觉的恢复)是这一时期的主要训练目的。

(1)关节活动能力恢复

对于大学生运动员而言,在受伤后通过适当的训练恢复正常的关节活动范围是很有必要的,因为只有关节活动范围恢复正常,才有恢复正常运动能力的可能。此外,大学生进行力量训练的能力也会受到关节活动范围的影响。例如,如果患者无法完成膝关节的伸展,就难以进行股内侧肌的练习,这样造成的结果是膝关节功能会较之前有所下降。

(2)力量和本体感觉的恢复

一般来说,受伤部位的本体感觉较之前有所下降,这就可能使本身力量不足的部位再次受伤。由于竞技需要的特殊性,大学生运动员的力量应恢复到伤前水平,甚至比伤前更好。为了达到这一目的,需进行适当的爆发力弹跳训练,待有了一定基础力量后,训练难度逐渐提高,慢慢向专项训练过渡。力量训练中,大小肌群都要有针对性地训练,但要注意安全。

（3）耐力素质的恢复

在发生运动损伤后,大学生运动员会完全休息或部分休息,长时间的休息必然会使耐力素质下降。此时通过有氧能力训练可使耐力素质恢复到正常水平。损伤会对运动员往常习惯的训练模式造成限制,所以可选择一些与以往稍微不同的训练方式。例如,有跟腱病的赛跑者无法在场地上进行跑步训练,但他们骑车就几乎不会感到疼痛,通过这一方式可恢复其耐力水平。

3. 体能提高期

这一阶段主要是以伤员个体情况为依据有针对性地安排个性化的体能康复训练方案,主要是进行强化训练,提高肌肉的活动功能,使大学生运动员恢复原来的功能水平,这样其在康复后参加训练才会更加自信。

第五节　体能训练中常见运动疾病的防治

大学生在体能训练中很可能会因为准备活动不充分、防护工作没做好、运动基础差等原因而出现运动性疾病,这会对大学生的身心健康造成严重的影响,因此大学生必须掌握常见运动性疾病的防治方法,从而更安全地参与体能训练活动。

下面就体能训练中几种常见运动疾病的产生原因、症状及防治措施进行分析与研究。

一、岔气

（一）原　因

体能训练中发生与腹痛位置不同的突然性胸壁或上腹近肋骨处的疼痛现象叫"岔气"。导致大学生在体能训练中岔气的原因如下。

（1）正式开始进行体能训练前没有做好充分的准备运动。

（2）大学生没有进行有节奏的呼吸。

（二）症　状

（1）胸壁或上腹近肋骨处有疼痛感。

(2)局部有压痛感。

(3)咳嗽、深呼吸时疼痛加剧。

（三）预防

(1)大学生在体能训练前先做一些准备活动,将四肢充分伸展,逐渐增加关节活动范围。

(2)在体能训练中有节奏地呼吸。

（四）治疗

(1)深吸气,憋气不呼,手握拳捶击胸腔左、右两侧,从上到下依次进行,再慢慢深呼气。

(2)深吸气,憋气不呼,同伴对患者侧背部及腋下进行捶击,患者再逐渐深呼气。

(3)深吸气,憋气不呼,手握空拳对疼痛部位进行捶击。

(4)连续深呼吸,同时用手将疼痛处紧紧压住。

(5)食指、拇指将内关穴和外关穴用力捻捏,同时配合呼吸和扭体动作。

二、低血糖症

（一）原因

(1)大学生在体能训练前,机体没有储备足够的肝糖原,所以训练过程中血糖的消耗得不到及时的补充。

(2)中枢神经系统对糖代谢进行调节的功能下降,加大了胰岛素的分泌量。

(3)大学生带病参加体能训练。

(4)训练时间过长,体内血糖消耗量大大增加。

（二）症状

(1)血糖明显降低。

(2)如果病情比较轻,只是感到饥饿、疲乏、心悸、头晕,面色看起来苍白,时常冒冷汗。

(3)如果病情比较重,就会出现神志不清、语言含糊、呼吸短促、四肢发抖甚至昏迷等症状。

(4)脉搏跳得快但比较弱,血压偏高,昏倒后瞳孔较大。

（三）预防

（1）进行大运动量的体能训练时，多补充含糖饮料。

（2）空腹不宜参加大强度的训练。

（3）患病参加体能训练时，需合理控制时间。

（四）治疗

（1）患者平卧，注意保暖。

（2）如果神志清醒，饮用浓糖水。

（3）神志不清，无法进食者，给其静脉注射50％葡萄糖40～100毫升。

（4）如果患者出现昏迷症状，可针刺其百会、人中、涌泉等穴位，并迅速请专业医生处理。

三、肌肉酸痛

（一）原因

体能训练中，肌肉活动量和活动幅度较大，导致局部肌纤维出现细微损伤和抽筋症状，因而就会感到肌肉酸痛。

（二）症状

（1）局部肌纤维轻微受伤或抽筋。

（2）整块肌肉感到酸痛，但还具有运动功能。

（三）预防

（1）以大学生的体质、健康状况等实际情况来对训练负荷进行科学合理的安排。

（2）在训练之前，加强对承受主要负荷的肌肉的活动，使局部肌肉迅速进入运动状态。

（3）一次训练中，同一部位的练习不可持续过长时间，以免给局部肌肉造成沉重的负担。

（4）训练后做好整理运动，放松练习、肌肉的伸展牵引练习等都是训练后整理活动的主要内容。

（四）治疗

（1）针对有酸痛感的局部肌肉进行静力牵引练习，拉伸2分钟，休息1

分钟,反复进行。

(2)按摩有酸痛感的局部肌肉,使肌肉得到充分的放松,这对修复损伤、缓解痉挛很有效。

(3)热敷有酸痛感的局部肌肉,修复损伤组织,缓解局部肌肉痉挛,同时促进血液循环。

(4)补充锌元素。

(5)口服维生素 C。

四、中暑

(一)原 因

(1)在高温炎热的夏天长时间进行耐力训练。

(2)在身体疲劳、缺盐、失水的情况下进行训练。

(3)大学生适应热环境的能力比较差。

(二)症 状

(1)中暑早期,患者感到头晕,有呕吐感。

(2)之后体温上升,皮肤变得干燥。

(3)中暑严重的患者甚至会出现精神失常、虚脱、昏迷等症状,这会危及生命。

(三)预 防

(1)在夏季进行体能训练,需提前将清凉消暑的食物、低糖含盐饮料、急救药品等都准备好。

(2)大学生在室外进行训练时,尽量穿浅色且通风好的运动服,并注意戴浅色帽子。

(3)在高温环境下进行体能训练,运动量、运动持续时间需适当减少。

(四)治 疗

(1)出现中暑症状后,立即离开高热环境,到阴凉通风的地方休息,并服用清凉饮料或解暑药物。

(2)如果患者出现中暑痉挛现象,需牵伸痉挛肌肉,缓解痉挛症状,并服用清凉饮料。

(3)如果患者已昏迷,可针刺人中、涌泉等穴,并迅速请专业医生来处理。

第四章　大学生实用体能训练的科学测评

大学生在参加体能训练的过程中,除了按照事先制定的体能训练计划,采用一定的训练手段与方法进行训练外,对体能训练的测评也是尤为必要的。因为开展体能训练测评活动能及时地诊断大学生的体能状况,发现其体能薄弱环节,有利于及时调整训练计划,保证体能训练活动的正常开展。本章就重点研究与分析大学生体能训练科学测评的理论与方法,以为大学生体能训练提供必要的指导。

第一节　体能训练测评概述及管理

一、体能训练测评的目的与要素

(一)体能训练测评的目的

1. 进行体能诊断,发现体能薄弱环节

体能训练测评是整个体能训练活动的重要环节,其目的就是使教练员全方位、客观地认识运动员的身体素质情况和运动水平,并从中发现其薄弱环节,针对薄弱环节展开进一步的训练。一个科学、有效的体能训练测评能帮助教练员和运动员及时地调整训练计划,从而促进运动员体能素质的全面发展。另外,进行体能诊断还有利于运动员预防运动伤病。

2. 用于体能发展目标管理

通过体能训练测评活动,教练员能明确不同运动员体能训练的初始点,从而更加有针对性地开展下一步的工作。在具体的体能训练管理活动中,教练员可以以运动员的体能测试结果为主要依据,并结合运动员的身心特点和运动能力制定具有针对性的训练计划和方案,以促进全体运动员身体素质的发展与提高。在体能训练中,制定一个科学、合理的训练目标是十分重要的,这能有效激发运动员的训练动机,增强其自信心,帮助运动员以积

极饱满的态度投入到体能训练之中。

（二）体能训练测评的要素

在体能训练测评中，教练员要结合运动员的年龄、性别、特点和运动能力等实际情况判断出该测评的有效性和可靠性，以为运动员参加体能训练提供有效的帮助。因此，一般来说，运动员体能训练测评的要素就主要包括有效性和可靠性两点。

1. 有效性

有效性是体能测评最基本的要素，是指对运动员所作出的测试结果在何种程度上反映测试者想要测量的指标。

2. 可靠性

可靠性也是运动员体能测评的重要要素，在体能训练中，对运动员进行体能测试需要以可靠性为基本指标。如果分两次对运动员进行测试，如果两次测试的结果相同或相差不大，那么其测试的可靠性就高，反之则低。因此说，体能训练的测评首先要保证可靠性，如果可靠性没有保证，那么测试也便失去了意义。

二、体能训练测评的原则与方法

（一）体能训练测评的原则

1. 正确选择测评手段

在体能训练测评中，测评的手段是多种多样的，教练员要结合运动员的特点和运动水平合理选择。可以说，每一种手段的功能和作用都具有很强的针对性，教练员要做到因人而异。

2. 重视测评手段的质量

在体能训练测评中，测评的指标和方法要有一定的代表性和层次性，这样才能达到可靠、有效、客观的目的，因此根据运动员的特点和具体运动实际选择何种测评手段就显得至关重要。

3. 评价标准要精确、具有可比性

在体能测评中，评价标准的制定要精确，要有一定的可比性。而决定评价标准精确性和可比性的因素主要有测量环境、设备、受试者变化和测试人员等各个不同环节,测试人员在测试前要做好充分的组织与准备工作。

(二)体能训练测评的方法

在体能训练测评中,根据评价标准的不同有多种测评的方法,一般主要分为定量指标的评价方法和定性指标的评价方法两种。

1. 定量指标的定量评价方法

定量指标是指能够用一定的计量单位进行定量描述的指标。通常情况下,这一评价方式主要借助于使用仪器测量所获得的数据,并应用数理统计方法来获得结论。这一评价方法的指标主要包括运动员身体形态、身体机能、身体素质、运动能力等方面,客观性和准确性是其最大的优点。

(1)对运动员身体形态和机能发育水平的评价

运动员的身体形态发育和机能水平的评价方法有很多,主要包括以下几种。

①离差法。所谓离差法,是指以大数量的横剖面调查资料的平均数为基准值,以标准差为离散距,分等评价身体发育水平的方法。这一评价标准需要具备一定的条件,即必须要以指标应呈正态分布或基本上近似于正态分布为前提。

②指数法。所谓指数法,是指根据人体各部分之间的比例和相互关系,并借助于一定的数学公式进行评价的方法。

③百分位法。百分位法,是指以大数量横剖面调查资料的中位数(即第50百分位数)为其准值,以其余各百分位数为离散距分等评价身体发育水平的方法。

④普通相关法。所谓相关法,即先用离差法(或百分位法)对身高作分等评价,再以身高为自变量,分别以体重、胸围为因变量,以回归直线为基准值,以其标准估计误差为离散距,对身高、体重、胸围等项发育指标进行综合评价的一种身体发育评价方法。

(2)对运动员身体素质和运动能力的评分和评价方法

身体素质和运动能力是运动员综合素质的重要方面。因此对运动员的测评就主要集中于这两个方面。其中运动员身体素质的测评主要包括速度、力量、耐力、柔韧、灵敏等,运动能力主要包括走、跑、跳、投等方面。采用的测评方法主要有以下几种。

①标准百分法。所谓标准百分法,实际上是利用了离差法的原理来制定评分标准,只是评价等级分得更加详细了。

②百分位法。近似于正态分布或非正态分布的资料,只有运用百分位法才能准确而客观地评价身体素质和运动能力的发展水平。

③分组指数法。每一名运动员都是不同的,在身体素质和运动能力方面都存在着较大的差异,因此在制定运动员体能测评评分表时,要充分考虑运动员的身高、体重、年龄、性别等方面的影响,把这几个因素综合起来考虑进行评价,这就是分组指数法。

④身体素质和运动能力的综合评价。一般来说,在体能训练测评中,要注重对运动员进行全面的评价,仅评价单一的身体素质是不行的,这不能得到准确的评价结果。因此在测评时必须要进行身体素质与运动能力等方面的综合评价。

2. 定性指标的定量评价方法

定性指标是指无法用一定计量单位进行描述的,即没有确定的测量单位的指标。评价者在对这类指标进行定量评价时,因为既没有确定的测量单位,又无法通过仪器测量获得准确的数据,而主要是通过专家的主观经验进行评价,因此,这种评价方法又称为经验评价法。

这种评价方法评价结果的有效性在很大程度上取决于专家的经验,而专家的经验又与个人的知识水平、专业经验等有着较大的关系。因此,不同的专家所得出的评价结果会存在着较大的差别。于是,为了对定性指标进行定量评价,常常要使用以质量学思想为基础的评价方法,如质量学对质量的定量评分方法、调查研究法、专家评价法等。

运用综合评价法对个体的运动员进行评价时,要求根据被评价者的性别、年龄查相应的单项评分表,并将各单项得分合计成总分。对总分直接进行比较,也可查综合评价表,并对其所属综合评价等级进行比较。

而运用综合评价法对集体进行评价时,通常情况下可按集体的平均总分进行直接比较。也可将每个集体中每个人总分按综合评价标准查出所属评价等级,然后按 5、4、3、2、1 计算集体总分进行比较。

三、体能训练测评的管理和顺序

(一)体能训练测评的管理

在体能训练测评中,为了得到准确的测评结果,首先要进行必要的有效的组织测试活动,合理安排主要测试者及相关人员,并加强对测试过程的管理。因此,体能训练测评的管理工作非常重要。因为,如果要想对运动员的

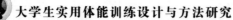

体能情况有一个充分的了解,就必须要保证体能测试结果的科学性和准确性,否则体能测试也就失去了应有的意义。另外,在体能训练测评管理工作中,要注重对测试人员的选拔与培训,培养其良好的体能训练与体能测评等知识,提高其测评的经验,以保证测评结果的可靠性和准确性。

（二）体能训练测评的顺序

1. 测试顺序

在体能训练测评中,测试人员要以运动科学的知识为依据来确定测试的顺序,以确保体能训练测试的可靠性和有效性。通常情况下,测试人员要按照以下步骤对运动员进行体能测评。

(1)无疲劳性测试。

(2)灵敏性测试。

(3)最大功率和最大力量测试。

(4)冲刺跑。

(5)肌肉耐力测试。

(6)无氧耐力测试。

(7)有氧耐力测试。

2. 测试间歇时间

在进行体能训练测试的过程中,测试者要根据实际情况合理安排测试的间歇时间,具体要以运动员的健康状况、体能水平、运动专项以及测试项目等为依据来安排间歇时间。

第二节　现代健康体能评价标准

一、《普通人群体育锻炼标准》

《普通人群体育锻炼标准》是《国家体育锻炼标准》的重要组成部分,对于20—59周岁生理和心理健康的人群较为适用。按照性别和年龄分为男女各 8 个组别,锻炼和测试的项目包括了耐力指标、速度指标、柔韧性指标、灵敏指标和力量指标 5 大类,男女各 23 项。

《普通人群体育锻炼标准》的测定结果与《国民体质测定标准》的评价方

法相同,分为5个级别。凡达不到"4"或"5"分者,应纳入锻炼目标。

二、《国民体质测定标准》

继《普通人群体育锻炼标准》颁布之后,中国国家体育总局又颁布了《国民体质测定标准》。制定并施行《国民体质测定标准》,自此全民健身计划再一次得到具体的实施并真正深入到全民生活中去。这次制定的测定标准,在一定程度上充分体现了我国群众体育科学化水平有了进一步的提高。《国民体质测定标准》与5月颁布的《普通人群体育锻炼标准》相辅相成,其中,前者是用来对个人的体质状况进行评价的,而后者则为群众提供了锻炼的手段和努力方向。

《国民体质测定标准》对于3—69周岁国民个体的形态、机能和身体素质的测试与评定较为适宜,按年龄分为幼儿、青少年、成年人和老年人4个部分,其中青少年标准为《学生体质健身标准》。《国民体质测定标准》从人体的单项指标和综合指标两方面进行评定,均采用百分位数法制定,综合评定采用各单项指标得分按等权相加的方式制定。

三、《国家学生体质健康标准》

《国家学生体质健康标准》是《国家体育锻炼标准》的有机组成部分,是《国家体育锻炼标准》在学校的具体实施,是国家对学生体质健康方面的基本要求,对于全日制小学、初中、普通高中、中等职业学校和普通高等学校的在校学生较为适用。

该标准从身体形态、身体机能、身体素质和运动能力等方面对学生的体质健康水平进行了综合评价,对促进学生体质健康发展、激励学生积极进行身体锻炼起到了重要的作用,同时也是学生体质健康的个体评价标准。

该标准对年龄上进行了分组:小学一二年级为一组,三四年级为一组,五六年级为一组,初高中每年级各为一组,大学为一组。小学一二年级组和三四年级组测试项目分为3类,身高、体重为必测项目,其他2类测试项目各选测1项。小学五六年级组,初、高中各组,大学组测试项目均为5类,身高、体重、肺活量为必测项目,其他3类测试项目各选测1项。选测项目每年由地(市)级教育行政部门、高等学校在测试前两个月确定并公布。选测项目原则上每年不得重复。

最后的评价标准就是各项评价指标相加的总和,满分为100分。级别也根据得分来定:90分及以上为优秀,75~89分为良好,60~74分为及格,

59 分及以下为不及格。学生体质健康标准成绩每学年评定一次,按评定等级记入《国家学生体质健康标准登记卡》。学生毕业时体质健康标准的成绩和等级,按毕业当年得分和其他学年平均得分各占 50％之和进行评定。

第三节　身体素质的测评方法

一、身体成分的测评

人的身体成分主要包括脂肪成分和非脂肪成分两种。对身体成分进行测评能很好地了解人的身体发展状况,根据测评的结果制定科学的体能训练计划与训练方案。一般来说,人的身体成分的测定主要有以下几种方法。

（一）身体质量指数

身体质量指数是指测定受试者的身高与体重,计算出身体质量指数(Body Mass Index,BMI),以评价其身体发展状况。其计算公式如下:

$$身体质量指数(BMI) = 体重(千克)/身高^2(米)$$

1. 测定身高

（1）测试目的

测定身高的主要目的是结合人的体重综合评定人的身体匀称度,以此来判断人体的生长发育水平。

（2）测试方法

身高测定方法是让受测试者赤足,以立正姿势站在身高计的底板上(上肢自然下垂,足跟并拢,足尖分开约成 60°)。足跟、骶骨部及两肩胛区与立柱相接触,躯干自然挺直,头部正直,耳屏上缘与眼眶下缘呈水平位。测试人员站在受测试者右侧,将水平压板轻轻沿立柱下滑,轻压于受测试者头顶。测试人员读数时双眼应与压板水平面等高进行读数。记录员复述后进行记录。以厘米为单位,精确到小数点后一位。测试误差不得超过 0.5 厘米。

（3）场地器材

测量身高的器材主要是身高测量计。使用前应校对至 0 点,以钢尺测量基准板平面至立柱前面红色刻线的高度是否为 10.0 厘米,误差不得大于 0.1 厘米。另外,在测量的过程中还应检查立柱是否垂直,零件有无松脱情况等,如果出现问题要及时纠正。

（4）身高测定的注意事项

①选择平坦靠墙的位置将身高测量计放置，立柱的刻度尺应面向光源。

②在进行测量时，应遵循"三点靠立柱""两点呈水平"的测量姿势要求，测试人员读数时两眼一定与压板等高，两眼高于压板时要下蹲，低于压板时应垫高。

③水平压板与头部接触时，松紧要适度，头发蓬松者要压实，头顶的发辫、发结一定要放开，饰物要取下。

④读数完毕后，立即将水平压板轻轻推向安全高度，以防碰坏。

⑤在测量身高前，受试者应避免进行剧烈的身体运动。

2. 测定体重

（1）测试目的

体重的测定需要与身高测定配合，以判断身体的匀称程度，从而科学地评价身体生长发育的水平和营养状况。

（2）场地器材

体重测定所需器材是杠杆秤或电子体重计。在体重前，需检验测量器的准确度和灵敏度。准确度要求误差不超过 0.1%，即每百千克误差小于 0.1 千克。检测方法：以备用的 10 千克、20 千克、30 千克标准砝码（或用等重标定重物代替）分别进行称量，检查指标读数与标准砝码误差是否在允许范围。灵敏度测定方法是置 100 克重砝码，观察刻度尺变化，如果刻度抬高了 3 毫米或游标向远移动 0.1 千克而刻度尺维持水平位时，则达到基本要求。

（3）测定方法

测试者在进行体重测定的过程中，应注意将杠杆秤放在平坦地面上，调整 0 点至刻度尺水平位。让受试者赤足，男性受试者身着短裤；女性受试者身着短裤、短袖衫，站在秤台中央。测试人员放置适当砝码并移动游标至刻度尺平衡。读数以千克为单位，精确到小数点后一位。记录员复诵后将读数记录。测试误差不超过 0.1 千克。

（二）多样性测量分析

多样性测量分析是指使用人体成分分析仪对身体成分所进行的一种测定方法。测量仪器可对受测试者的身体脂肪、去脂体重、身体脂肪比率、身体水分总量、腰臀脂肪分布比率、细胞内液重量、细胞外液重量、肌肉形态、身体节段水分的分布、体内细胞质量、健康评估、基础代谢率、手臂肌肉围度、身体质量指数等 13 项指标进行测量分析，并为受测试者提供各项指标的综合得分。

在多样性测量分析中,皮褶厚度测量法是一种主要的测量方法。皮下脂肪的厚度即皮褶,体脂百分比可以根据皮下脂肪厚度与体内脂肪量成比例原理,用回归公式计算即可得出。

1. 皮褶厚度测量部位

皮褶厚度的计算,往往是通过测量肱三头肌部、肩胛下部、髂嵴上部、腹部、大腿部和小腿后部等部位,然后进行计算得出的。各个部位的测量方法如下所述。

(1)肱三头肌部,在肩峰顶与鹰嘴突连线的中点,垂直捏起皮褶。

(2)肩胛下部,在肩胛下角 1~2 厘米处,与脊柱呈 45°角捏起皮褶。

(3)髂嵴上部,在腋前线与髂嵴上相交点,垂直捏起皮褶。

(4)腹部,在脐旁 2 厘米处,垂直捏起皮褶。

(5)大腿部,在大腿前面,髋和膝关节连线中点,垂直捏起皮褶。受测者足跟稍离地面,使大腿肌肉放松。

(6)小腿后部,受测者取坐位,小腿放松,腘窝下 5~6 厘米处,垂直捏起。

2. 皮褶厚度测量方法

皮褶厚度测量所需器材主要是软尺、皮脂钳、测试表、记录表和水笔等器材。受测者站立,测量位置为身体右侧,男子为胸部、腹部及大腿正中,女子为肱三头肌、腰侧及大腿正中。测试人员以左手拇指及食指捏起受测试者的正确皮褶位置上 1 厘米(确定无捏起肌肉),然后右手持皮脂钳置于正确的皮褶位置,钳入的深度约是捏起皮褶高度的一半左右(图 4-1),而右手在钳住皮褶后可稍放开 2 秒,使读数稳定后,将测试所得数值记录下来。

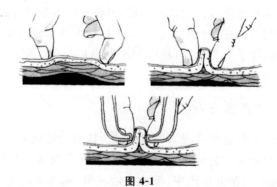

图 4-1

注意每个位置重复测量 2 次,若两次读数差距不超过 2 毫米便可接受,取其平均数作为该位置的正确读数。若多于 2 毫米,便需再测量第三次,然后看是否有其中两个读数相差少于 2 毫米,如果两个读数相差少于 2 毫米,则将两次读数平均即可,否则需要做第四次测量,依此类推。

根据以上要求,测定完三个部位的皮褶厚度后,取三者之和,并对照表4-1a、表4-1b中性别和年龄对应的脂肪含量百分比,便可计算出体脂百分比。有了以上的体脂百分比,受测试者便可对照表4-1判断体脂含量类型,以评价体脂含量是否适中。

表4-1　男子和女子依皮脂总厚度及年龄因素估计体脂百分比

a

皮褶总厚度(毫米)	男子脂肪％	女子脂肪％
13～17	1.1	6.2
18～22	2.7	8.1
23～27	4.2	9.9
28～32	5.8	11.9
33～37	7.3	13.7
38～42	8.8	15.5
43～47	10.3	17.2
48～52	11.7	18.9
53～57	13.2	20.6
58～62	14.5	22.3
63～67	15.9	23.9
68～72	17.3	25.4
73～77	18.6	26.9
78～82	19.9	28.4
83～87	21.1	29.8
88～92	22.4	31.2
93～97	23.6	32.5
98～102	24.7	33.8
103～107	25.9	35.1
108～112	26.9	36.2
113～117	28.1	37.4
118～122	29.1	38.5
123～127	30.1	39.5
128～132	31.1	40.5

b

年龄	男子脂肪%	女子脂肪%
17—19	2.1	1.1
20—22	2.4	1.3
23—25	2.8	1.5
26—28	3.1	1.7
29—31	3.5	1.9
32—34	3.8	2.1
35—37	4.2	2.3
38—40	4.5	2.4
41—43	4.9	2.6
44—46	5.2	2.8
47—49	5.6	2.9
50—52	5.9	3.2
53—55	6.3	3.4
56—58	6.6	3.6
59—61	6.9	3.8
62—64	7.3	3.9

受测试者要计算自身的脂肪含量百分比,就需要将测量到的皮褶总厚度推算出的脂肪百分比加上年龄因素的脂肪百分比即可得出。例如,皮褶总厚度 98~102 毫米的脂肪百分比为 24.7,年龄因素 35~37 脂肪百分比为 4.2。将 24.7＋4.2＝28.9 百分比,即为身体脂肪含量百分比。

表 4-2 身体脂肪含量标准

性别	年龄	很低	低	平均	稍高	高
男子	20—29	≤7	8~12	13~16	17~20	≥20
	30—39	≤11	12~16	17~19	20~22	≥22
	40—49	≤14	15~18	19~21	22~24	≥24
	50—59	≤15	16~20	21~23	24~26	≥26
	60＋	≤15	16~20	21~24	25~27	≥27

续表

性别	年龄	很低	低	平均	稍高	高
女子	20—29	≤15	16～19	20～22	23～25	≥25
	30—39	≤16	17～20	21～23	24～27	≥27
	40—49	≤19	20～24	25～26	27～30	≥30
	50—59	≤22	23～27	28～30	31～34	≥34
	60＋	≤21	22～28	29～31	32～34	≥34

(三)呼吸系统机能的测定方法

1. 肺活量

(1)肺活量

肺活量,是指人体尽量深吸气后再尽力呼出气体的总量。肺活量是反映人体通气能力的重要指标之一。在对运动员进行肺活量测试时,要求受试者面对肺活量计站立,先做一两次深呼吸,再吸一口气后将气尽量呼出,直到不能再呼气为止。测量 3 次,取最大值。呼气时要保持身体直立,不许弯腰和换气。

(2)5 次肺活量试验

5 次肺活量试验要求受测试者连续测试 5 次肺活量,每次间隔 15 秒(包括吹气时间在内),并记录各次的结果。各次肺活量值基本相同或逐次增加者为呼吸机能良好。一般来说,如果 5 次结果逐渐下降,尤其是最后两次明显下降者为机能不良(如机体疲劳、患有疾病等)。

(3)肺活量运动负荷试验

先测安静时肺活量,然后作定量负荷(如 30 秒 20 次蹲起、1 分钟台阶试验或 3 分钟原地高抬腿跑等),运动后立即测肺活量,每分钟一次,共测 5 次,记录结果。负荷后的 5 次肺活量结果逐渐增大或保持安静时水平为机能良好,如果运动后的 5 次结果逐渐下降,到第 5 分钟仍未恢复到负荷前水平,则说明机能不良。

2. 屏气

(1)屏气试验

屏气试验,即测量受测者深吸气(或深呼气)后的屏气时间的试验。试验前先令受测者安静休息,自然呼吸,当听到"开始"的口令,受测者作一次深吸气(或深呼气)后立即屏气(为防止漏气可用手捏住鼻子),同时开秒表计时,直至不能再屏气为止,此时随即停秒表,记录时间。深吸气的屏气时间,一般健康男子为35~45秒,女子为25~35秒。深呼气后的屏气时间,一般健康男子为20~30秒,女子为15~25秒。

(2)重复屏气试验

重复屏气试验,即连续测量受测者3次屏气时间,每次间隔45秒。若重复测量的屏气时间逐次延长,则表示呼吸循环系统的机能水平好。延长的时间越长,表示机能水平越好,否则,机能水平差。

(四)肌力测量的方法

1. 等张肌力的测定方法

等张肌力由等张收缩而得名,它是动态肌力的一种表现形式。等张肌力测定通常包括最大等张肌力、肌肉功率和肌耐力测定三种不同类型。

(1)在最大等张肌力测定中,卧推、屈臂、蹬腿以及负重蹲起等是常用的测定方法,其大小通常以能够一次成功完成的最大重量,即1次重复重量(1—RM)进行表示。测定过程中,不同肌群1—RM测量的起始重量通常略低于1—RM重量,在成功完成该负荷的测定后,休息2~3分钟,继续完成新的重量,直至1—RM重量。通常根据所测肌群的不同,每次增加重量的幅度不要超过1.2千克或1.5千克,以保证检测的精确性。

(2)一般肌肉功率测定指的是最大肌肉功率测定。肌肉功率测定的常用方法是小球掷远、立定跳远、纵跳摸高等。

(3)通常情况下,肌耐力测定是以一定百分比(通常为70%)的1—RM为负荷重量,然后让受测试者重复完成规定的练习,记录练习次数,用以表示肌肉耐力水平。或者通过俯卧撑、仰卧起坐和单杠引体向上等练习,以对不同部位肌群活动的肌耐力水平进行详细了解。

2. 等长肌力的测定方法

等长肌力是人体肌适能的重要测评指标之一。等长肌力是肌肉力量的一种重要表现形式。等长肌力测定,即最大等长肌力,其主要包括对握力、背力、臂力和腿部力量等部位力量的测定。握力计、背力计等工具是测定等长肌力的常用工具(图4-2),也可以采用自动化和集成化程度较高的专门的肌肉力量测试系统如等速肌力测试系统和力传感器实施测量。

在等长肌力测定过程中,一般进行2~3次测量,取其中最好成绩。这种肌力检测的优点是方便、省时和不需昂贵设备,另外其检测结果与通过其他方法获得的检测结果也具有很好的一致性。但同时其也存在着测定结果易受关节角度的影响、检测方法难以标准化等缺点。

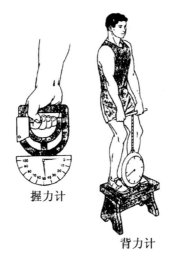

握力计

背力计

图 4-2

（五）人体柔软度的测定方法

人体柔软度也是人体肌适能测定的重要指标之一。柔软度，即人体关节运动的最大活动范围，指的是在人体运动或活动中，四肢与躯干较大幅度伸展时，不会产生疼痛感的一种能力。人体柔软度测定通常会采用以下两种测定方法。

1. 主要测定方法

该测定方法要求受测者脱鞋坐于垫子上，两腿并拢，膝关节伸直，脚尖朝上（布尺拉于两腿之间）。受测者足跟底部与布尺 25 厘米记号平齐。上身缓慢往前伸展，双手尽可能向前伸，当中指触及布尺后暂停 1～2 秒，以便记录。测量 3 次，以最佳值为评估依据，数值越高，代表柔软度越好。

2. 其他测定方法

人体柔软度的测定也可以使用坐位体前屈与立位体前屈测量仪进行测量。

该测定方法要求准备好坐位体前屈箱、垫子及记录表，二人一组，受测试者赤足，面对箱子坐在垫子上，脚掌抵信箱子底板，双腿与肩同宽，伸直（不可屈曲）。双手拇指可互扣，中指重叠，放于箱子上面，以指尖慢慢的向前移动。保持直膝，移至最远的位置并保持 1 秒（表 4-3），便可完成。同伴可以手按其膝部以帮助伸直。同伴在受测试者停 1 秒钟时，取其读数并记录。重复动作 3 次，取最好成绩。读数越高，表示其腰背及大腿后肌的柔软度越好。

表 4-3　坐位体前屈测试表（单位：厘米）

性别	年龄	欠佳	尚可	一般	良好	优异
男	<20	≤18	19～30	31～24	35～39	≥40
	20—29	≤21	22～28	29～32	33～36	≥37
	30—39	≤18	19～26	27～31	32～34	≥35
	40—49	≤15	16～23	24～27	28～31	≥32
	50—59	≤12	13～21	22～25	26～28	≥29
	≥60	≤10	11～18	19～22	23～28	≥29
女	<20	≤32	33～37	38～39	40～41	≥42
	20—29	≤28	29～34	35～37	38～41	≥42
	30—39	≤26	27～32	33～35	36～39	≥40
	40—49	≤23	24～29	30～32	33～36	≥37
	50—59	≤22	23～29	30～32	33～35	≥36
	≥60	≤18	19～25	26～28	29～32	≥33

值得注意的是，在进行柔软度测定前，受测者臂须先做热身运动及伸展操，以防止肌肉拉伤；测量过程中不要憋气；测试时应尽量避免用力弹震。

二、体能素质的测评

（一）最大肌肉力量测试

可以说，所有的运动项目都需要运动员具备一定的力量素质，没有基本的力量素质是不可能完成训练与比赛的。因此，力量素质测试是最为基本的内容。可以采用以下两种方式来测试运动员的最大肌肉力量。

1. 深蹲

通常情况下,运动员最基础的下肢力量水平都能通过深蹲测试来实现。
(1)测试工具

1套标准杠铃(最小配重为2.5千克)、1套深蹲架(确保稳定)。
(2)测试方法

第一,先做深蹲准备活动,数量为5~10次,运动负荷为中等。

第二,然后做两组运动负荷较大的深蹲动作。

第三,正式测试时,运动员结合自身的具体实际选择合适的杠铃重量,选好后在上背部(斜方肌)平稳地放置杠铃,双手将杠铃杆握住,对握距进行调整,两手与杠铃中心的距离相同;分开两腿,略比臀宽,向前或稍向外将两脚打开,双脚保持稳定的支撑。

第四,稍微向上抬头,挺直后背,双腿弯曲向下蹲,直到大腿平行于地面时停止继续下蹲,注意不要让膝盖超过脚尖,专业的测试人员在杠铃两端进行保护。

第五,运动员以标准动作将杠铃举起,休息3~5分钟后,增加杠铃重量,按照相同的方法再次进行试举,之后逐渐增加重量,每次增加的杠铃重量最小为2.5千克,直到运动员无法将杠铃举起时停止测试;对运动员最后成功举起的杠铃重量进行记录,此记录即为最终的测试结果。

2. 平板卧推

卧推也是测试运动员肌肉力量的重要方法。在做卧推动作时,要求运动员的动作要标准,充分利用上肢肌群发力。通常情况下,运动员上肢力量的大小都能够在平板卧推测试中反映出来。
(1)测试工具

1套标准杠铃(最小配重是2.5千克)、1套卧推架(确保稳定)。
(2)测试方法

第一,运动员先做卧推准备活动,数量为5~10次,负荷为中等负荷。

第二,做两组较大负荷的卧推准备活动。

第三,正式测试时,运动员根据自己的情况选择合适的杠铃重量,然后在长椅上躺好,后脑、肩背部、腰臀部、左右脚要在长椅和地面上稳定地支撑,在长椅上调整身体的位置,直到眼睛刚好在杠铃杆正下方,双手正握杠铃杆,以闭合式的方式抓住杠铃,握距稍比肩宽。

第四,运动员将杠铃平稳举起,伸直肘关节,然后慢慢弯曲肘部,使杠铃向下移动,直到杠铃稍微与胸部接触时停止下移。

第五,用力将杠铃向上推起,直到完全伸直肘关节,推起时身体的重要部位始终要稳定地支撑在长椅和地面上。

第六,在运动员以标准动作将杠铃举起后,休息 3~5 分钟,增加杠铃重量,以相同的方法再次进行试举,每次增加的杠铃重量最小为 2.5 千克,直到运动员无法将杠铃举起时停止测试。

记录运动员成功举起杠铃的重量,最高记录为最终测试结果。

(二)爆发力测试

人体神经肌肉系统通过肌肉快速的收缩来对阻力加以克服的能力就是爆发力。爆发力=力量×速度,从这一公式中可以得知,爆发力与力量、速度是成正比的关系。在很多竞技体育比赛中,运动员的爆发力起着至关重要的作用。一般情况下,在平时的训练中,主要运用以下几种方法对运动员爆发力进行测试。

1. 垂直纵跳

垂直纵跳这一测试方法简单易行,应用非常广泛。

(1)测试工具

墙面、卷尺、粉笔。

(2)测试方法

第一,运动员面对墙面站立,双手放在墙上,双脚在地面上平放。同伴在墙上用粉笔将运动员指尖的位置标记出来,该标记就是运动员的起始高度。

第二,用粉笔在运动员的右手指尖上涂抹,然后运动员侧对着墙壁站立。

第三,运动员弯曲膝关节尽可能地垂直向上跳起,跳到最高点时用涂抹了粉笔的指尖碰触墙壁,将粉笔标记留在墙上。

第四,至少测试 2 次后,对最高标记的高度进行测量,即为运动员的跳跃高度。

2. 立定跳远

立定跳远是测试运动员下肢爆发力的常用方法,这一方法非常简单,不需要复杂的测试工具。

(1)测试工具

胶布、卷尺、平坦的地面。

(2)测试方法

第一,拉开卷尺,用胶布牢牢地固定卷尺的两端,并在卷尺的起始端画出标志线。

第二,运动员在标志线后站立,做预摆动作,用力跳向前方,落地后身体不要摇晃,尽可能保持稳定。

第三,对标志线与运动员后脚跟着地处之间的距离进行测量,测量结果精确到 0.01 米。

3. 上步垂直纵跳

上步垂直纵跳这一测试方法主要用来对运动员的腿部力量进行测试,通过上步垂直纵跳训练,还能够促进运动员水平力量向垂直力量的转化。

(1)测试工具

墙面、卷尺、粉笔。

(2)测试方法

第一,运动员面对着墙站立,双手放在墙上,两脚在地面上平放,同伴在墙上用粉笔将运动员指尖的位置标记出来,该标记就是运动员的起始高度。

第二,用粉笔在运动员的右手指尖上涂抹,然后运动员侧对着墙壁站立。

第三,运动员向后跨出一步,测试时迅速向前跨一步,尽最大的力垂直向上跳起,跳到最高点时用涂抹了粉笔的指尖碰触墙壁,将粉笔标记留在墙上。

第四,至少测试 2 次后,对最高标记的高度进行测量,测量的最终结果为运动员的跳跃高度。

(三)速度能力测试

速度能力是人体的基本运动素质,对运动员进行速度能力测试主要采用以下几种方法。

1. 20 米(30 米)冲刺跑

冲刺跑主要用来对运动员的启动速度能力进行测试,测试工具比较简单,应用比较广泛。

(1)测试工具

平坦开阔的场地、电子计时系统。

(2)测试方法

第一,在测试场地上将起跑线标记出来,在距离起跑线 20 米的地方将终点线标记出来,在终点处放置计时器。

第二,运动员以半蹲踞式或站立式的起跑方式从起点跑到终点。

第三,从运动员起跑的瞬间就开始用计时器计时,在运动员的身体越过

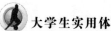

终点线时停止计时。测试 2 次,取最好成绩。两次测试之间要间隔 1 分钟以上。

2. 40 米(60 米)冲刺跑

40 米(60 米)冲刺跑主要用来对运动员的奔跑速度能力进行测试。

(1)测试工具

平坦开阔的场地、电子计时系统。

(2)测试方法

第一,在测试场地上将起跑线标记出来,在距离起跑线 40 米的地方将终点线标记出来,在终点处放置计时器。

第二,运动员以半蹲踞式或站立式的起跑方式从起点跑到终点。

第三,从运动员起跑的瞬间就开始用计时器计时,在运动员的身体越过终点线时停止计时。测试 2 次,取最好成绩。两次测试之间要间隔 2 分钟以上。

(四)有氧耐力测试

有氧耐力是运动员非常重要的运动素质,因此对运动员有氧耐力进行测试是十分有必要的。常见的测试方法主要有以下几种。

1. 12 分钟跑

12 分钟跑是最为常用的有氧耐力测试方法,并不需要复杂的器材,简单易行。

(1)测试工具

标准 400 米田径场、秒表。

(2)测试方法

第一,运动员在标准 400 米跑道上以稳定的速度跑 12 分钟,最终的测试成绩为运动员 12 分钟内完成的跑动距离,最终测试成绩精确到 10 米。

第二,根据测试成绩和表 4-4 可对运动员的最大摄氧量进行推测。

表 4-4　12 分钟跑成绩与最大摄氧量对照表

12 分钟跑 成绩/米	最大摄氧量 (毫升/千克·分钟)	12 分钟跑 成绩/米	最大摄氧量 (毫升/千克·分钟)
1 000	14.0	2 500	45.9
1 100	16.1	2 600	48.0
1 200	18.3	2 700	50.1

12分钟跑 成绩/米	最大摄氧量 （毫升/千克·分钟）	12分钟跑 成绩/米	最大摄氧量 （毫升/千克·分钟）
1 300	20.4	2 800	52.3
1 400	22.5	2 900	54.4
1 500	24.6	3 000	56.5
1 600	26.8	3 100	58.5
1 700	23.9	3 200	60.8
1 800	31.0	3 300	62.9
1 900	33.1	3 400	65.0
2 000	35.3	3 500	67.1
2 100	37.4	3 600	69.3
2 200	39.5	3 700	71.4
2 300	41.6	3 800	73.5
2 400	43.8	3 900	75.6

2. 3 000 米跑

在有氧耐力测试中，3 000 米跑是最为常用的一种方法。

（1）测试工具

田径场、秒表。

（2）测试方法

第一，测试人员发出"开始"口令，运动员从起点开始跑。

第二，测试人员发出口令后开始计时，直到运动员跑完 3 000 米时停止计时，做好成绩记录。

（五）肌肉耐力测试

1. 1 分钟俯卧撑测试

俯卧撑测试主要是对运动员的上肢力量和耐力进行综合评定。

（1）测试工具

垫子、秒表。

（2）测试方法

第一，运动员俯卧在垫子上，伸直双臂支撑身体，身体始终挺直，准备测试。

第二，测试人员发出"开始"口令，运动员开始做俯卧撑动作，1分钟结束后，测试人员做好俯卧撑次数的记录。

2. 1分钟仰卧起坐测试

仰卧起坐主要是对运动员腹肌的肌肉耐力进行评定。

（1）测试工具

垫子、秒表。

（2）测试方法

第一，运动员仰卧在垫子上，膝盖弯曲，两臂交叉且将双手放在肩上，可将运动员的双脚压住。

第二，测试人员发出"开始"口令，运动员做仰卧起坐动作。记录运动员1分钟内完成的仰卧起坐个数。

第三，测试2次，取最好成绩。

（六）柔韧性测试

1. 肩部柔韧性测试

运动员在参加运动训练的过程中，常会发生一定的关节损伤，这除了与技术动作不当有关外，还与自身的柔韧性相关。因此，对运动员进行柔韧性测试也是十分有必要的。

（1）测试工具

平坦的治疗床、医用量角器。

（2）测试方法

第一，运动员平躺于床上，右侧手臂向上抬90°，肘关节呈90°弯曲。

第二，运动员右侧上臂不动，肩部用力外旋。测试人员测量其外展的角度。

第三，运动员肩部用力内旋（向前旋转），测试人员测量其内旋的角度。

第四，计算完全关节活动度，内旋角度加外旋角度等于完全关节活动度。

第五，运动员换另一侧肩，按照相同方法进行测试。

2. 坐位体前屈

坐位体前屈是测试运动员股后肌群和腰背肌群的常用方法，此方法简单易行,不需要复杂的测试工具。

(1)测试工具

卷尺、高 30 厘米的箱子。

(2)测试方法

第一,运动员光脚面对箱子平坐,双脚底与箱体紧贴。

第二,两手放在箱子上,掌心朝下,尽可能向前倾斜身体,伸直双膝并与地面紧贴,向前缓慢拉伸。

第三,共做三次拉伸,每次拉伸后维持 2 秒钟的时间,对指尖到达位置超出双脚的长度进行测量,测量结果即为测试成绩,精确到 0.01 米。

(七)灵敏性测试

1. T 形测试

T 形灵敏测试对于多种运动项目的运动员都比较适用,这是测试灵敏素质的经典方法。

(1)测试工具

平坦的地面、卷尺、胶带、秒表、4 个标志盘。

(2)测试方法

如图 4-3 所示。

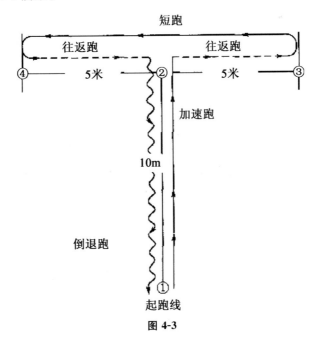

图 4-3

第一,在两个长 10 米呈 T 形的跑道上进行测试,在 T 形竖直线的底部放置标志盘①,在 T 形竖直线的顶部放置标志盘②,在水平线的右端、左端分别放置标志盘③、标志盘④。标志盘①处为起跑线,同时也是终点线。

第二,运动员站在起跑线处,测试人员发出"开始"口令,运动员听到口令后正向朝标志盘③和④的中点冲刺,到达中点后用手触摸标志盘②,然后侧向迅速滑步到标志盘③并用手触摸标志盘,随后立即变向侧滑步到标志盘④并用手触摸标志盘。

第三,运动员折返滑步到标志盘②用手触摸标志盘,迅速倒退跑向终点线。

第四,测试 2 次,取最好成绩,精确到 0.01 秒。

2. 箭头跑

箭头跑测试比较适合用来对足球、曲棍球等球类项目运动员的灵敏素质进行测试。通过箭头跑测试,可以对运动员的灵活性、身体控制能力以及方向转变能力进行测定。

(1)测试工具

开阔平坦的场地、电子计时系统、卷尺、标志桶或旗杆 4 个。

(2)测试方法

如图 4-4 所示。

第一,按照图示将标志桶或旗杆摆好,B 点距离 A 点 10 米远,距离 C、D、E 三点均 5 米远。

第二,运动员站在 A 点准备向右转身灵敏性测试。测试人员发出口令,运动员听到口令后快速向 B 点跑,向右绕过 B 快速向 C 点跑,向右绕过 C 点后向 E 点快速跑,向右绕过 E 点后加速向 A 点跑。测试 2 次,取最好成绩,精确到 0.01 秒。

第三,运动员站在 A 点准备向左转身灵敏性测试。测试人员发出口令,运动员听到口令后迅速向 B 点跑,向左绕过 B 点后向 D 点快速跑,向左绕过 D 点后向 E 点快速跑;向左绕过 E 点后加速向 A 点跑。

第四,从运动员起跑的瞬间就开始用计时器计时,在运动员到达 A 点时停止计时。测试 2 次,取最好成绩,精确到 0.01 秒。

运动员用时越短,说明灵敏性越好。

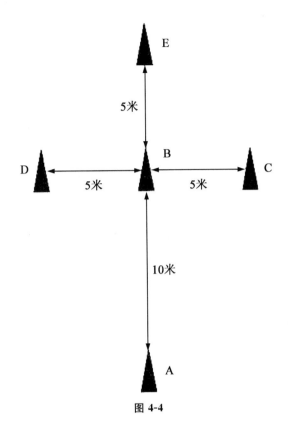

图 4-4

3. 六边形跳

六边形跳测试对于多种运动项目都比较适用。

(1)测试工具

平坦的地面、卷尺、秒表、胶带(不同于地板颜色)。

(2)测试方法

第一,在地板上用胶带粘一个边长 60 厘米、夹角 120°的正六边形,如图 4-5 所示。

第二,运动员做好充分的准备活动,并尝试进行六边形跳。

第三,运动员站在六边形的正中心准备测试。

第四,测试人员发出"开始"口令,运动员听到口令后从六边形中心双腿向边线外跳,再跳回中心,按照顺时针方向跳完六条边,连续 3 次,最后回到起始位置。

第五,测试 2 次,取最好成绩,时间精确到 0.01 秒。

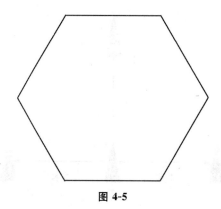

图 4-5

4. 20 米折返跑

对篮球、棒球、垒球、橄榄球等项目的运动员进行灵敏测试时,适合采用20 米折返跑的方法。运动员的灵活性、身体控制能力以及改变方向的能力能够在这项测试中得到很好的反映。

(1)测试工具

开阔平坦的场地、卷尺、标志盘 3 个、电子计时系统。

(2)测试方法

如图 4-6 所示。

第一,在测试场地中沿直线放置 3 个标志盘,每个标志盘间隔 5 米。在两端的标志盘处各画一条垂直于方向盘所处直线的短线,这是运动员需要触碰的目标。

第二,运动员在中间标志盘处双腿横跨站立,一手触地,做好测试准备。

第三,测试人员发出"开始"口令,运动员听到口令后快速跑向右侧标志盘,用手触碰标志盘后迅速变向经过中间标志盘且快速向左侧标志盘跑,用手触碰左侧标志盘,然后加速向中间标志盘跑,身体越过中间标志盘垂直线时停止计时。

第四,测试 2 次,取最好成绩,精确到 0.01 秒。

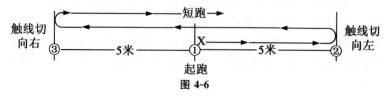

图 4-6

5. 伊利诺斯灵敏性测试

通过伊利诺斯灵敏性测试方法,可以很好地对运动员控制重心的能力、改变运动方向的能力进行评估。

(1)测试工具

平坦的场地、秒表、卷尺、标志桶 8 个。

(2)测试方法

如图 4-7 所示。

第一,将标志桶摆放好,并将起跑线和终点线标记好。

第二,运动员在起跑线 A 处并拢双腿坐下,测试人员发出"开始"口令,运动员听到口令后立即站起来快速向左侧端点的标志桶 B 跑,绕过标志桶 B 后向标志桶 C 跑回,然后沿着中间摆放的标志桶穿梭跑向 D,到达 D 处后再向 C 处穿梭跑回,再次从标志桶 C 绕过加速向标志桶 E 跑,从 E 处绕过后快速向标志桶 F 处跑,身体越过终点线时停止计时。

第三,测试 2 次,取最好成绩,时间精确到 0.01 秒。

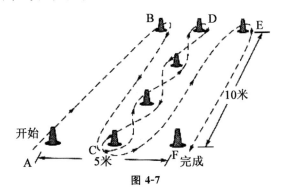

图 4-7

第四节　体能训练效果的生理学评定

对运动员体能训练的效果进行评定是十分有必要的,这能保证整个体能训练活动的有效性和科学性。一般来说,体能训练效果生理学评定的标准主要有体态标准、姿态标准、血压标准、心率标准等几个方面,下面就重点对此作出具体的阐述。

一、体态标准

(1)骨骼发育正常,体形匀称,身体各部位比例适当。

(2)五官端正。女性应眼大眸明,牙洁整齐,鼻子挺直,脖颈修长;男性五官分明、和谐。

（3）双肩对称，男性应结实，挺拔，宽厚；女性应丰满圆润，微呈下削，无耸肩或垂肩之感。

（4）男性胸廓宽阔厚实，胸肌隆鼓，背视腰部以上躯干呈"V"字形富有健壮和魁伟感；女性乳房丰满有弹性而不下坠，具有曲线美。

（5）男子上肢粗壮，双腿比较矫健；女子下肢修长，线条比较柔和。

（6）背视脊柱呈垂直状态，侧视有正常的生理曲线，肩胛骨无翼状隆起和上翘之感。

（7）腰细而有力，微呈圆柱形，腹部扁平，无明显脂肪堆积，具有合适的腰围。男子在放松状态时也有腹肌垒块隐现。

（8）男子臀部鼓实，稍上翘；女子臀部圆满，不下塌。

（9）男性肌肉匀称发达，四肢肌肉收缩时，其肌肉轮廓清晰；女性体态丰满而不显肥胖臃肿。

（10）整体上看无粗笨、虚胖、瘦弱、歪斜、畸形、比例失调等形态异常现象。

二、姿态标准

（一）站立

在站立时，人体的头、颈、躯干和脚的纵轴在一条垂钱上，挺胸、收腹、立颈、收颏、沉肩、腿部笔直等形成一种优美挺拔的形态。

（二）行走

躯体移动正直、平稳，又不僵硬呆板；两臂自然下垂，摆动协调；两膝盖正对前方，脚尖略微外撇，落地时先脚跟着地，再逐渐过渡到落前脚掌，两腿交替前移的弯曲程度不要太大，步伐稳健而均匀。

（三）跑

手臂微微弯曲，上体稍有前倾，稍有转动，膝、踝关节应该有弹性，重心轻微上下波动，下肢自然放松，注意调节呼吸。跑起来既显得热情奔放，又轻松自如。

（四）坐

入座轻，手托椅把扶手并支撑屈膝，上体前倾，缓缓入座，臀部坐于座椅前1/3或1/2处。上体保持挺胸、直腰、收腹、腰髋收合，腿脚稍分，手稍撑于大腿。两腿不要摆得太宽、太大，不要跷起"二郎腿"，不倚东靠西。

三、血压

血压是血液流经血管时对血管壁的侧压力。血压主要包括舒张压和收缩压。一般情况下，血压在体能训练过程中的变化如下所述。

（1）人体在晨起卧床时的血压比较稳定。如果安静血压比平时上升20%左右且持续两天以上，说明身体有过度疲劳的迹象。

（2）在进行体能训练的过程中，血压的收缩压一般会随着训练强度的增加而逐渐上升。在进行大强度运动负荷训练时，收缩压可高达190毫米汞柱或更高；血压的舒张压不变或轻度上升或下降。如果出现运动时脉压差增加的程度比平时减少，并伴随出现不良反应时，就要停止进行训练，待身体恢复后再进行训练。

（3）在体能训练中，血压的变化与运动强度之间有着密切的关系。大强度训练后收缩压上升和舒张压下降明显，且恢复较快，说明身体机能良好。体能训练后收缩压明显上升、舒张压亦上升或血压反应与强度刺激不一致、恢复时间延长等都是机能状况不佳的表现。

（4）在进行长时间、大强度的体能训练时，运动者机体的舒张压会出现快速上升的情况，训练后在经过一定的调整后就能得到一定的恢复。但如果调整不及时，血压可能会继续上升，上升到一定程度就会导致运动员出现头痛、心悸、训练积极性不高等现象。

四、心率

心率是指人的心脏每分钟搏动的次数，指心脏周期性活动的频率，以次/分来表示。一般来说，计算脉搏是测量心率最为简易的办法。通常情况下，测量心率主要是测量运动者的基础心率、安静时心率、运动时心率和运动后心率。

（一）基础心率

基础心率是指运动员清晨起床前空腹卧位心率，一般来说都比较稳定。一般情况下，人的基础心率会随着体能训练水平的提高而逐渐减慢。基础心率突然加快往往就是过度疲劳的症状。

（二）安静时心率

安静时心率的变化通常存在着较为明显的个体差异。正常健康成人的安静心率为 60～90 次/分钟。运动员安静时的心率一般为 45～80 次/分钟。对于不同项目的运动员,其安静时的心率也是不一样的。一般情况下,耐力运动员安静时的心率为 36 次/分钟左右,低于其他项目运动员。

对测量运动员安静时的心率时,应进行体能训练前后的比较。

（三）运动时心率

一般情况下,运动时心率可分为三种,即极限负荷心率（180 次/分钟以上）、次极限负荷心率（170 次/分钟左右）和一般负荷心率（140 次/分钟左右）。

运动时心率增加到最大限度时称为最大心率。最大心率随年龄增长而逐渐减少,计算公式如下。

$$最大心率＝220－年龄$$

最大心率与安静时心率之差称为心搏频率储备,其能够对人体训练时心率可能增加的潜在能力进行反映。通常情况下,运动时心率的快慢与训练强度有关。心率随着强度的增加而变快。

（四）运动后心率

在体能训练实践中,通常用测量脉搏的方式来代表心率。一般情况下,运动员进行体能训练后心率下降速度的快慢,可以反映出机体机能的恢复情况。

五、乳酸阈

乳酸阈,是对运动员耐力水平评价的重要指标之一。一般来说,人体的耐力水平提高和骨骼肌氧化代谢能力的提高有着极为密切的关系。通常来说,在递增负荷运动中,血乳酸浓度会随运动员训练强度的增加由缓慢转变为快速升高的过程,在此过程中,血乳酸浓度有一个快速积累的起点,此点血乳酸的积累与清除速率相等,表示在长时间运动中,血乳酸浓度保持稳态水平的最大有氧代谢能力。乳酸阈能反映"中枢"的呼吸循环系统的供氧能力和肌肉对氧的利用能力。

个体乳酸阈值的测定方法可以比较和判断不同运动员个体有氧代谢能力的差异与优劣,可以根据个体选择最佳训练强度和训练计划。乳酸阈的测定方法很多,但都是根据乳酸—功率曲线为原理,采用逐级递增负荷的方法测定的。

测试程序如下所述:

(1)选用适于专项运动性质的测功仪,如跑台、功率车、手控测功器等。

(2)先进行约 5 分钟的准备活动,稍休息后开始递增负荷运动。

(3)测定乳酸阈的负荷强度。决定起始负荷和递增负荷的大小,主要取决于受试者的性别、年龄和训练程度。通常男性高于女性;有训练者高于无训练者。递增负荷的级数一般不超过 7 级为宜。各级的间歇有无对乳酸阈的影响不大。

(4)将各级血乳酸值和对应的功率(瓦或米/秒)在坐标纸上画出乳酸—功率曲线,找出对应于千克/血乳酸摩尔/升的功率值,即乳酸阈强度或跑速。

(5)测试结果分析。

六、最大摄氧量

最大摄氧量是对机体有氧耐力训练进行评价的重要生理指标,是指机体在剧烈运动时,循环和呼吸等内脏机能达到最高水平,每分钟摄入并由机体消耗的最大氧量。最大摄氧量是在心肺功能和全身各器官系统充分动员的条件下,机体在单位时间内吸收和利用的氧容量,反映人体最大有氧代谢能力,反映心肺功能氧的转运能力和肌肉对氧的吸收、利用能力。

最大氧脉搏是最大摄氧量测定值达到最大摄氧量时的心率,运动员的有氧能力和心脏的泵血功能能够通过最大氧脉搏反映出来。最大摄氧量有两种测定方法,即直接测定法和间接推算法,其中间接推算法主要有以下几种。

(1)采用 PWC170 值推算最大摄氧量。PWC 是英语 Physical Work Capacity 的缩写,意为身体工作能力,是机体机能评定中一种常用的次极限负荷实验,它测定机体在定量负荷运动时,当身体机能动员起来并处于相对稳定状态、心率为 170 次/分钟时,单位时间内所能完成的负荷量,以功率表示。PWC170 主要反映机体的工作能力,尤其是耐力水平。PWC170 与最大摄氧量的相关性很高。测试 PWC170 可作为评定机体训练状态好坏的指标。在运动能力下降产生疲劳或过度疲劳时,PWC170 值会明显下降。

(2)根据基础心率、运动中完成的功率和摄氧量之间的密切关系推算最大摄氧量。

(3)根据 12 分钟跑的距离推算最大摄氧量。最大摄氧量有绝对值和相对值两种表示方法,在不同个体之间进行比较时,应以后者进行比较。绝对值以升/分表示,相对值以毫升/千克体重·分表示。

一般情况下,运动员个体在不同训练阶段和训练状态时最大摄氧量有所不同,尤其对耐力训练项目更为明显,最大摄氧量的增加与个体运动能力

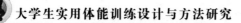

的提高呈正比。当个体处于良好状态时,最大摄氧量数值大,当训练状态明显下降后或出现过度训练时,最大摄氧量数值降低。

七、血乳酸

(一)血乳酸的来源

乳酸是肌糖原或葡萄糖酵解的终产物。通常情况下,人体乳酸的总量非常少,在平时的生活中,人体内一些依靠糖酵解获取能量的皮肤、视网膜、红细胞等组织细胞是血乳酸的主要来源。

(二)血乳酸正常值

机体在安静状态下,运动员的血乳酸正常值与正常健康人没有差异,其值在1.5毫摩尔/升以下;在大赛前伴有情绪紧张时,运动员的 BIA 值会有小幅度的增加,但增加之后一般不会超过3毫摩尔/升。

(三)体能训练对血乳酸值的影响

1. 决定血乳酸值的因素

血乳酸值的大小主要取决于机体产生乳酸和清除乳酸两者之间的平衡情况。训练强度能够决定机体产生乳酸的水平,只有运动强度达到一定水平后,才会动用能大量产生乳酸的快肌纤维,促进乳酸的生成。

2. 体能训练对血乳酸值的影响

经常参加体能训练能有效提高肌糖酵解供能,增加肌乳酸的生成,提高血乳酸浓度。肌乳酸生成多少与训练强度之间的关系非常密切,快速升高的起始强度是50%～60%的最大训练强度。随着运动训练强度的增加,乳酸生成速率迅速加快。在速度耐力性运动员中,训练水平高者血乳酸浓度高;在耐力性体能训练中,优秀运动员的血乳酸浓度相对较低。在平时的体能训练中,存在以下几种情况。

(1)快速力量性运动

快速力量性运动强度极大,但由于每次运动时间短,所以主要动用磷酸原和糖酵解供能系统,动用量不大。

(2)速度性运动

速度性运动主要动用磷酸原系统供能,但在运动开始和结尾时,均有糖酵解参与供能。因此,运动后血乳酸会明显增高。

（3）有氧耐力性运动

耐力性运动的强度小,主要动用慢肌纤维,以有氧代谢系统供能为主,运动时间相对较长,机体有可能将血液中的乳酸运到心肌、非运动肌和肝脏进行再氧化而清除掉。

（4）速度耐力性运动

速度耐力性运动主要动用糖酵解供能,因此,运动后血乳酸值在所有运动项目中是最高的。

总之,可以通过血乳酸值评定个体的训练水平、训练效果以及有氧代谢能力。

八、血尿素

（一）血尿素的来源

一般情况下,蛋白质等含氮物质在分解代谢中脱下的氨基经肝脏的转化变为无毒的尿素,而尿素则由肝脏释放血,成为血尿素。

（二）血尿素的正常值

通常来说,正常成人血尿素值为 2.9～7.1 毫摩尔/升。人体的部分血尿素通过肾脏排入尿中,其生成和排泄处于动态平衡之中,故血尿素处于相对稳定的状态。

（三）体能训练对血尿素浓度的影响

1. 大运动负荷训练

（1）机体能适应的大运动负荷训练。运动负荷虽大,在训练后血尿素水平虽有升高,一般超过 8.4 毫摩尔/升。但由于运动员的机能水平高,经一两夜休息后,清晨血尿素值便恢复到正常水平。

（2）机体不能适应的大运动负荷训练。如果运动负荷大到超过运动员的承受能力,或运动负荷虽不太大,但训练者的机能下降,都会动用蛋白质而导致血尿素升高,而且经一夜休息仍不能恢复到正常水平。

2. 小运动负荷训练

小运动负荷训练完全可以由脂肪和糖的氧化供能满足机体的需要,因此机体基本上不用动用蛋白质,故血尿素值也不会升高。

第五章　大学生实用体能训练计划设计

体能训练计划是大学生进行体能训练的重要依据，它能够为大学生体能训练的顺利开展提供重要的保障。由此可见，对大学生体能训练计划进行设计有着非常重要的意义。本章就大学生实用体能训练计划设计展开论述，内容包括大学生体能训练计划设计概述、负荷的控制、体能训练计划的综合设计以及各个不同训练内容的训练计划设计。

第一节　大学生体能训练计划设计概述

一、大学生体能训练计划设计的重要依据

在设计大学生体能训练计划时需要遵循以下几个方面的依据。

（一）体能训练的客观规律

对体能训练过程中的基本客观规律加以遵循是体能训练科学化的重要的本质特征，同时也是体能训练计划科学性的最为主要的表现，体能训练计划只有遵循客观规律来加以制定才能更好地保证训练获得成功。体能训练的客观规律主要包括：各类身体素质的特殊规律、体能发展规律、训练过程的多变性和可控性规律、训练生物适应的产生与变化规律等。

（二）体能训练目标

任何一种训练计划在制定之前，所面临的问题就是确保既定的训练目标能够得以顺利完成。为了能够更好地促使运动员从起始状态转移到目标状态，就需要设计和选择一条最佳的通路，即训练计划。在制定体能训练计划的过程中必须要对目标实现的需要加以充分考虑，所以在制定体能训练计划之前，首先要确立好体能训练的目标，这是一项非常重要的工作。

（三）运动员体能的初始状态

在体能训练目标确定的过程中,运动员体能的起始状态是重要的基础,同时也是体能训练整个过程的出发点。为实现目标转移而制定的训练计划,只有符合运动员体能的现实状态才能被运动员所接受,从而促进运动员体能素质的提高。

虽然运动训练包含有很多的内容和方式,但这并不需要运动员进行全部掌握,也不需要运动员参与所有的运动项目。只需要运动员结合自身具体实际和需要,来从中选择出一些与自身相适合的训练内容进行练习,并长期坚持下去。训练要少而精,"少"是对数量而言,在选择项目和练习时只有"少"才能集中时间和精力反复练习。"精"是对质量而言,只有精才能抓住本质和最关键的东西,抓住最能实现训练目的的内容和手段。所以,在有在数量和质量方面都能够得到相应的保证,才能获得最为理想的训练效果。如果选得运动项目数量非常多,那么在具体练习的过程中常常会出现走过场的情况,这既无法从中获得训练所应带来的良好效果,同时还会对训练制造很多的困难,也会出现主次不分,贪多求全的情况。对身体进行全面训练,并不排斥在全面发展的前提下对某一项活动进行加强,两者是相互促进的,它同少而精的要求并不是相互排斥的,所以要将两者进行很好的结合起来。

（四）体能训练活动组织实施的客观条件

体能训练活动得以组织和实施的物质基础主要有训练的相关场地、设备、器材、恢复条件、营养条件等。例如,如果只是凭借三五个排球,排球队是很难组织滚动防守起球的多球训练;在体操运动训练中,如果缺乏足够深（厚）度的海绵坑（垫）,那么运动员的多周空翻技术就很难得到顺利发展;在结束训练之后,恢复条件的好坏会对运动员的运动负荷的连续承受能力产生直接影响。所以,在对体能训练计划加以制定时,要对以上这些因素加以充分考虑。

二、体能训练计划设计的要求及注意事项

（一）体能训练计划设计的要求

1. 体能训练计划要具有科学性

体能训练计划是对训练过程加以控制的基础和标准,同时也为进行系

统训练提供了重要的保证。在对体能训练计划进行制定时,对于体能训练的客观规律,教练员要进行准确的认识和把握,并与运动员和相关科研人员保持密切的联系,从而使体能训练计划的科学性得到有效保证。

2. 指导思想要明确,要具有特色

在对体能训练计划加以制定时,首先要对指导思想进行明确,指导思想要随着参与训练主体以及客观训练条件的变化而进行相应的调整。

3. 要具有简明性和实用性

在进行体能训练计划制定的过程中,注意语言文字要力求简练,图文并茂,能够使运动员一目了然。计划中的各个内容都要力求具体、明确、定量化,以便更好地开展适时、评定和检查。

4. 体能训练计划的稳定与变更

在对体能训练计划进行制定时,要对计划的相对稳定性与变更的关系进行恰当的处理,以促使系统安排和科学调控实现有机结合。

体能训练活动是教练员和运动员两者共同参与的创造性活动,所以在具体的训练实践中,除了要对前任所创造出来的内容和经验加以借鉴之外,教练员和运动员两者要具有创新意识。这主要是因为如果缺少了创新,那么就失去了存在的生命,如果缺少创新就无法获得相应的发展,更无法不断促使运动员的体能素质得到相应的提高。

(二)体能训练计划设计的注意事项

(1)在对体能训练计划进行制定时,要对可以利用的环境和条件加以充分考虑,以尽可能地创造出能够有助于愉悦运动员身心健康的环境和方法。

(2)体能训练计划的制定必须要同运动训练的具体环境、训练进度、训练目标以及运动员生长发育的规律状况等各个因素相互适应。

(3)在对体能训练计划进行制定时,要对巩固提高和循序渐进的原则加以遵循,以促使运动员的体能能够得到稳步提高。

(4)体能训练计划的制定注意将运动员的体能同野外生存能力、社会适应能力的提高结合起来,同时还要做好相关的安全措施保证。

(5)体能训练计划在制定之前要对运动员进行相关的状态诊断和体能检测,以对训练负荷和发展目标作出明确的确定。

(6)在安排力量训练时,时间间隔以42~72小时最为适宜,速度训练的时间安排间隔为72小时最为适宜,耐力训练的时间间隔安排24~42小时最为适宜,柔韧性的训练并不是一蹴而就的,不能急于求成,需要坚持进行训练。

(7)体能训练计划的制定并不是固定不变的,需要根据对运动员所检测的体能变化以及条件变化来作出适当的调整,以更好地保证运动员体能得到更为充分的发展。

(8)体能训练计划的制定,要注意将身体全面发展与某一素质的发展有机结合起来,从而促使体能整体上得到提高。

第二节　大学生体能训练负荷的控制

一、运动负荷的科学安排与设计

对运动负荷进行科学的安排和调控,促使运动员的经济能力得到提高,对良好的竞技状态加以保持是现代运动训练最为根本的问题。其中,对运动负荷的科学安排是运动训练的核心问题,也是现代训练理论和教练艺术的重要体现。

(一)运动负荷的安排与设计

首先,要对有关运动员机体形成刺激的外部负荷的诸多练习手段运用的定量要求予以明确,同时还要明确所采用的练习手段对运动员机体和训练结果能够产生什么样的综合效果。

例如,必须要综合考虑练习的时间、组数、次数、速度、距离、间歇时间、负荷重量、间歇方式等诸多负荷因素,以及联系环境、场地等,并对合理的训练实施方案予以提出,也就是整体负荷方案。

运动总负荷处于同一水平时,其训练强度和负荷量组合构成也可能不同,也就是说,相同的运动负荷,既可以通过将强度控制量突出出来来进行实现,也可以通过将量控制强度突出出来进行实现。但是,负荷总量不同的组合方式,所产生的训练效果也有着很大的不同。

突出训练负荷量对机体的刺激较缓和,所产生的训练适应程度相对稳定,有利于延长超量恢复保持时间,但超量恢复的程度低,出现时间也较晚,对耐力性比赛项目的赛前训练有利。将训练强度突出出来能够对机体产生强烈的刺激,促使机体的适应水平得到快速提高,并且超量恢复出现的也会比较早,水平也会比较高,但所能够维持的时间非常短,不太巩固,很容易消退。训练符合量与训练负荷强度这一类组合方式比较适合于比赛时间相对较短的速度力量性项目。所以,需要根据运动负荷的目的以及其他各个多方面的因素,来对运动负荷加以全面的考虑和合理安排,从而制定出训练负荷强度和负荷量最佳组合的方案。

在具体的设计安排中,总负荷水平相对较容易控制,但确定这一总负荷的量与强度的最佳组合方案却相当困难。负荷量和负荷强度两者之间的组合比例,负荷节奏的安排形式,既能够在多年、全年大周期和中周期训练的负荷安排中得以反映出来,同时也能够在小周期、周、日和每次训练课的具体安排中得以体现出来。

运动负荷节奏在现代训练中的安排形式主要体现为以下几类形式。

1. 波浪型

这一类型主要体现为负荷节奏的变换呈现出逐渐上升和逐渐下降的趋势,并且变化比较趋于缓和,对机体不会产生过于急剧的刺激,机体容易得到恢复和适应,在任何训练阶段之中都可以使用这种形式,特别是适合少年儿童进行训练。

2. 斜线渐进型节奏

在具体的训练过程中,负荷量呈现出斜线上升的趋势,主要运用在初期或某一短期训练阶段,如准备期。在少年儿童时期有着较多的运用,但上升的斜率不能过大。

3. 直线稳定型节奏

训练负荷量在训练过程中保持相对稳定,不存在明显的变化,通常适用在体操等项目之中。训练负荷量比较稳定,通过强度的变化来对训练负荷进行调整的方法,这在目前被很多高水平的田径运动员加以采用。

4. 阶梯型节奏

负荷的增加主要是采用平台式上升与保持的方式,没有明显的下降。在一个训练周期之中,可以采用多种形式来进行增加和保持训练负荷,经常在中周期负荷安排中进行使用,特别是在比赛其的前期以及准备期的第二阶段。

5. 跳跃型节奏

这一形式是当前训练中的一种非常有效的大强度的负荷形式,主要用在准备期的第二阶段(专门准备阶段)或比赛期(围绕重大比赛)。这种形式比较使用在高水平运动训练之中,儿童少年以及初期训练阶段是不适合采用这种方式的。其步骤如下。

第一步:剧烈增大负荷,如将负荷从 65％增大到 90％,这样做的目的就是为了将机体原有的训练适应的动态平衡打破。

第二步:剧烈下降负荷,如将负荷从 90％下降到 60％,其目的就是要促使机体能够得到快速恢复,并产生明显的超量恢复。

第三步:将负荷逐渐增大到比突然增加时的负荷水平稍低的位置,如将负荷从 60％增加到 80％,这样做的目的就是让机体能够再一次接受逐步提高的负荷刺激。

第四步:将稍低的负荷水平保持一段时间,以使机体能够对负荷产生适应。

第五步:将负荷提高到比突然增大时的负荷水平略高的位置,如将负荷从 80％重新提高到 90％及以上,以促使机体通过承受相应的负荷,其承受负荷的能力能够达到新的水平。

(二)设计和确定运动负荷方案时(量和强度)应注意的问题

(1)对于训练负荷,运动员的最大承受量。

(2)在恢复之后的什么时间开始下一次负荷练习,才能够获得最为理想的训练效果。

(3)促使机体产生运动性适应变化所需要的最小的运动负荷。

(4)同一外部负荷能够对机体产生不同的实际负荷水平。在对外部负荷进行选择和设计时,首先要对运动员在承受相应的负荷之后所表现出来的应答反应状态进行掌握,如血乳酸、脉搏、尿蛋白等,并依据这一反映来对实际负荷水平的大小以及合理性进行评价,并对负荷方案作出及时修改。

(5)训练负荷要具有专项性,也就是说,比赛性训练负荷同专项负荷不同,比赛性训练负荷要以比赛中所表现出来的最大的负荷作为依据来加以设计,常常要比专项比赛负荷要低,但要比其他专项负荷高。在对训练负荷加以安排时,要注意做好以下几点。

①针对每一个运动员,教练员都要确定好最佳的负荷值,并明确每一个运动员最高的训练和比赛强度、最高的生理负荷值、最大负荷量和各种不同负荷后的最佳间歇时间以及间歇方式。

②运动训练是一个多年的、长期培养的过程,因此要注意与运动负荷的节奏性、连贯性和系统性规律。

③训练中运动负荷安排的一般顺序是先增加量,后增加强度。无论是训练课的负荷安排,还是全年和阶段训练安排,一般都是负荷量首先加大,

当负荷量达到一定水平后,逐步减量,同时增大强度;先增加(或先减少)一般训练负荷量,后增加(或后减少)专项训练负荷量,即增加训练负荷的方式,通常先加大一般训练负荷量,然后减量,与此同时加大专项训练负荷量;准备训练阶段先加量,后加强度,比赛训练阶段则适当减量,然后减强度,保持合理的专项强度。先安排无氧非乳酸性负荷的训练内容(如速度力量练习),后安排无氧糖酵解性负荷的训练内容(如速度耐力练习),最后安排有氧性质的负荷训练内容(如一般耐力练习)。

负荷练习程序趋于合理,能够对负荷相互之间的良性迁移作用加以充分利用,以促使机体能够产生良性的负荷效益积累,促进机体得以快速恢复,并预防运动损伤。

二、超量负荷与应激原理

(一)超量负荷与应激原理的概念

为了促使运动成绩得以不断提高,不能将运动负荷始终固定在某一水平之上,需要对运动负荷水平进行不断提高,将机体对原有负荷的适应和平衡打破,以促使机体在新的负荷水平上形成新的平衡,并以此进行循环往复,从而实现训练水平得以提高的目的。这就是所谓的"超量负荷原理"。应激学说是超量负荷的生理学基础。

所谓应激是指人体对外部突发性强烈刺激(生理和心理刺激)所产生的一种适应性反应。"应激源"是指能够导致应激状态产生的外部刺激因素。应激状态得以产生的重要条件是应激预案的刺激必须要超乎寻常,要比日常的量要高,相反,就很难产生应激状态。

(二)生理机制

应激状态下既能够使机体产生良性的应激反应和状态,同时也会导致机体产生非良性的应激反应和状态。在训练过程中,超量负荷的设计要结合运动员的具体训练水平来进行,不能过量。应激主要包括以下几个阶段。

1."警戒阶段"

应激刺激作用在人体前,人体就会处于一种防御和戒备状态。

2."形成阶段"

机体在接受到一定的应激刺激之后,就会从防御进入到抵抗阶段,此时在中枢神经系统的指挥作用下,机体会得到总动员,来更好地抵抗刺激所带个人体的影响。这主要表现为诸多神经—体液的变化,包括交感神经兴奋、肾上腺激素分泌增加以及胰岛素升高等。当机体面对这种刺激能够承受时,并经常处在这种没有超过机体承受能力的应激状态之中,对于这种应激刺激,人体就会产生适应,从而促使应激水平得到相应的提高,这主要表现在人体的适应能力得到不断增强,体内的能量也会得到不断增加,并能够快速进入到工作状态之中。

3."衰竭阶段"

当应激刺激有着过强的刺激强度,持续时间长,机体的各个机能便会从积极动员状态逐步转为衰竭消极状态,机体的工作能力也会不断下降,并会产生一系列的异常反映。例如,在比赛之前长期处在非常紧张的应激状态,但没有获得相应的调整,就会造成比赛前的心理状态出现异常,竞技状态下降并对比赛失去信心,甚至还会产生诸多疾病。

第三节　大学生体能训练计划的综合性设计

一、多年体能训练计划的制定

多年体能训练计划是对运动员多年体能训练过程的总体规划。通常而言,多年体能训练计划的内容主要包括准备性部分和指导性部分。其中,准备性部分包括运动员基础情况分析和训练目标的确定;指导性部分包括阶段划分、各阶段任务、训练内容安排、训练指标确定。

(一)准备性部分

1. 对运动员基本情况加以分析

在具体制定体能训练计划的过程中,通过详细分析运动员的额基础情况能够为其提供必要的依据和相应的信息。由于在机能、形态、年龄、素质和心理品质等各个方面,运动员之间都存在较大的差异,在对体能训练计划加以制定时,要将运动员的健康状况、发展程度、训练年限、运动成绩和竞争能力等具体实际情况作为依据,以促使所安排的体能训练内容既能够被运动员所接受,同时也能够更好地改善运动员的体能。此外,通过分析运动员的基础情况,来对运动员的特长加以确定,并提出进一步发展的专项方向。

2. 对多年体能训练计划的目标加以确定

在对体能训练计划进行制定并对效果加以评定方面,多年体能训练目标都是其中非常重要的依据,同时训练目标也是体能训练计划的重要组成部分。可以说,所有的训练内容、训练方法、训练手段等的设计都是为训练目标的实现服务的。训练目标作为一个系统,它是多层次、多指标、多阶段的。一个完整的训练目标包括专项训练的总目标、与专项相关的竞技能力目标以及各个阶段的专项成绩目标。在对多年训练计划总目标进行确定的过程中,要对项目的特点、运动员的竞技潜力、竞赛任务、现实状态以及未来所能够提供的训练条件进行综合考察。此外,也可以通过借助于一些数理统计方法来对训练目标的预测公式进行构建,并以此来进行预测。

(二)指导性部分

1. 多年体能训练计划的阶段划分

多年体能训练计划的阶段性划分,其依据主要是长期训练的适应性的形成与发展规律、运动员竞技状态的形成与发展以及运动员的生理和心理发育的自然规律等。在各个不同的训练阶段,其所安排的训练内容也是不相同的。多年体能训练计划分为初级训练阶段、专项训练阶段和高级训练阶段三个阶段。

2. 多年体能训练计划各个阶段的任务

初级训练阶段的主要任务是促使运动员的各专项身体素质得到全面发展,并促使专项素质得到发展和提高,并且在对多项训练进行继续从事的基础上,开展初期的专项训练,对专项技术进行合理掌握,促使运动员专项训练水平得到不断提高。

专项训练阶段的主要任务就是对运动员的全面身体训练进行继续加强,促使其专项高素质得到进一步提高,并对所掌握的专项技术进行不断巩固和完善,促使其训练水平和专项技能水平得到提高,通过相应的比赛提高运动员的适应能力和相关心理素质,并对专项理论知识进行学习。

高级训练阶段的主要任务就是对运动员的各项身体素质进行强化,并继续强化运动员的专项素质,提高其专项能力,对完整的技术进行不断完善,对其潜力加以充分挖掘,积极参加国内外所举办的各级比赛以对高水平的运动成绩进行保持。对于其他专项的阶段划分和各阶段的任务可根据项目的特点和要求来加以制定。

3. 合理安排多年体能训练计划各阶段的训练内容

在多年体能训练计划各个阶段训练中,要根据运动员的具体训练水平,来合理安排好一般身体训练、专项身体训练和技术训练三者之间的比例。随着运动员训练水平的不断提高,一般身体素质同专项成绩的相关性也会越来越低,而专项身体训练和技术训练所占的比例会得到相应的增大(表5-1)。

表 5-1　多年体能训练各阶段身体训练和技术训练的比例

训练内容比例 阶段	一般身体训练	专项身体训练	技术训练
基础训练阶段	60％	20％	20％
初级训练阶段	40％	30％	30％
专项训练阶段	30％	35％	35％
高级训练阶段	20％	40％	40％

4. 多年体能训练各阶段的训练指标

在多年体能训练计划中,各个训练阶段都具有各自的训练指标,也就是说,各个阶段都要有相应的竞技能力指标和运动成绩指标,并作为对运动员训练状态加以评价的依据。各个阶段训练指标的制定,依据是整个训练过程所最终要达到的竞技能力指标和运动成绩指标以及各个阶段的训练任务。

在多年体能训练计划安排的过程中,要科学掌握好运动员竞技状态发展变化的规律,并系统安排好各个训练阶段的指标,以促使竞技状态高峰出现在高级训练阶段。这就要求各个阶段的训练指标都要采用开始幅度较小的渐进式提高,进入到专项训练阶段时,要加快提高训练指标,促使运动成绩出现突变式上升,以保证在高级训练阶段能够达到最高水平。

二、年度体能训练计划的制定

（一）制定年度体能训练计划的依据

为了年度体能训练计划更加具有有效性和科学性，在对年度体能训练计划进行制定时，要对以下两点加以着重考虑。

1. 体能训练的目标

为了更好地促使运动员从起始状态转移到目标状态这一训练根本任务得以顺利实现，要对训练方案加以选择，选择出最为适宜的方案，来促使本年度训练目标得以顺利实现。

2. 运动员进行体能训练的起始状态

起始状态是运动员参与运动训练过程的起点和出发点，要结合运动员在上一年度的基本情况以及运动员训练目标的实际水平对本年度的训练计划加以制定。

（二）年度体能训练计划的分类及时期划分

通常来说，年度体能训练计划包含以下三种类型。

（1）单周期体能训练计划，就是将全年作为一个大的训练周期，主要包括准备期、比赛期和过渡期。

（2）双周期体能训练计划，就是将全年分为两个大的训练周期，它主要包括2个准备期、2个比赛期和一个过渡期。

（3）在全年中安排多次比赛的年度体能训练计划，在两次比赛的间歇期中，要针对训练水平的保持进行相关训练或安排积极性休息。

就目前来说，我国的年度体能训练计划主要分为秋冬时期、春夏时期以及两个假期。在这三个时期中，在对体能训练计划加以合理制定时，要将环境和季节的变化以及运动员身心发展情况作为依据。

（三）年度体能训练计划中各时期的训练安排

1. 春夏时期的训练安排

这一时期主要是指3—7月，在春夏时期末，要对运动员开展相应的体能测试，这样做的目的是促使运动员在测试中能够将其体能素质达到最高水平。所以,在这一阶段,最为主要的任务就是促使运动员专项身体训练水平的发展,对专项技术加以完善,多组织和开展一些完整的专项体能训练。

在这一时期,总的训练负荷量要保持稳定,负荷强度增加并达到最高点并保持在稳定状态。为了使最佳竞技状态得到保持,还应根据测试需要来对训练量和训练强度加以适当调整。

2. 秋冬时期的训练安排

这一时期主要是指9～次年1月,这是促使运动员体能素质得以快速提高的关键时期,这一时期的主要任务就是促使运动员的一般身体训练水平得以不断提高,并促使运动员的身体素质和力量得到相应的发展,并对技术进行改进。

此外,在对运动员的体能训练进行安排时,还应根据南北方的不同特点,科学筹划,合理安排。例如,北方在秋冬时期,天气转凉,大强度的测试是不适合进行开展的,应开展一些有氧运动,促使运动员综合运动素质得到发展,并促进运动员体能积累和提高。在技术训练上应注重基本技术的训练,同时改进明显的技术缺陷。除了开展上述训练之外,南方还可以根据自身的气候和地理条件在此期间进行一次测试,在进入到后期体能训练之前,使教练员和运动员能够双方有一个全面的了解,以对训练计划作出更好的制定。

这一时期的体能训练负荷主要以大运动量练习为主,各类练习数量非常多,涉及范围也非常广,但强度比较低。在测试之前,要对负荷强度进行适当的加大,在测试结束之后再开展相应的身体训练。

3. 两个假期的训练安排

(1)暑假时期的训练安排

这一时期通常为8～9月,主要任务就是促使运动员的身心能够从测试压力中得以恢复过来,促使其身心疲劳得到更好的消除。在这一阶段,要多采用积极性休息,如游泳、慢跑、娱乐游戏等。要做到将专项身体训练尽可能的减少,促使身体得到更为充分的恢复,以更好地参与到新的训练之中。

(2)寒假时期的训练安排

这一时期为1～2月,其体能训练的主要任务就是为接下来的体能测试做好更为充分的准备。在训练内容方面要对专线高素质和技战术的训练内容进行逐渐加大,并加大心理训练内容的比例,促使运动员在此期间做好相应的心理测试准备。在这一阶段,进行负荷的安排时,要将一般身体训练的负荷量逐渐减少,并适当地促使专项训练的负荷量和强度得到不断增大。

（四）安排训练计划时应注意的事项

（1）在每一个阶段开展训练时，都要对本地区的季节性项目加以合理利用，如北方冬季的滑冰运动，南方可以借助于游泳等水上运动，以使体能训练的枯燥性有所减弱。

（2）在体能训练活动的组织和实施过程中，训练场地的好坏、恢复条件、器材的数量和质量等都是其得以顺利开展的重要物质基础。在秋冬时期，由于南北方在地理环境和气候方面存在较大的差异，在对年度体能训练计划进行制定时，教练员要做到因时、因地制宜，对训练和测试时间作出合理安排。

（3）在年度体能训练计划中，要多依据运动员的身心特点进行充分考虑，并对运动训练的客观规律加以遵循。即机体训练适应性，疲劳与超量恢复原理；训练计划的连续性与阶段性；训练过程的多变性与可控性，以及专项运动技术、身体素质的特点和发展等规律，合理安排训练内容和负荷。

（4）在两个假期之中，对于运动员的训练情况，教练员无法进行直接了解，所以教练员可以根据运动员的具体实际来对阶段性训练计划加以合理制定，并同适当的测试相结合来对训练结果加以测验。

三、阶段体能训练计划的制定

一般来说，阶段体能训练计划主要是由数周乃至数月所构成，又被称为"中周期"。它主要是由很多具有同一目的的小周期组成，同时也是组成大周期的最为基本的单位。所以说，年度体能训练计划就其本质来说，就已经对阶段体能训练的任务、时间跨度、负荷水平等作出了最为基本的安排。在对阶段体能训练计划进行具体制定时，最为重要的就是根据项目的特点以及本阶段的主要训练任务，来对小周期之间的节奏和序列加以确定。

需要指出的是，训练者从事不同的项目，训练水平不同，在阶段训练安排中的负荷也并不是固定的，是不断进行变化的。如图 5-1 所示，阶段体能训练计划中运动负荷的具体安排。

在图 5-1 中，实际上 A、B 两种组合是前后两个小阶段的重复，而 C、D 两种组合的特点是前半段的负荷要比后半段的负荷要大，适合进行强化训练。E 组合虽然就总负荷来说，同前三种是相等的，但其有着不同的变化节奏，其特点是从小负荷不断递增，经常在需承受大运动负荷的训练中进行使用。F组合的负荷不变,事实上是通过负荷量和负荷强度的对比关系和小周期内的负荷节奏来加以调整的。

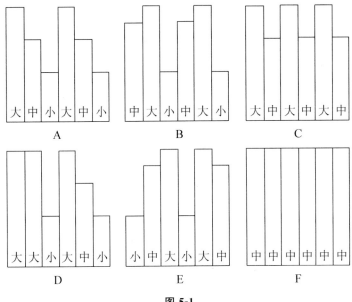

图 5-1

在阶段体能训练计划中,其主要包括四个阶段,即引导阶段、一般准备阶段、专门准备阶段、赛前准备阶段和比赛阶段的训练,具体如下。

（一）引导阶段

这一阶段主要在过渡期之后的年度训练之初加以使用。其主要的特点是训练量和训练强度都是逐渐提高的,整个的持续时间为2～3周。

（二）一般准备阶段

这一阶段的目的就是促使运动员的整体机能水平得到不断提高,并促使运动员的身体素质和运动技能得以全面发展,持续时间为4～8周。

（三）专门准备阶段

这一阶段的主要目的就是促使运动员的专项训练水平得到不断提高,并对专线技术加以改进,并促使训练强度得以提高,持续时间为4～8周。

（四）赛前准备阶段

这一阶段是准备阶段与比赛阶段两个阶段之间的过渡,其目的就是促使运动员的竞技状态得以提高,持续时间一般为3～6周。

（五）比赛阶段

在主要比赛期中，比赛阶段是其中的一种训练形式，主要包括为比赛打基础的小周期、直接参加比赛的小周期和恢复训练的小周期等。这一阶段的目的主要是对运动员的最佳竞技状态进行巩固，并尽最大努力创造出优异成绩。比赛日程和比赛规模共同决定了比赛阶段中小周期的数量和持续时间。比赛阶段又包括早期比赛阶段、主要比赛阶段和获得最佳竞技状态阶段。

四、周体能训练计划的制定

周体能训练计划主要是由数次训练课所构成，其整个训练过程比较完整，并且具有一定的复杂性。周体能训练计划的任务、负荷和内容等都是根据阶段训练计划所进行确定的。周体能训练计划属于具体的实施性计划，其可分为以下几种。

（一）基本训练周

1. 主要任务

基本训练周是全年训练中所普遍采用的。基本训练周是准备时期最为主要的周型。在比赛时期，赛前阶段和赛间阶段也是根据基本训练周的模式来加以组织训练的。这一阶段主要的训练任务就是通过改变相应的负荷来促使机体产生新的生物适应现象，促使运动员的竞技能力得到不断提高。

2. 内容的结构特点

训练目标实现的需要、恢复情况以及各个负荷之后机体所产生的反应是对周体能训练计划内容结构产生决定性作用的重要因素。具体的说，训练目标实现的需要决定了训练计划的内容，各负荷之后机体的反应以及恢复情况决定了训练内容的组合方式。

通过普拉托诺夫的研究可以充分表明，在各种性质不同的训练中，运动员的三大供能系统都会不同程度地参与工作，并会产生不同程度的疲劳。如图 5-2 所示，在对速度性负荷完成之后，运动员有机体的磷酸盐供能系统会出现最大的消耗，恢复也是最慢的，无氧能力次之，有氧能力消耗最少，并且恢复的也非常快速。在对无氧负荷加以完成时，无氧乳酸供能系统消耗最大;在对有氧负荷进行完成时,有氧供能系统所承担的负荷最大,恢复也是最慢的(表5-2)。

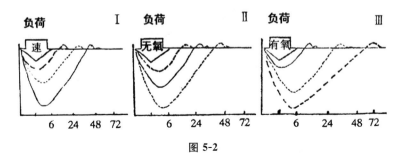

图 5-2

表 5-2　不同性质大负荷训练后各种能力超量恢复所需时间(小时)

负荷的主要性质	无氧磷酸原供能能力	无氧乳酸供能能力	有氧氧化供能能力
无氧磷酸原供能负荷	48	24	6～12
无氧乳酸供能负荷	24	48～72	6～12
有氧氧化供能负荷	6	24～48	72

3. 负荷的结构特点

(1)基本训练周的课次安排

运动员的训练水平不同,其训练日数和课次也有着很大的区别。训练课次随着运动员年龄的不断增长以及其竞技水平的快速提高也得以不断增加。为了更好地理清一周训练中各训练课次负荷如何进行安排,首先要了解大负荷训练次数的确定。详细地说,这主要包含以下几种情况。

在一周训练中,如果只对1～2次的负荷课进行安排,那么这对运动员所产生的刺激很难达到所必要的深度,更不会产生相应的超量恢复;在一周中对3～5次的大负荷课进行安排,能够使运动员有机体产生更为深刻的影响,在进行合理安排的前提下,能够促使运动员在获得相应的休息之后产生超量恢复。所以,这3～5次的大负荷课应安排两种或三种性质不同的训练,以便对各个不同的训练内容进行合理交替。

在一周之中的小负荷训练课,也就是说,所安排的恢复性训练课的课次会对周训练的总课次产生很大程度的影响,在总课次之中,恢复性训练课要占到四分之一左右。通常来说,在5～6次训练课中可以安排1～2次恢复性训练课,在9～10次训练课中可安排2～3次恢复性训练课等。

在周课次的安排之中,负荷不同,课次的安排也存在较大的差异性(表 5-3)。

表 5-3　周课次中不同负荷分配参数

周课次	大负荷课次	中负荷课次	小负荷课次
3~4	1~2	1~2	0~1
5~6	2	2~3	1~2
7~8	2~3	2~4	2
9~10	3~4	3~5	2~3
11~12	4~5	4~5	3~4

(2)基本训练周负荷的变化

基本训练周负荷变化的特点主要是周运动负荷得以不断增大。只有加大负荷,才能促使有机体产生更为深刻的变化,这样才能促使运动员机体产生新的生物适应性现象。通常来说,对负荷进行加大主要采用以下几种途径。

第一,促使负荷强度得以不断提高,保持负荷量不变或者相应减少负荷量。

第二,促使负荷量增加,保持负荷强度不变或相应降低负荷强度。

第三,保持负荷量和负荷强度不变,使机体通过负荷的累加效应来受到更深的刺激(图 5-3)。

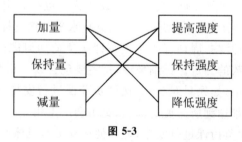

图 5-3

(二)赛前训练周

1. 主要任务

这一阶段的主要任务就是促使运动员有机体能够达到对比赛产生适应的要求,在具体训练中,将所获得竞技能力向专项技能所需要的方向进行集中。

2. 内容及负荷结构特点

(1)基本训练内容

这一阶段的主要训练内容是通过合理交替训练内容,来促使运动员能够更好地保持系统的持续训练,在一周中通过承受多次负荷,可以促使运动员的专项竞技能力得到更加有效的发展。

(2)负荷结构特点

这一阶段负荷变化的最为基本的特点就是训练强度提高,训练量适当减少。如果原有的训练量本来就小,也可以对原有的训练量加以保持。但要尽量避免训练量和训练强度同步增加。通常来说,将训练量和训练强度进行同步增加,会造成运动器官局部承受过度负荷,出现运动损伤,甚至会造成运动员整个有机体产生过度疲劳。

(三)比赛周训练

1. 主要任务

这一阶段的主要任务就是为运动员能够从各方面都进入到最佳竞技状态做好准备,并进行最后的调整和参加比赛,以创造出更好的运动成绩。比赛周训练的日期的计算,是以比赛日作为训练周的最后一天,往前倒数一个星期。训练的性质不同,所采用的对待方式也要根据具体情况进行采用。例如,在具有检查作用的比赛中,特别是以追求训练目标完成的比赛,需要运动员做好全力以赴的准备,要根据比赛周训练的特点进行严格的专门安排。在准备期,运动员要参加一些训练性比赛,并不对专门准备作出要求,只是在正常训练中所安排的比赛而已,在这种情况之下进行训练,可以不作为比赛周的训练。

2. 内容和负荷结构的特点

(1)超量恢复的集合安排

因为训练负荷和训练内容具有一定的差异性,在训练之后运动员要达到超量恢复所需要的时间也存在一定的差异。所以,要促使各方面在负荷后的超量恢复阶段能够在同一时间出现,就需要通过进行科学的设计来实现这一效果。这对于运动员顺利参加比赛,并创造出更好的运动成绩有着非常重要的意义。如图 5-4 所示,一个比赛周超量恢复集合安排的一般模式。

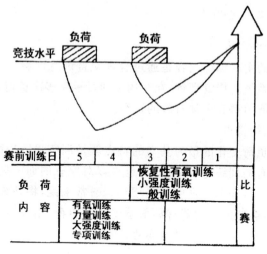

图 5-4

（2）连续比赛周安排的特点

比赛周负荷的安排，全部要围绕着使机体在比赛日处于最佳状态来进行。训练负荷有很多种组合方式，在具体选择时要根据运动员的特点及其赛前状态来作出有针对性的确定。一般来说，负荷的总水平不高。在比赛日之前，一般都要通过将训练强度降低或对一定的训练强度进行保持。在大多数情况下，负荷量也应相应的减少或保持，只有在某些特定条件之下才能进行适当的加量。如图 5-5 所示，比赛周负荷变化的主要途径。

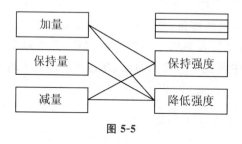

图 5-5

（四）恢复周训练

1. 主要任务

这一阶段的任务主要是通过将运动负荷降低，并采用相应的恢复性措施，来促使运动员的生理和心理疲劳得以消除，以力求尽快实现能量物质的再生，以更好地促进疲劳得以恢复。恢复周训练的任务的确定需要参考一定的依据，其依据主要包括运动员的个人特点、体能训练及负荷的特点以及训练的具体情况。

2．内容以及负荷结构的特点

为了确保恢复周训练的主要目标得以顺利实现,其训练内容要尽量广泛且灵活,如可以选择一般性的身体练习,可以采用带有游戏性的各种练习等,以促使运动员的生理和心理方面的疲劳得以消除。

在恢复周,训练量和符合强度都会大大降低,适当保持在一定的水平。如果比赛周的负荷量比较小,在恢复周也可以将负荷量适当增加(图 5-6)。

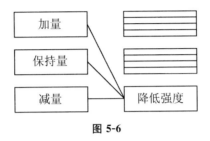

图 5-6

五、课时体能训练计划的制定

(一)制定课时体能训练计划的依据

在对课时体能训练计划进行制定时,其主要是以周训练计划规定的课次训练任务、运动员机能现状以及场地气候的条件作为主要的参考依据。

(二)课时体能训练计划的基本内容

课时体能训练计划的基本内容主要包括三个方面,分别是课的任务和要求、课的内容和练习手段以及负荷安排。

1．课的任务和要求

课的主要任务是促使运动员的竞技能力得到更好的发展。在全面训练中的各个不同阶段,不同时期,每次训练课既可以是单一的训练任务,也可以是综合的训练任务。

2．课的内容和训练手段

(1)课的内容

训练课主要包括两种类型,分别是单一训练课和综合训练课。每一种课都包含有各自的内容。

首先,单一训练课主要是促使运动员的力量、耐力、柔韧等素质得到发展的训练课;对战术配合加以熟练和完善的训练课;对技术进行学习和改进的训练课;进行检查和评定的训练课以及比赛训练课等。

其次,综合训练课包含有各种不同结构的内容,可以是促使运动员素质发展和技术改进的综合课;可以是促使各个不同素质得以发展的综合课;如力量和耐力的发展、速度和柔韧的发展;可以是对技术进行改进和对战术配合进行完善的综合课,也可以是对各个不同项目技术加以改进的综合课。

(2)训练手段的选择

在对体能训练计划课加以制定时,练习手段的选择要将有效性作为主要标准,此外,多样化和系统性也是其中非常重要的参考标准,在对体能训练计划课进行制定时要进行充分考虑。体能训练需要运动员能够身体力行参与其中,也就是说通过采用各种形式的身体练习促使运动员各种竞技能力能够得到相应的提高和发展,并在比赛中将训练所获得的竞技能力进行充分发挥和表现出来。由此可见,完成任何一种训练任务都需要通过特定的身体练习来实现。

(三)课的训练负荷安排

一般来说,身体训练课有着相对较大的训练量;技术训练课有着较大的训练强度,并需要保持适当的训练量;调整训练课有着较小的训练负荷。不管采用哪种类型的训练课,都需要遵守准备部分负荷量不断提高,基本部分训练负荷达到高峰,结束部分训练负荷量降低的原则。除此之外,在课的体能训练过程中,还要对身体素质的检测和评定给予充分的重视。

第四节　不同训练内容训练计划的详细设计

一、抗阻训练计划的制定

通常来说,使运动者的个人需求得到满足或者与经过需求分析之后所获得的个人目标相符合,这便是最为有效的抗阻训练计划。

在抗阻训练计划中,最为有效的一种训练形式就是个性化的抗阻训练计划,它的设计是以目标为导向的,同时还能够实现训练的针对性原则。通过对相关的信息进行搜集来对运动员的健康状态进行确定,明确其能够参与抗阻训练,并可以对训练计划加以设计。具体来讲,制定抗阻训练计划需要重点关注与解决的问题主要包括以下几个方面。

(1)对训练强度和训练内容可能产生影响的伤病情况和健康问题是否存在。当前所存在的状况对运动者所能够参与的训练很可能会产生一定的影响,在运动者尚未得到完全康复之前,这种情况很可能会对其参与训练的强度产生影响。

(2)哪些类型的重力(如自由力量训练器、弹力带、管状重力、训练球与平衡球、平衡训练重力等)可供使用对于运动者练习的选择非常重要。虽然说,训练计划的科学化能够采用最小的重力,但是对可供使用的重力加以深入认识和了解,能够更好地帮助教练员对合适的练习手段加以选择。

(3)训练频率有多少,是否存在一些可能影响训练时长的时间限制问题。要对运动者每一周的训练课总量加以具体确定,这是因为这些方面会对其他的训练因素产生影响,如每个单元选择的练习手段、训练量以及训练强度。对于一些训练课来说,要需要确定好具体的时间段。例如,如果一次训练课的时间被确定为 2 个小时,那么训练计划的制定不能超过这一规定的时间段,这便决定了所选择的练习总组数、练习数量和类型,以及各个组练习之间的间歇时间。

(4)对身体的哪些肌群进行训练。对于运动者来说,其身体的所有大肌群都需要得到相应的训练,但可以根据运动员的优势和不足以及具体专项的需求来进行有所侧重。在具体设计训练计划时,最为关键的是要保证主动肌群与对抗肌群保持在相对平衡的状态。这就要求在对训练手段进行选择时,要促使运动者的所有肌群力量得到全面发展,大肌群的科学训练应该保持主动肌—对抗肌之间的平衡关系并保持稳定的作用。

同大肌群相比来说,小肌群相对较为薄弱。例如,应注意运动者旋转关节部位的肌群与肩胛骨固定肌群以及脊柱深层肌肉、核心区和躯干肌群;要定期评估运动者的成绩,以对运动者的优劣势有一个更为清晰的认识,同时有效监控运动者的训练过程。

(5)针对的供能系统具体是哪些内容。人体之中包括 ATP-CP 系统、糖酵解系统以及氧化(需氧)系统三大系统。大多数的抗阻训练计划都是针对 ATP-CP 系统与糖酵解系统所设计的。重复次数少、间歇时间相对较长的高强度的练习刺激是 ATP-CP 系统。反之,重复次数高、间歇时间中短、练习强度中高的练习一般都是针对糖酵解系统的,即旨在提高肌肉耐力和酸碱平衡。需要强调的是,上述两大供能系统是否能够满足专项运动供能系统的需要。在抗阻练习中,虽然有氧供能系统比较活跃,但这一系统比较容易通过有氧训练而得到更为有针对性的训练。

(6)需要哪些类型的肌肉收缩方式(如向心收缩、离心收缩等)。促使运动者能够定期对特定肌肉的收缩方式的动作模式的练习,以促使其有机体能够产生特定的适应性反应,促使运动者的专项能力得到不断提高。就拿摔跤运动员来说,他们在比赛中经常会使用最大等长力量,这就需要在训练计划中加以更多的有关等长力量的训练,只有如此,才能更好地促使摔跤运动者的体能水平得到显著提高。

(7)如何针对专项或者训练中最常见的受伤部位进行训练。在抗阻训练中,运动者应将重点放在身体容易受到伤害的部位。例如,与男运动员相比,女运动员的前十字交叉韧带撕裂的可能性比较高,要高出男运动员4~8倍,这就要求女运动员对自身躯干部到脚部应适当加强训练。训练计划应该包含三个运动平面的练习以增强膝踝与髋关节肌群力量,减少膝关节受伤的可能性。对躯干肌群加强响应的抗阻训练也同样能够获得一样的效果。

对于抗阻训练的目标,运动者要首先确定好,这样才能为来年计划的设计提供更好的指导。抗阻训练的常见目标包括伤病恢复与肌肉体积、力量、爆发力、速度、局部肌肉耐力、平衡性、协调性、柔韧性、身体脂肪百分比及健康状况。有很多训练计划都会通过多种要素和素质产生影响,这并不只是集中在单一的运动素质和要素之中。例如,体操运动员在身体的力量和爆发力方面要求非常高,但如果运动员的肌肉太过发达也会导致运动成绩的下降,这一类运动员需要很高的力量与肌肉量比,所以他们的训练计划以将使运动神经功能得到最大限度的增强作为目标,而不是片面地追求肌肉体积增大。与体操运动员不同的是,橄榄球前锋除了需要增强自身的力量与爆发力之外,如果其肌肉发达而且脂肪低,则会具有很大的优势。这些运动员通过进行专门的有针对性的训练来促使肌肉体积得到不断增大,因此他们的具体训练计划必须要反映出这些需要,而且也要包含有足够的超负荷的训练方法和多样性,以促使以上目标得以最终实现。

二、无氧耐力训练计划制定

在对相应的运动无氧耐力训练计划进行制定的过程中,要充分地分析该项目的特点,同时还要对运动员的特点进行详细的了解。制定运动训练计划,需要对很多方面进行确认,如运动的持续时间、专项运动的运动模式、运动的数量以及练习/休息比等,这些都是对运动训练计划产生影响的关键变量。

众所周知,任何一个项目对人体的需求都是不同的。对于同一运动项目来说,如一些集体性运动项目,对于运动员的需求也是不尽相同的,如在足球运动中,后卫、前锋、守门员等各个位置都有与之相对应的技术,这些都会对运动员的生理有着不同的要求,从而制定出更加具有针对性的不同的训练计划。训练计划的制定过程中,在对本项目对运动员的相关要求加以了解之后,就可以进行有针对性的运动训练,以促使训练计划的有效性得到进一步提高。

对于运动员来说,进行无氧训练的时间并不是统一的。但是训练计划要具有科学性,不能进行盲目的训练,无氧训练也应当具有科学性。在参与无氧训练的过程中,要对训练过程中所出现的生理适应的时间进程加以考虑,体能教练能够对运动员所要达到最佳无氧训练状态所需的时间进行粗略的计算。

在临近赛季等特点的时间点上,所安排的练习与时间的比值可以比实际比赛大,这样能够更好地刺激运动员产生更进一步的适应。需要强调的是,在非赛季中,一些运动员也会通过比赛来对自己良好的竞技状态进行保持。在对训练计划进行制定时,要对这一状况加以考虑。否则,所制定出来的训练方案有可能会导致运动员训练过度。一般来说,体能教练要安排 6～8 周的无氧训练,这样能够更好地帮助运动员做好比赛准备。

对于一般无氧运动项目来说,在赛季前训练计划之前的 2～4 周,运动员才开始进行无氧代谢方面的训练。一直到这一阶段,在非赛季训练计划中,运动员的训练重点是进行抗阻训练、爆发力训练(超等长)以及专项技能训练(包括灵敏和速度训练)。只有到了赛前阶段,才会着重加强无氧训练,以避免由于过度训练而影响运动员在比赛中的发挥。在整个非赛季阶段中,运动员都要保持一定的体能状态。

对许多运动项目而言,赛前运动训练阶段的持续时间大约为 6 周。这一阶段主要是促使运动员能够快速进入良好的状态。在这一阶段中,促使运动员的体能得到一定程度的提升是非常具有意义的。但如果运动员过快进入到最佳状态,就会有可能导致运动员出现训练过度的现象。这就要求体能教练要同专项教练员来对相应的年度训练计划进行共同制定。在对训练计划进行制定时,存在的很多错误都是由于教练员之间缺乏有效的沟通所导致的。

下面主要就各个项目无氧训练计划的制定来进行举例分析。

（一）集体运动项目的无氧训练

为了促使无氧运动训练的效率得到提高,需要对运动训练和休息进行科学搭配,对时间进行合理分配。下面就以一个赛季的美国大学生参与美式橄榄球运动的无氧训练为例来进行分析(表 5-4)。

表 5-4 大学生美式橄榄球联赛的具体情况

观察到的攻防次数	1 193 次
观察到的回合数	259 次
每场比赛平均回合数	14.4 次
每个回合的攻防次数	4.6 次
每次进攻的平均持续时间	5.49 秒
两次进攻之间的休息间隔	25 秒
进攻 6 次或以上的回合所占百分比	31.2%
进攻 10 次或以上的回合所占百分比	8.1%

在进行美式橄榄球比赛时,只有在裁判指定好开球之后,比赛时间才开始计时,所以其两次进攻之间的休闲间隔一般会超过 25 秒,通常来说,其平均时间间隔为 32.7 秒。因此,可将 32.7 秒每次进攻的平均时间和两次进攻之间的休息时间作为精确制定无氧训练方案所需的练习/休息比的依据。根据以上数据的相关分析可知,在非赛季阶段,橄榄球训练计划中的练习与休息可以采用 1∶5 的比例。运动员可以通过采用短时间内的快速跑来对实际的橄榄球比赛加以模拟。

这一橄榄球训练计划将在集训前的 6~10 周内开始。通过上表可知,橄榄球运动员每个回合会发起 4~5 次进攻,每次进攻大约持续 5 秒。每节大约有 3~4 个进攻回合,可以制定一份更接近比赛实际的练习/休息比的训练计划来模拟比赛。此外,还可以安排运动员进行各种距离的快速跑训练,以模拟实际比赛中常见的各种跑。

如表 5-5 所示,大学生篮球比赛前的无氧训练计划。这一计划是每周进行 4 天,训练量和训练强度都会逐渐加大。通过对练习和休息两者的比例进行改变来更好地调控训练的强度。篮球运动比赛可变性很大,犯规、暂停等都会促使比赛进入暂停;球队在比赛中掌握了主动,就有可能频频打出快攻配合,加快比赛攻防转换速度。为了促使比赛更加与实际情况相贴近,在具体的训练之中可以进行相应的模拟变化。

表 5-5 篮球无氧耐力训练计划案例

	第一天	第二天	第三天	第四天
第1～2周	间隔 3～4圈	快速跑（距离×重复次数） 400米×1 100米×2 30米×8 练习,休息比＝1：4	间隔 3～4圈	快速跑（距离×重复次数） 200米×4 练习/休息比＝1：4
第3～4周	间隔 4～5圈	快速跑（距离×重复次数） 400米×1 100米×（3～4） 30米×8－10 练习/休息比＝1：4	间隔 4～5圈	快速跑（距离×重复次数） 200米×（5～6） 练习/休息比＝1：4
第5～6周	间隔 5～6圈	快速跑（距离×重复次数） 400米×2 100米×4～5 30米×（10～12） 练习,休息比＝1：3	间隔 5～6圈	快速跑（距离×重复次数） 200米×（6～7） 练习/休息比＝1：3

从以上表中可以看出,运动训练计划在持续时间和运动强度等方面都有所变化,这样能够对比赛中可能发生的变化进行模拟,以促使运动员对比赛产生更好的适应。

(二)个人运动项目的无氧训练

在集体运动项目之中,在运动强度方面,每一个运动员都存在一定的差异性,但个人运动项目则有所不一样。就拿短跑运动来说,运动员需要尽最大可能在最短时间内完成比赛,每一个项目都有着相似的要求。所以,促使速度耐力得到提高,是短跑运动员制定无氧训练计划最为核心的内容。

获得最大的速度,并进行保持是短跑运动员的主要目标,这种对最大速度进行保持的能力,即为速度耐力。如表5-6所示,博尔特在2008年北京奥运会中的百米短跑成绩分析。由此可知,博尔特能够将其最高速度保持到最后10米,在最后阶段,其将速度明显故意放慢,这也显示出了博尔特具有很强的保持最高速度的能力。

表 5-6   博尔特 2008 年北京奥运会百米短跑中的分段成绩

距离（米）	用时（秒）	间隔时间（秒）	速度（千米/时）
10	1.85	1.85	19.4
20	2.87	1.02	35.3
30	3.78	0.91	39.6
40	4.65	0.87	41.4
50	5.50	0.85	42.4
60	6.32	0.82	43.9
70	7.14	0.82	43.9
80	7.96	0.82	43.9
90	8.79	0.83	43.4
100	9.69	0.90	40.0

短距离跑等个人运动项目在无氧训练中要将一次短跑中的疲劳减少，长时间高强度的运动间歇是不可取的。如表 5-7 所示，400 米短跑选手要提高速度耐力所应采取的合理的休息时间。由表可知，两次短跑之间的休息时间比较长，这样能够促使运动员每次跑的质量得到提高。

表 5-7   短跑运动员速度—耐力训练休息时间

短跑次数	每次跑的距离（米）	两次短跑之间的恢复时间（分钟）
10	100	5~10
6	150	5~10
5	200	10
4	300	10
3	350	10
2	450	10

在制定短距离跑运动训练计划时，可对每次跑的距离加以改变。但需要注意的是，总距离要比比赛距离多 2.5 倍左右。在参与训练时，所安排的休息时间要保证下一次跑时机体应从上一次跑中得到完全恢复。

第六章　大学生实用体能训练之力量素质训练

力量是生命体活动和目标行为的动力基础,人体的一切活动都离不开力量素质,力量素质更是完成技术动作所需的质量要求的基础。大学生体能训练中,力量素质是各项身体素质的基础。科学的力量训练能够提高个体的运动能力,并对其他身体素质的发展具有重要的影响和促进作用。本章重点对大学生力量素质的训练进行系统研究。对力量素质的基本理论、训练准备及过程,力量素质练习的种类、内容及负荷控制,以及力量素质训练的具体方法与手段进行详细分析,旨在为大学生科学从事力量素质训练提供指导。

第一节　力量素质概述

一、力量素质概念阐析

关于力量素质的概念,国内外学者对此有不同的解释,我国学者在《现代体能训练方法》中指出,力量素质是"人体—肌肉系统工作时克服或对抗阻力的能力,是人们完成动作的动力来源"[①]。

对于人体来说,力量素质是最基本的素质,一个人如果丧失肌肉活动力量,那么其生活将无法自理。而个体在参与体育活动过程中,身体的每一个动作都需要动员肌肉,而肌肉在运动过程中完成各种技术动作,就需要克服一系列来自于身体和外界的各种阻力,这种阻力克服就是力量素质的表现,阻力克服力越强,则说明个体的力量素质越好。

对于专门从事竞技体育运动的运动员来说,在各种体育运动项目的体能、技能训练过程中,肌肉力量都是一个最基本的身体素质,良好的力量素质是运动员掌握运动技能、技巧,同时促进运动成绩提高的最重要的素质基础,因此,无论从事何种运动项目,运动员都非常重视力量素质训练。

---

① 　张英波. 现代体能训练方法[M]. 北京:北京体育大学出版社,2007.

二、力量素质的表现形式

对于一般健身者来说,力量素质就是肌肉力量,就是肌肉在完成各种动作的过程中克服多种阻力的能力。因此,对于一般人来说,力量素质更多地表现为肌肉的最大力量。

对于专业运动员来说,力量素质表现为多种形式,这与其在运动过程中完成各种技术动作对力量素质的要求有着非常密切的关系。根据运动员相对于项目要求所应达到的水平、可用于训练的时间、训练环境条件等,运动员的力量素质主要表现为最大力量、弹性力量和力量耐力(图 6-1)。

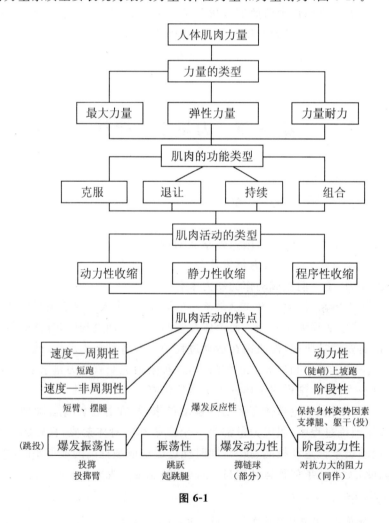

图 6-1

三、力量素质的测量方法

力量素质的测评方法有多种形式,在测评过程中,并不是所有的力量素质测试都需要结合运动专项进行,但需要充分考虑力量测试的专门化程度,如果需要测评肌肉的离心、向心和等长收缩力量,那么测试过程中就必须选择与专项有关的肌肉活动,此外,肌肉的最大力量、弹性力量和力量耐力测试也应合理设计肌肉活动的方式,并在测试中包括运动项目的典型动作动力结构(表6-1)。[①]

表 6-1　力量特征评价方法

力量特征	静力性测试	动力性测试
最大力量	动力计	特定练习中所能举起的最大负荷
	张力计	在深蹲练习的杠铃种类上加上运动者体重75％的种类,也能站立撑起体重(海尔,1973)
弹性力量		立定跳远、垂直上跳、固定高度的跳下和垂直上跳、固定距离的计时多级跳、10～20米以上蹲踞式起跑
力量耐力	维持特定姿势的时间	固定时间内,重复特定练习的最多次数、特定路线上的计抗阻力跑

第二节　力量素质训练的准备及过程

一、力量素质训练的准备

(一)身体准备

1. 身体检查

力量训练对身体机能的要求较高,只有在身体健康的情况下开展力量

---

① 张英波. 现代体能训练[M]. 北京:北京体育大学出版社,2007.

练习,才能取得良好的练习效果。如果身体条件不允许进行较大负荷的训练,训练时不能把握好训练量,不仅不能达到预期的力量素质训练的效果,而且还会给机体造成伤害。

对于一般健身者来说,在进行系统性的力量素质训练之前应进行必要的体格检查。尤其是在运动者长期没有运动或体重超重,需要请医生为你进行一次全面的体检。如果你是运动爱好者,已经超过 35 岁,还需要进行力量素质训练前的身体状态测试。

对于运动员来说,力量素质训练前的体格检查更加严格,检查内容包括一般健康、心肺健康和骨骼肌健康的测定,评价运动员的成熟度,了解以前存在的疾病和损伤。检查还应当了解限制运动员参赛和使运动员无法参赛的情况。应定期进行医学检查,理想的医学检查时间是过渡期结束时,一般在力量素质训练准备期开始之前的 6 周。

2. 身体活动准备

(1)准备活动

在进行力量素质练习之前,应使身体从安静状态到运动状态有一个基本的适应过程,对于一般运动者的力量练习来说,可以采用慢跑、伸展体操和轻重量练习进行准备活动,以便于有效地促进机体的充分活动,使身体尽快地适应接下来要进行的各种练习。

值得特别提出的是,在天气比较寒冷的冬季参加相关力量素质训练,身体准备和活动的时间应该稍微长一些,但时间也不能过长,以免在力量素质开始之前就使身体处于疲劳状态,头和手、脚微微出汗即可。力量素质训练的开始前和整个过程中,应注意保暖。

(2)伸展练习

伸展练习是力量素质训练前的重要准备活动之一,训练期间,在进行力量素质训练之前进行伸展练习,能够增加运动者关节与肌肉的活动幅度,从而使得运动者在参与力量素质训练过程中有效防止运动受伤。

此外,在具体的特定的力量素质训练之后,逆行伸展练习则能够缓解肌肉紧张、减少酸痛和帮助恢复。

具体来说,进行力量素质训练前的伸展练习应注意以下几点。

①持续伸展身体部位,直至感觉轻微紧张,保持数秒后放松,然后进一步伸展 10~20 秒。

②伸展练习过程中应使肌肉处于放松状态。

③避免进行快速牵拉和震动。

④伸展不应以身体肌肉牵拉疼痛为目的,要避免肌肉过分紧张。

（3）负重练习

力量素质之前的稍微负重练习，能给身体一个充分缓冲的过程，一般来说，负重的重量不宜过重，负重过程中应注意身体姿势的正确，以避免运动过程中的运动损伤，保持身体平衡。

（4）呼吸方式

力量素质训练的身体准备过程中，机体在活动时，应保持顺畅的呼吸，千万不要憋气，以免血液流向脑部，产生休克。如果觉得用鼻子呼吸有些困难，可以用鼻和口同时呼吸，以防准备活动过程中的身体缺氧。

准备活动的负重力量练习中，正确的呼吸方法为上举时吸气，在最用力时短暂屏息，完成后呼气。

（二）心理准备

1. 确立目标

大学生在参与力量素质训练之前，最好应给自己确立一个明确的目标，以便于更加积极、主动地投入力量素质训练的过程中去，从而合理有效地把控训练过程，实现良好的训练效果。

力量素质训练的目标应该具有挑战性、可达性、现实性和专门性，具体分析如下。

首先，挑战性，即要求大学生的力量素质训练应具有一定的难度，而不是轻易就能完成的，训练任务的完成应需要通过大学生的努力才能够达到，但是目标不要太难，应符合大学生的身体实际。

其次，可达性，具体是指训练目标可以达到，不是遥不可及的，否则不利于大学生力量素质训练积极性的提高，同时，难度过大的目标还有可能使大学生在力量素质训练中过度负荷而导致身体受伤。

再次，现实性，具体是指大学生的力量素质训练目标应有助于提高其身体素质和健康水平，对改善其当前的生活状态、生活质量和运动成绩具有真实有效的帮助作用。

最后，专门性，是对不同大学生参与力量素质训练的具体要求，不同大学生之间存在客观的差异性，因此，力量素质训练的目标、任务、内容、过程等也不相同，整个力量素质训练计划和过程应结合不同大学生的身体情况、运动基础、客观训练条件等合理安排。

2. 持之以恒

大学生在参与力量训练期间，最好坚持认定的一个训练计划，并能持之

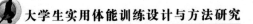

以恒地坚持参加训练,如此才能收到良好的训练效果。

参与任何健身活动或者从事一项体育运动项目,良好的健身效果和运动技能的提高都需要运动者持续保持一段时期的健身活动和运动训练,大学生的力量素质训练也不例外,为了保证力量素质训练的持续进行,可以事先制定一个训练计划,督促自己坚持完成既定的训练任务。

3. 坚持记录

在力量素质训练开始前,大学生应做好在训练期间坚持记录的准备,最好每天都做好记录,具体应记录每天练习的具体名称、组数、每组的重复次数和重量等,不要因为主观或客观的因素而中间有断开,每天坚持记录训练情况有助于运动者了解自己的进步和弱点,便于及时修正训练计划,促进整个力量素质训练的更加科学、有效。

(三)安全准备

(1)训练应结伴进行,尤其是刚参与力量素质训练的大学生更应如此,最好选择有经验的同学或在教师指导下进行。

(2)力量素质训练前,应仔细检查场地、器材、设备等,确保运动训练过程中的使用安全。

(3)训练过程中,应注意采用正确的动作和姿势。

(4)负重力量训练尽量避免身体猛烈震动和扭转。

二、力量素质训练的过程

(一)准备活动

在力量素质训练开始前,应做好准备活动,充分活动身体,具体来说,准备活动的量,要根据运动者的身体特点和训练情况而定。准备活动一般以身体感到发热,微微出汗为宜,时间不宜过长,以免还没开始进入正式的力量素质训练就已经有疲劳状态,进而影响力量素质训练效果。

(二)量力而行

力量训练开始时要根据自己的实际情况循序渐进地进行,切不可盲目模仿优秀运动员,或者与训练水平比自己高很多的人"较劲",这常常会挫伤训练的积极性,甚至造成伤害事故。

（三）避开旧伤

在力量素质训练中，要注意避开旧伤，尤其是没有恢复的伤病。如果练习过程中感到疼痛，不要"钻牛角尖"，应结合自身的实际情况及时地减少负荷或停止训练。

如果力量素质训练过程中，伤病情况不是很糟糕，而且经过医务咨询后可以继续坚持，应注意改变一下训练手段，既发展了该身体部位的力量，还不疼痛，同时加快血液循环，促进伤病恢复。

（四）注意肌肉张力变化

通常来说，如果在力量素质训练过程中，运动者能够感觉到肌肉持续张力的增加是非常好的一个现象。具体来说，在力量素质训练过程中，力量的增加会使肌肉张力增加，这是力量素质训练积极效果的表现。注意力量的增加能提高运动者训练的积极性。

（五）力量训练频度控制

以每次训练课为例，大学生在力量素质训练过程中，应注意科学控制训练频度。对于力量素质的控制，是力量素质训练期间应重点关注的一个训练环节，对于训练效果具有重要影响。

1. 每周训练课次数

对于刚刚接触力量素质训练的大学生来说，每周训练课的次数一般以3次为宜，每次课训练时间应控制在45～75分钟。每次力量训练课后休息1天，也可进行其他性质（如其他素质的训练）的训练，不同训练内容的间歇进行有助于促进机体的有效恢复。

2. 每次训练课的组数

训练实践表明，要想获得良好的训练效果，在每次力量素质训练课中，各项具体的训练的最佳效果的获得，应保证具体的训练练习内容，重复3～5组，训练次数过少，不利于刺激机体，训练次数在5组以上，训练效果也不会得到显著的提高。

3. 每组的重复次数

一般来说，大学生在参与力量素质训练初期，可采用较轻重量，每组重复10次左右，但应注意的是，腹部练习除外。

（六）力量训练重量控制

1. 重复 10 次的重量

通常，力量素质训练过程中，对于每组力量练习内容的重复次数应控制在 10 次。具体的负重练习，应做好训练计划，做到采用连续重复 10 次的重量恰好能够完成。

2. 增加重量的时机

为了提高力量素质训练效果，可以在力量素质训练过程中，机体适应的前提下逐渐增加负荷种类，如果大学生可以在一个重量下连续练习超过 10 次重复，则可以考虑适当增加负荷。

3. 不同训练方式

力量素质训练的提高，在重量控制方面主要有两种训练方式，即低重复高强度发展力量，高重复低强度发展耐力，这两种力量训练方式可产生不同的训练效果，具体视训练任务和目标决定。

（七）力量素质的恢复训练

面对大负荷训练，仅依靠身体机能的自我恢复是不够的，大学生在力量素质训练后，有必要采取一些专门有效的措施，帮助机体在系统的力量素质训练后进行恢复，可以采用训练学、心理学和医学、生物学手段进行。

首先，训练结束之后的积极性休息和整理活动对于身体在力量素质训练之后的恢复是非常重要的，也是当前最常见的训练恢复方法。在力量素质训练结束之后，应进行必要的整理活动。使有机体从激烈的运动状态逐渐过渡到安静状态，给身体一个充分的缓冲时间和过程，如可以进行慢跑、慢走来帮助身体各项功能的逐渐恢复。

其次，心理恢复也是运动者在力量素质训练后的一个非常重要的恢复内容。心理恢复在运动员的专项力量素质训练中运用较多，可以通过心理干预的方法，使运动员得以成功地迅速降低神经心理紧张程度，降低心理抑制状态，尽快恢复神经能力。

最后，力量素质训练后的机体恢复，还可以通过医学、生物学恢复手段进行。实践表明，科学运用现代医学和生物学手段（如吸氧、理疗、针灸和药物等）帮助运动者力量素质训练之后的身心恢复有助于提高机体承受负荷的能力，有助于尽快消除急剧产生的全身疲劳和神经性疲劳，同时还有助于运动者的机体能量的快速恢复与储备，有助于促进机体身心功能的提高。

第三节 力量素质练习的种类、内容及负荷控制

一、力量素质练习的种类

（一）一般练习

力量素质的一般练习与大学生的专项运动技能和力量发展关联不大，但是作为基础性的训练，是十分必要的，通常用于以下几种情况。

（1）保证大学生体能素质的均衡发展，在系统的体能训练中安排此类训练课有效减少和预防运动损伤。

（2）促进大学生体能素质训练后的高水平积极恢复。

（3）为下一阶段进行高水平的专门力量训练奠定良好的体能素质基础，以为大学生从事专项运动技能的发展奠定力量素质基础。

（4）发展与大学生所从事的体育运动项目广泛相关的肌肉最大力量，提高大学生的运动能力。

（二）专门练习

专门练习，具体是指与运动技术密切相关的专门性的身体关节动作或肌肉动力的练习。

力量素质的专门练习与大学生所从事的专项体育运动项目有关，练习过程中包括大量的运动专项技术动作，这些技术动作对运动者的力量素质具有特殊的要求，因此，需要进行专门性的力量素质练习。

不同专项运动对运动者的力量素质要求不同，因此，与专项相关的专门性的力量素质练习应根据项目所要求的力量类型来科学安排。以田径运动中的掷铁饼运动为例，在进行抛实心球的技术动作练习中，为提高运动者掷铁饼专项力量素质，可采用卧推、哑铃"飞鸟"发展一般力量素质，但必须在训练中加入跪姿爆发式伸髋侧抛实心球练习，才能切实提高运动者的抛实心球的具体技术动作所需的力量素质水平。

（三）比赛专项练习

对于大学生运动员来讲，为了适应比赛的需要，在日常的力量素质训练过程中往往采取比比赛专项更加大的负荷进行力量素质训练。例如，在训

练过程中使用超过正常重量的球、穿着沙衣跳跃、拖重物负重跑等,使身体在特定的训练环境和条件下建立新的动作协调和速度模式,进而在比赛中不负重的情况下能投得更远、跳得更高、跑得更快。

需要特别指出的是,在力量素质的比赛专项练习过程中,人为阻力的施加可导致运动者的有偿动作的产生,从而有可能破坏正确的技术动作定型,因此,在训练过程中,应丰富阻力练习手段和内容,确保运动者能在正确完成技术动作的前提下提高完成动作的高度、远度、速度。

二、力量素质练习的内容

(一)静力性力量练习

所谓静力性力量,是指肌肉等长收缩时所产生的力量,可使身体维持姿势或在固定位置,机体无明显位移运动。

采用静力性训练能够发展肌肉的静力性或等长收缩能力,需要特别注意的是,虽然力量素质的静力性训练方法对发展肌肉的离心或向心收缩能力时并不使用,但是,可促进这方面能力的提高(表 6-2)。

表 6-2　肌肉等长收缩和向心收缩训练的比较

	静力性力量增长	动力性力量增长
等长收缩训练	15.1%	11.5%
向心收缩训练	9.2%	18.1%

(二)动力性力量练习

所谓动力性力量,是指肌肉在动态收缩时所产生的力量,该力量作用下机体产生明显的位移。

动力性练习可有效发展个体的力量素质,负荷强度、量或密度的变化,决定了发展力量素质的相对效果。在个体的动力性力量素质训练过程中,为了保持专项技术动作在运动训练过程中的不变形,训练过程中,应尽可能用接近员运动技术模式的技术动作进行训练,训练过程中,注意运动的绝对速度和身体关节的相对速度的变化和控制。

仍以田径运动的投掷运动项目的专项力量素质训练为例,在掷铁饼运动过程中,在跨栏腿有效折叠和投掷臂的合理力量用力过程中,训练时应避免使用弹性阻力,否则会降低人体关节的杠杆活动速度。具体可以通过牵引滑轮组的阻力,或增加铁饼重量,使人体运动的加速度降低,使之与实际比赛过程中的完成动作项目技术动作的速度相一致,来发展肌肉专项力量。

（三）最大力量练习

最大力量是最大限度地发挥神经肌肉系统的意志收缩的一种外力对抗力,它处于动态的变化之中。

在力量型竞技体育项目中,如田径、体操、柔道等,为了促进运动员的最大力量素质的增加,应在训练中刺激肌肉使肌肉体积增大,并注重发展肌肉内和肌肉间的协调性,以提高最大力量。

对于力量素质中的最大力量的发展,应注意训练以下影响因素。

（1）与个体产生最大力量相关的刺激强度,具体是指肌肉运动所能动员的最多数量的运动单位。

（2）与发展力量素质训练的相应刺激的持续时间。

（3）最大数量的可利用运动单位的募集频率。

相关研究表明,在肌肉最大力量训练过程中,个体在能达到最大负荷或100％强度刺激下,只能进行一次练习,但以下情况不适宜采取最大负荷或100％强度的练习。

第一,个体技术动作不稳定的情况。

第二,个体发育不成熟,机体各系统不完全稳定的情况。

第三,个体最大力量的发展与专项技术动作无关联的情况。

肌肉最大力量训练过程中,两个训练单元之间应该有一个间歇时间,一般来说,以 36～48 小时为宜。

（四）弹性力量练习

肌肉的弹性力量是神经肌肉系统在最短时间以最大的加速度爆发出最大的肌肉力量,通常也被称作爆发力。

针对大学生弹性力量的训练,主要是通过发展肌肉最大力量和提高肌肉收缩速度来实现的。二者的有效"折中"和兼顾,有助于促进个体的弹性力量的有效发展与提高。

一方面,在承受较重负荷的情况下,大学生运动者参与专项肌肉练习过程中,肌肉力量和收缩速度都会有不同程度的发展,但是如果与专项技术动作的相关肌群没有承受负荷或者负荷过小,则弹性力量并不会提高。

另一方面,如果力量素质训练过程中,大学生运动者所承受的负荷在一个较小的范围内,如 5％～20％,则可通过训练课有效提高动作速度。如果超出 5％～20％这个范围,则人体会产生补偿性的运动,进而干扰运动者完成技术动作的准确性,不利于动作速度的发展。

为了在运动训练实践中,获得良好的力量素质训练效果,可以在一个训练周期内安排穿插其他性质和内容的训练,如此便可以有效的促进个体的最大力量的提高。如在训练期间,先进行几个月的最大力量训练,再接着安排速度素质训练内容。

此外,需要特别提出的是,如果有条件,在力量素质训练过程中,发展肌肉的弹性力量时,应尽量避免采用传统的负重练习,而应当采用与专门运动技术有关的专门练习。

(五)力量耐力练习

力量耐力是机体长时间承受负荷(负荷为个人最大负荷的 30％左右)对抗疲劳的能力。运动中,1/3 的肌肉参与工作。

以力量耐力为主的体育运动项目主要有中长跑、划艇、公路自行车、足球、现代五项、铁人三项等。

发展力量耐力,要求个体能够对抗比运动项目中正常阻力大得多的负荷,并重复尽可能多的练习次数。

研究表明,个体的无氧耐力能力对其力量耐力的发展具有重要的影响作用,因此,要想提高和发展力量耐力,就必须提高运动者有机体的有氧运输系统的工作效率。运动实践证明,由于每搏输出量的增多是个体的心脏对有机体耐力素质练习的适应性能力提高的重要体现,耐力素质的提高可使运动者的心搏量增大,再者,每搏输出量与最大吸氧量呈正比例关系,因此,有机体在运动时心搏输出量的变化会直接影响其机体各器官的有氧代谢。此外,心搏量与吸氧量也呈正比,当机体的心搏量达到最高峰时,有机体的吸氧量也会相应地达到最高峰。因此,心搏量是决定运动者有氧代谢能力的关键。

目前,各种跑的练习是提高和发展运动者的力量耐力的有效训练手段。

三、力量素质练习的负荷控制

(一)负荷控制的基本原理

运动负荷原理指出,在运动训练中,一定的运动负荷会引起大学生机体在形态结构、机能等方面的生物适应,在训练过程中,大学生机体对运动负荷不断适应,在此基础上,继续通过运动负荷的增加来不断提高身体素质并提高运动能力。

（二）力量素质过程中的负荷控制

在运动负荷原理的科学指导下,大学生参与力量素质练习,应注意以下两个方面。

首先,在大学生力量素质训练初期,根据负荷因素的基本特征,为了尽快进入运动状态,应通过增加负荷量使机体逐步适应负荷的方法来进行训练;在专项技能训练阶段,则应以提高负荷强度来刺激机体。

其次,针对不同阶段的大学生与专项技能相关的力量素质的提高,以及同一阶段的大学生不同技术细节或力量素质的强化,应有针对性地采取不同的训练负荷和方法,如大强度低的负荷训练可使运动负荷突出刺激强度,可有效发展大学生的最大力量和爆发力。[1]

（三）发展力量素质的小周期训练结构

在训练小周期计划的设计时,必须在训练主要的准备阶段中加入发展一般力量和专项力量的综合内容。

首先,大学生发展一般力量,应该集中在相对于最大力量耐力所表现力量的平衡提高,或项目所要求的弹性力量发展上。

其次,大学生发展专门力量,应该集中在项目及其运动技术所要求的专门关节活动和肌肉动力结构上。

具体以高水平短跑运动员的周训练安排为例。

（1）一般力量:负重——$3\sim5\times5\%\times85\%$。

（2）专门力量。

（3）一般力量:负重——$3\sim5\times10\%\times65\%$。

（4）专门力量。

（5）一般力量:负重——$3\sim5\times5\%\times85\%$。

（6）专门力量。

（7）休息。

（四）发展最大力量的负荷结构

最大力量取决于肌肉横断面积（6～8 次重复）、肌肉内部的协调（1～3次重复）、肌肉之间的协调（技术和成绩水平）,因此,关于大学生发展最大力量的合理负荷结构,在训练过程中,负荷强度和重复次数的控制方面,可以参考采用金字塔式结构（图 6-2）。

① 万德光. 现代力量训练［M］. 北京:人民体育出版社,2003.

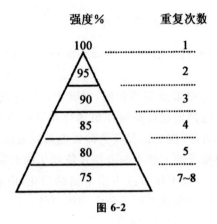

图 6-2

第四节 力量素质训练的方法与手段

大学生要发展力量素质,必须遵循科学的训练过程,并在运动训练中注意训练负荷的科学控制。结合力量素质训练的基本过程和有机体不同部位的力量素质训练,对大学生力量素质训练的手段和方法具体分析如下。

一、力量素质训练中的伸展练习

（一）静力拉伸训练

1. 提放双肩

训练目的:牵拉肩部上部肌肉。

训练方法:向耳朵方向上提双肩,上提至颈部和双肩感到紧张,保持动作 5 秒钟,慢慢放松双肩,双肩下垂。

2. 向内拉肩

训练目的:牵拉肩后部、肩外侧、上臂后侧部位的肌肉。

训练方法:头向后转,肩贴住墙,目视顶住墙的那只手,坚持动作数秒后还原,换另一侧重复练习(图 6-3)。

3. 向上拉肩

训练目的:牵拉肩下部、上臂后侧、躯干外侧的肌肉。

训练方法:站立姿势,抬起一侧肘关节,另一只手在头后抓住抬起的肘关节,向抬起肘关节的手臂的对侧拉引(图6-4)。

图 6-3　　　图 6-4

4. 转头拉肩

训练目的:牵拉颈部、肩上部、上臂前侧、胸部的肌肉。

训练方法:站立姿势,一臂侧平举,与肩同高,手顶住墙,头向后转,肩部贴住墙,目视顶墙的手臂,感受肌肉的紧张状态,保持动作数秒后,换另一侧重复练习(图6-5)。

图 6-5

5. 双手交叉上顶

训练目的:牵拉肩下部、躯干外侧、上臂后侧和前臂。

训练方法:双手在头上方手指交叉,掌心向上,双臂向后上方向伸展上顶,保持15秒,保持深呼吸。

6. 双手扶腰下推

训练目的:牵拉肩上部、胸部、腰部肌肉。

训练方法:站立姿势,双手在髋部以上部位扶腰,手指向下。训练开始后向前轻推手掌,伸展腰部,保持动作10秒,重复训练两次(图6-6)。

7. 双手叉腰转体

训练目的:牵拉上体、腰部、髋部肌肉。

训练方法:站立姿势,双手在髋部以上部位叉腰,上体转向一侧,同时,头向后转,目后视,保持动作10秒。换方向练习(图6-7)。

图 6-6　　　　图 6-7

8. 顶墙送髋

训练目的:牵拉小腿后部肌肉。

训练方法:前臂靠墙支撑身体,头靠在双手上,身体向墙倾斜。后脚正对墙,脚跟贴在地面。训练开始,缓慢向前送髋,背部肌肉保持伸直和紧张状态,保持轻松牵拉10～15秒。双腿轮流练习(图6-8)。

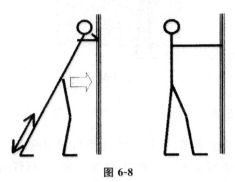

图 6-8

9. 弓箭步压髋

训练目的:拉伸髋前部、大腿前部、大腿后部肌肉。

训练方法:弓箭步站立,一腿前伸,膝关节成90°,膝关节在踝关节正上方。另一腿体后膝触地,呼气,下压后面腿和髋部,重复动作数次之后,换腿重复练习(图 6-9)。

图 6-9 　　　　　　图 6-10

10. 坐立牵拉下肢

训练目的:牵拉腹股沟、腰部肌肉。

训练方法:坐在地面,双腿体前屈,膝展开,脚跟对脚掌,双手握住双脚脚尖尽量向腹股沟方向拉,上体直背前倾,两个肘关节运动到两个膝关节外侧,使腹股沟和腰部肌肉有紧张感(图 6-10)。

11. 下蹲牵拉下肢

训练目的:牵拉膝部、背部、踝部、跟腱肌肉。

训练方法:下蹲,双脚脚尖越向外侧偏 15°,双脚跟间距 25～30 厘米,双膝置于脚趾上方,保持动作 10～15 秒。

12. 仰卧转压腿

训练目的:牵拉腰部、髋部、大腿后部肌肉。

训练方法:仰卧,双腿伸展,左臂侧平伸贴在地面,左腿屈膝 90°,右手横向向右、向下拉左膝外侧贴地,保持动作 15～20 秒。双腿交替练习(图 6-11)。

图 6-11

13. 仰卧提腿

训练目的:牵拉大腿后部肌肉。

训练方法:仰卧,直膝抬腿,与地面呈 90°,腰部紧贴地面,保持动作 15～20 秒,双腿交替练习(图 6-12)。

14. 仰卧提膝

训练目的:牵拉臀部、腰部、大腿后部肌肉。

训练方法:仰卧,屈膝抬腿,双手拉膝贴近胸部,保持动作 10～30 秒,双腿交替练习(图 6-13)。

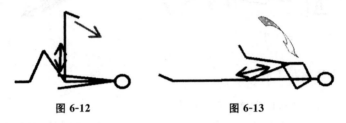

图 6-12   图 6-13

15. 扶墙上拉脚

训练目的:牵拉大腿和小腿前部。

训练方法:站立姿势,左腿支撑,右手扶墙,屈右腿,左手提拉右脚贴近臀部,保持动作 10～30 秒,双腿交替练习。

图 6-14

(二)PNF 拉伸训练

PHN,是"神经—肌肉本体促进"(Proprioceptive Neuromuscular Facilitation)的英文首字母缩写和简称,PNF 拉伸训练是力量素质训练中的一种常见练习手段,主要由练习者和同伴相互配合完成。

PNF 拉伸训练过程中,通过一系列的主动与被动的动力拉伸、静力拉伸,可有效避免被拉伸肌肉产生牵张反射现象,从而能最大限度地提高训练过程中的肌肉拉伸效果。

以拉伸背部肌群为例,具体的 PNF 拉伸训练方法如下。

(1)分腿坐立,膝关节伸直,踝关节呈 90°,同伴推压练习者背部至有疼痛感,保持 10 秒,放松。

（2）练习者静力收缩背部肌群，上提背部，对抗同伴的推压力，保持 6 秒，放松。

（3）练习者放松背部肌群，用力收缩腹部肌群，在同伴的助力下上体前贴地面，保持 6 秒，放松。

（4）重复练习数次。

二、身体核心部位稳定性力量训练

核心力量是人体核心部位（肩至膝之间的部位）的力量能力，对于大学生保持正确的身体姿态、稳定中线，提高身体的控制能力具有重要的作用，同时还有助于身体核心部位肌群力量向四肢的能量输出。[①]

（一）基础性稳定力量训练

基础性身体核心部位稳定力量训练可有效提高躯干深层肌群力量，具体训练手段和方法如下。

1. 仰卧屈膝提腿

训练目的：发展腰部、骨盆的控制能力。

训练方法：仰卧、屈膝，固定腹部，一腿抬起离地面 15～30 厘米，双臂伸直举过头顶，离开地面（图 6-15）。

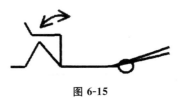

图 6-15

2. 仰卧直膝提腿

训练目的：同仰卧屈膝提腿。

训练方法：仰卧、屈膝，固定腹部，直腿抬起离地面 15～30 厘米，双臂伸直举过头顶，离开地面（图 6-16）。

---

① 孙文新．现代体能训练——核心力量训练方法［M］．北京：北京体育大学出版社，2010．

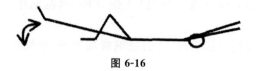

图 6-16

3．俯撑腿臂平伸

训练目的：发展腰部和骨盆控制能力。

训练方法：俯姿，直臂撑地，双腿跪撑地，后伸左腿，固定身体，右臂前伸，右腿与躯干成一条直线，与地面平行（图 6-17）。

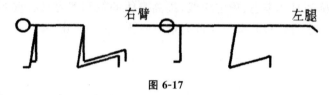

图 6-17

4．俯姿平撑

训练目的：提高腹、背部、臀部肌群的控制能力。

训练方法：俯卧，双臂屈肘 90°支撑身体，双腿伸直，脚尖撑地，固定腹背部（图 6-18）。

5．俯姿平撑提腿

训练目的：发展腹、背部、臀部肌群的控制能力。

训练方法：在俯姿平撑的基础上，提起一条腿（图 6-19）。

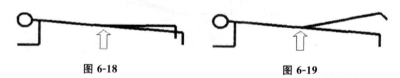

图 6-18　　　　　　　　　　　　**图 6-19**

6．俯姿桥撑

训练目的：发展腹、背部和臀部肌群的控制能力。

训练方法：在俯姿平撑的基础上，提起臀部，稍屈膝，身体成桥形姿势固定（图 6-20）。

7．仰姿桥撑

训练目的：发展腹、背部、臀部和大腿后部肌群的控制能力。

训练方法:仰卧,双臂在体侧伸直,掌心向上支撑身体,双腿屈膝、并拢,用脚撑地,提起髋部,身体成桥形(图 6-21)。

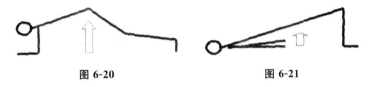

图 6-20　　　　　　　　　　图 6-21

8. 仰姿臂撑提腿

训练目的:发展腹、背部、臀部、大腿后部肌群的控制能力。

训练方法:仰卧,双臂屈肘支撑身体,双腿伸直,用脚撑地,提髋,身体成直体姿势,再提起一条腿,固定(图 6-22)。

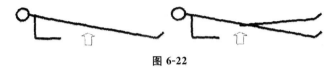

图 6-22

9. 侧姿臂撑

训练目的:发展骨盆、髋部、大腿外侧肌群的控制能力。

训练方法:侧卧,单臂屈肘支撑身体,另一只臂屈侧举,双腿伸直、并拢,一脚外侧撑地,提髋离地,成直体姿势(图 6-23)。

10. 侧姿臂撑提腿

训练目的:同侧姿臂撑。

训练方法:在侧姿臂撑的基础上,提起一条腿,直膝、固定(图 6-24)。

图 6-23　　　　　　　　　　图 6-24

11. 侧卧两头起

训练目的:发展骨盆、髋部和大腿内、外侧肌群的控制能力。

训练方法:侧卧,双臂伸直,双手于头上合拢,双腿伸直、并拢。双腿和双臂离地、固定(图 6-25)。

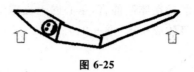

图 6-25

(二)稳定性力量训练提高

稳定性力量的提高训练可以有效加固骨盆、腹部或肩部或腰部的深层肌群,具体训练手段和方法如下。

1. 坐瑞士球单腿离地

训练目的:发展髋部、大腿前后肌群的控制能力。

训练方法:直体坐在瑞士球上,单腿离地 5 厘米,膝关节固定,双臂体侧自然下垂,保持 20~30 秒,双腿交替练习(图 6-26)。

2. 坐瑞士球踏步走

训练目的:发展髋部、大腿前后肌群的控制能力。

训练方法:直体坐在瑞士球上,进行脚离地约 5 厘米的踏步走动作,手臂配合脚步走动做向上垂直屈臂动作(图 6-27)。

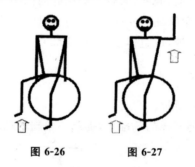

图 6-26   图 6-27

3. 仰卧瑞士球体前屈

训练目的:发展髋部和大腿前后肌群的控制能力。

训练方法:双脚分开,同髋宽,瑞士球上仰卧,双臂屈肘头后交叉,成体前屈姿势,保持动作 20~30 秒(图 6-28)。

4. 仰卧瑞士球持球体前屈

训练目的:发展髋部、大腿前后肌群的控制能力。

训练方法:双脚分开,同髋宽,瑞士球上仰卧,双臂水平伸直持实心球于头后,成体前屈姿势,保持动作 20～30 秒(图 6-29)。

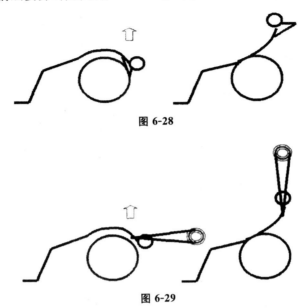

图 6-28

图 6-29

5. 头枕瑞士球横桥单腿撑

训练目的:发展髋部、大腿前后肌群的控制能力。

训练方法:双脚分开,同髋宽,头和肩枕在瑞士球上,一条腿提起伸直并与地面平行,保持 20～30 秒(图 6-30)。

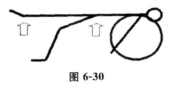

图 6-30

6. 仰姿瑞士球提髋屈膝

训练目的:发展髋部、大腿后部肌群的控制能力。

训练方法:直腿垫在瑞士球上,双脚并拢,直体悬空,头和肩枕在地面,屈双膝(或单膝,另一腿直膝上抬)上提身体,保持 20～30 秒(图 6-31、图 6-32)。

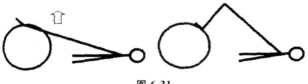

图 6-31

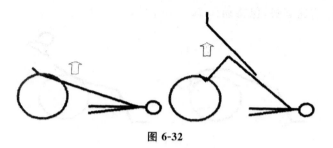

图 6-32

7. 跪姿伸臂滚瑞士球

训练目的：发展背部、肩部肌群的控制能力。

训练方法：双腿并拢跪地，双臂屈肘垫在瑞士球上，直体悬空滚动瑞士球（图 6-33）。

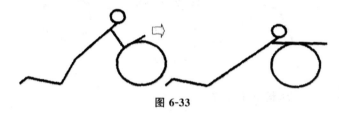

图 6-33

8. 俯姿脚尖支撑伸臂滚瑞士球

训练目的：发展背部、肩部、腿部肌群的控制能力。

训练方法：双腿并拢，直膝，脚尖撑地，双臂屈肘垫在瑞士球上，直体悬空滚动瑞士球（图 6-34）。

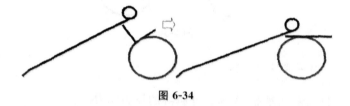

图 6-34

9. 俯姿屈膝滚瑞士球

训练目的：发展髋部、大腿前、后部肌群的控制能力。

训练方法：双脚并拢直腿垫在瑞士球上，直体悬空，双臂伸直支撑在地面，屈双膝（或单膝，另一腿仍直腿垫在瑞士球上）收腿，上提骨盆和身体，使瑞士球沿手臂方向滚动（图 6-35、图 6-36）。

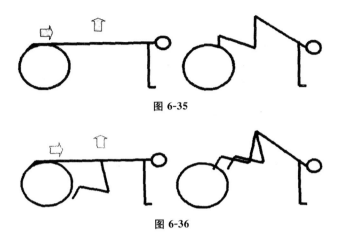

图 6-35

图 6-36

三、机体不同部位的力量素质训练

(一)上肢力量训练

1. 结合杠铃的训练

(1)颈后伸臂

训练目的:发展上臂后部肌肉力量。

训练方法:身体直立,双手反握轻杠铃于头后部,伸直双臂上举杠铃,保持数秒后还原,重复练习(图 6-37)

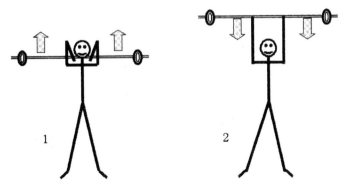

图 6-37

(2)屈肘

训练目的:发展上臂前部肌肉力量。

训练方法:身体直立,双手体前反握杠铃。屈双臂上举杠铃,保持数秒后还原,重复练习(图6-38)。

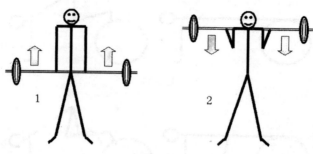

图 6-38

(3)屈腕

训练目的:发展前臂前部和屈腕肌群力量。

训练方法:坐姿,肘部放于膝盖,双手持杠铃,做连续的手腕屈伸动作(图6-39)。

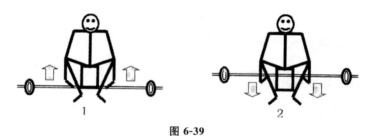

图 6-39

2. 结合球的训练

(1)瑞士球俯卧撑

训练目的:发展上臂后部和肩部肌肉群力量。

训练方法:身体保持伸直状态,成一条直斜线,双手撑在球上,直体悬空,固定身体,在球上做俯卧撑(图6-40)。

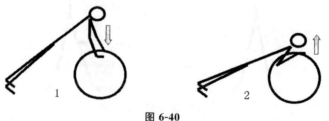

图 6-40

(2)侧俯卧屈肘

训练目的:发展上臂前部肌肉群力量。

训练方法:俯卧在瑞士球上,手持一个较重的哑铃,屈肘在球上前后移动(图6-41)。

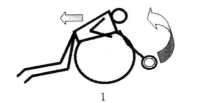

图 6-41

(3)仰卧伸臂

训练目的:发展上臂后部肌肉群力量。

训练方法:仰卧在瑞士球上,双手持哑铃,直臂举哑铃于头上方,再屈肘至于头后,反复练习(图6-42)。

图 6-42

(4)压臂固定瑞士球

训练目的:发展臂部、肩部肌群力量。

训练方法:坐在凳上,同伴以60%～75%的力量向侧推移瑞士球,练习者手臂水平外展推压瑞士球,阻止其移动(图6-43)。

图 6-43

(5)实心球移动俯卧撑

训练目的:发展上臂后部、肩部肌肉群力量。

训练方法:俯卧,身体成一线一手撑在球上,一手和双脚掌撑地,身体左右移动做俯卧撑,两只手轮撑球(图6-44)。

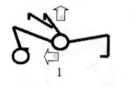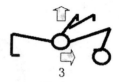

图 6-44

(6)俯卧撑起跪推实心球

训练目的:发展胸部、肩部、上臂后部、手腕肌肉群力量。

训练方法:两人一组,相对5米跪立,上体前倾双手上推同伴送来的实心球,推出球后双手撑地,还原,准备再次接球(图6-45)。

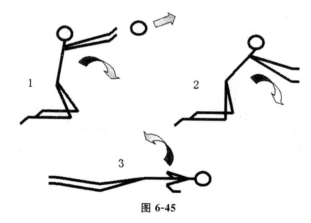

图 6-45

(7)实心球俯卧撑

训练目的:发展上臂后部、肩部肌肉群力量。

训练方法:俯卧,两脚分开,躯干平直,脚尖撑地,双手撑在实心球上,屈肘做俯卧撑(图6-46)。

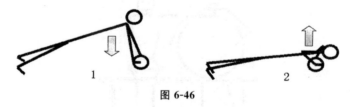

图 6-46

3. 其他训练

(1)引体向上

训练目的:发展肩部和臂部肌群支撑力量。

训练方法:双手分开同肩宽,握单杠向上拉引身体(图6-47)。

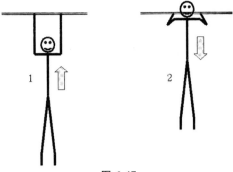

图 6-47

（2）双杠臂撑起

训练目的：发展肩部和臂部肌群支撑力量。

训练方法：双手撑双杠，直臂支撑身体，再屈肘撑身体数秒，还原，反复练习（图 6-48）。

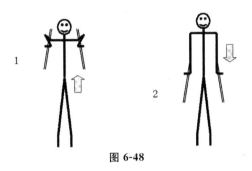

图 6-48

（3）倒立走

训练目的：发展肩部和臂部肌群力量。

训练方法：倒立姿势，双臂支撑身体，向各个方向移动（图 6-49）。

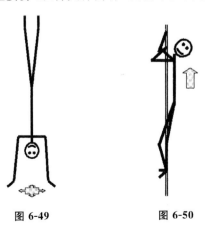

图 6-49　　　　　图 6-50

（4）爬绳

训练目的：发展肩部和臂部肌群力量。

训练方法：双手握住绳索，用力向上拉引身体（图 6-50）。

（二）躯干力量训练

1. 杠铃训练

（1）负重转体

训练目的：发展腰部、躯干两侧肌群力量。

训练方法：两脚开立，屈膝，肩部扛杠铃，两手平伸扶杠铃，向体侧转体 90°，还原向前，再向另一侧转体 90°（图 6-51）。

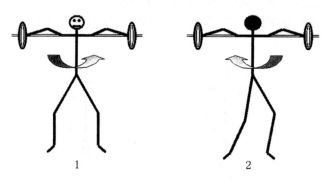

图 6-51

（2）负重体侧屈

训练目的：发展躯干两侧肌群力量。

训练方法：两脚开立，肩负杠铃，左右屈上体 90°（图 6-52）。

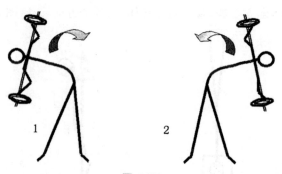

图 6-52

（3）负重体前屈

训练目的：发展背部肌群力量。

训练方法:两脚开立,肩负杠铃,前屈身体90°(图6-53)。

图 6-53

2. 哑铃练习

(1)持哑铃体前屈转体

训练目的:发展腰部、躯干侧面肌群力量。

训练方法:两脚开立,一手持哑铃,接触对侧脚尖(图6-54)。

图 6-54

(2)持哑铃体侧屈

训练目的:发展躯干侧面肌群力量。

训练方法:两脚开立,一手持哑铃,另一手扶腰,向左右侧屈体(图6-55)。

图 6-55

3. 结合球的训练

(1)仰卧起坐

训练目的:发展腹部肌群力量。

训练方法:仰卧于瑞士球上。双脚开立支撑地面,做仰卧起坐练习(图 6-56)。

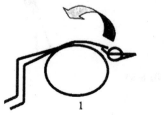

图 6-56

(2)俯卧伸背

训练目的:发展背部、臀部、大腿后部肌群力量。

训练方法:将瑞士球放在凳上,俯卧在瑞士球上,双手握凳两侧,提双腿,使身体平直悬空（图 6-57）。

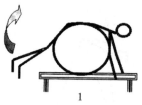
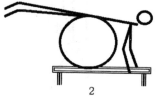

图 6-57

(3)仰卧转体

训练目的:发展腹部、躯干两侧肌群力量。

训练方法:将瑞士球放在凳上,仰卧在瑞士球上,固定双脚,双手持实心球,做直臂与屈臂动作,并左右转体（图 6-58）。

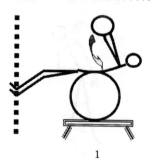
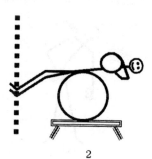

图 6-58

（4）仰卧举腿

训练目的：发展骨盆、腹部肌群力量。

训练方法：仰卧在瑞士球上，握横杠固定双手，直腿上举（图 6-59）。

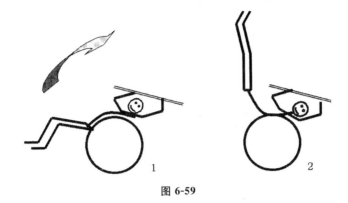

图 6-59

4. 其他辅助训练

（1）侧卧腿绕环

训练目的：发展髋部和躯干两侧肌群力量。

训练方法：侧卧在斜板上，上侧腿做绕环动作（图 6-60）。

图 6-60

（2）背肌转体

训练目的：发展背部和躯干两侧肌群力量。

训练方法：俯卧在山羊上，固定腿部，双手头后交叉抱头，上体后屈，再还原至水平位置左右转体，反复练习（图 6-61）。

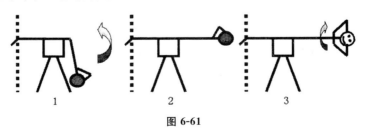

图 6-61

（3）仰卧转髋

训练目的：发展腹部和躯干两侧肌群力量。

训练方法：垫上仰卧，头后握杆固定双手，收腹屈膝。快速左右转髋（图6-62）。

图 6-62

（三）全身力量训练

1. 踩 T 形板传接实心球

训练目的：发展臂部、腿部肌群力量和全身平衡控制能力。

训练方法：两人一组，分别两脚开立站在 T 形板上传递实心球（图6-63）。

2. 持实心球侧蹲

训练目的：发展腿、髋和背部的全身力量。

训练方法：双脚左右开立，双手胸前持实心球，侧迈步成侧弓步蹲的姿势，同时，直臂前送实心球，还原，反复练习（图6-64）。

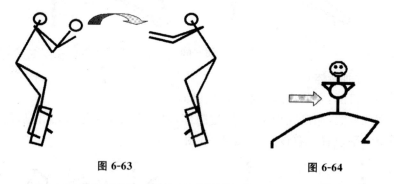

图 6-63   **图 6-64**

3. 肩上侧后抛实心球

训练目的：发展全身转动时的全身肌群力量。

训练方法：双脚左右开立，双手胸前持实心球，屈膝下蹲，将球沿身体一侧转到身后，下肢发力带动躯干回转实心球，使球从身体另一侧肩上向后抛出（图 6-65）。

图 6-65

第七章　大学生实用体能训练之速度素质训练

速度素质训练是大学生体能训练中的重要组成部分,它不仅对大学生体能训练的实际效果具有重要影响,而且对学生全面发展和运动能力提升也有深远意义。本章主要从速度素质概述、速度素质训练的作用和切入点、速度素质训练的科学控制、速度素质训练的方法与手段这四大方面展开阐析,旨在为学生参与速度素质训练奠定理论基础。

第一节　速度素质概述

一、速度素质的概念

人体或人体某部位快速运动的能力,即人体或人体某部位快速做出运动反应、快速完成动作、快速移动的能力,就是速度素质。速度素质主要由对不同刺激的快速反应能力、快速完成动作能力、快速通过某段距离的能力组成,这三方面能力对学生具有深远影响。速度素质不仅有利于学生的身心健康,同时对学生有效提升运动能力有积极作用。

二、速度素质的分类

(一)反应速度

人体应对不同信号刺激做出的快速应答能力,即反应速度。以短跑运动为例,反映在运动员从听到发令到起动的时间;以击剑运动为例,则反映在运动员在瞬间变化时做出反应的快慢。运动员反应速度的快慢取决于反应时的长短,换句话说就是取决于信号通过反射弧需要的时间,反射弧是指参与反射的所有结构,反射弧的常见组成环节是从感受器—传入神经—中枢神经—传出神经—效应器。反应时越短,则反应速度越快;反应时越长,则反应速度越慢。以乒乓球运动为例,运动员必须在 120 毫秒内,根据通过视觉获取的对方击球动作和通过听觉获取的击球声音,用最短时间精确判断出乒乓球的落点以及旋转性能,然后由此完成对应的技术动作。除此之外,刺激信号强度、注意方向性也对反应时长短有影响。遗传因素会对人类反应速度产生很大作用,遗传率超过75%。对于后天训练来说,是将遗传因素作用下的反应速度呈现出来,同时尽可能使运动员反应速度处于稳定状态。

（二）动作速度

人体或人体某部分快速完成单个动作或成套动作的能力,就是动作速度。一般情况下,人们会用时间来反映动作速度。对于跳跃运动、投掷运动、体操运动、武术运动以及排球运动来说,动作速度反映在运动员的踏跳速度、掷出器械的速度、做完成套练习的速度以及扣球速度上。对于动作速度来说,还可以将单位时间内完成动作的数量作为衡量标准,完成动作数量越多,则表明运动员的动作速度越快。在技术动作中,能够将动作速度划分成瞬时速度以及角速度。分析动作速度的影响要素可知,主要有准备状态、快速力量、速度耐力水平、动作协调性、熟练程度。

（三）移动速度

在周期性活动中,单位时间内人体快速位移的能力,即移动速度。站在物理学视角展开分析,移动速度属于反映物体运动快慢的物理量,是实际距离和经过该距离所需时间的比,具体表现公式是$v = s/t$。对于体育运动而言,移动速度常见表现形式是通过固定距离需要的时间。在技术动作中,加速度、平均速度以及最高速度是移动速度的主要划分类型。人类机体的肌肉放松水平和运动技能巩固程度能够对移动速度和步长、步频间的具体比例产生重要影响。遗传因素对移动速度也有重要影响。即便运动员在移动速度上占据优势,但并不能推测出运动员在反应速度上同样占据优势。

三、速度素质的训练要求

（一）训练负荷要适度

在速度素质训练过程中安排具体训练内容时,必须对运动员训练水平以及身体状态可接受程度进行全面分析,在速度练习中间必须保证运动员产生的运动疲劳可以完全恢复。除此之外,要保证所用技术动作的科学性,衔接练习内容时要严格遵循循序渐进原则,按照先慢后快、先易后难的顺序来衔接。

(二)全面发展学生素质

运动员要想达到预期的运动成绩,必须快速提升整个身体或关节运动速度。运动员达到运动项目要求的最佳运动速度往往是关节协同发力后产生的结果,然而速度与力量并非是同步发展的。对于速度能力起决定性影响的运动项目来说,尽早开展技术动作的速度训练是尤为必要的,需要说明的是这些训练并非一定要以常见技术模式作为重要依据。对于部分项目而言,速度和体能训练之间存在不可分割的关系,原因在于速度可能和耐力、力量、灵活性之间存在密切关系。与此同时,速度训练有可能和复杂技术训练之间有密切联系,原因在于速度训练必须结合运动项目的专项要求来完成具体安排。除此之外,随着运动项目中相关的力量、耐力、灵活性的变化,以及运动项目要求的最佳速度或最大速度和关节运动速度变化间的配合程度的变化,具体的专门要求也会出现相应调整。

(三)保证运动训练安全

对于速度素质训练来说,保障训练环境安全是一项重要任务。针对速度素质训练环境的安全性,运动员必须达到以下几点要求。

(1)在速度素质训练之前,必须认真完成准备活动,训练间歇必须有充足的休息时间。

(2)在速度练习过程中,倘若运动员所用的力量、动作频率、动作幅度等均超出最大限度,同时可能导致训练者遭受很大危害,则必须立即对训练计划进行科学调整。

(3)当训练当天气温比较低时,则应当身着合适的服装,同时也应当采取按摩和放松练习等训练方式。倘若运动员需要在皮肤上涂擦强力物质来促进血液循环,则一定要使用相关医疗卫生部门批准的物质。

(4)在早晨训练时,应尽可能不要安排最大强度的速度练习。当肌肉产生疼痛或痉挛现象时,必须立即暂停当前正在运用的原有训练负荷。

(5)训练前做好预防措施是相当必要的,原因在于有很多因素会导致运动员出现运动损伤,具体包括训练方式单一、训练负荷超出运动员可承受范围、训练环境的气温偏低、运动员身体疲劳没有彻底消除、准备活动不够充分导致肌肉放松水平出现严重下滑等。

(6)在速度训练开始之前,不仅要将训练场地设施的安全隐患全部消除,同时还要选择透气性好、相对宽松的运动服以及合脚的鞋袜。

第二节　速度素质训练的作用及切入点

一、速度素质训练的作用

(1)提升速度水平与力量水平,尤其是在快速动作中发挥最大力量的能力。

(2)提升肌肉输出功率和大脑神经冲动控制动作的效率。

(3)提升人体运动感知觉以及空间定位能力。

(4)提升运动技术水平,减少动作反应时。

(5)充分结合实际情况,实现对速度障碍的创造性突破。

二、速度素质训练的切入点

(一)人体重心位移速度

就人体重心位移速度来说,要想提升运动员的速度素质,可以加强以下几方面的训练。

1. 对信号的反应速度

对于短跑运动来说,就是训练运动员对起跑枪声的反应;对于网球运动来说,就是训练运动员对回击过来的网球的反应。

2. 加速能力

加速能力对利用地面移动来打击对手或必须在场地上快速到达指定地点并做完动作技术的项目有突出作用。

3. 达到最大速度的能力

运动员在保障技术动作切实可行的情况下,用最短时间做完指定技术动作的能力,就是达到最大速度的能力。这里所说的最大速度往往被理解成只是一个整体,但从本质展开分析这种烦琐的运动技能,要求涉及的人体各部分和整体处于协调统一的状态,在此之后各自在最高速度运动的基础上方可实现。

4.保持最大速度的能力

保持最大速度的能力是指人体达到最大速度时,依旧要维持最大速度的能力。保持最大速度的能力在人体协调能力的范畴内,但不在人体耐力的范畴内。以短跑运动为例,当运动员利用降低跑速的策略来使比赛节奏处于平衡状态时,必然会无法维持最大跑速。详细来说就是,当短跑运动员减速开始点之前的 10 米,人体协调性必然会被打破。

5.速度耐力水平

不管是能源物质到达工作部位以及参与工作肌肉的效率,还是废物排出的效率,均会演变成肌肉利用高强度收缩以及高质量协同来保持人体最大速度的重要限制要素。

6.突破速度障碍

运动员利用行之有效的训练方式来实现对速度障碍的突破。例如,速度素质训练中的"阻力训练法"、"助力训练法"、通过轻器械或增加比赛要求等训练方式,均对突破速度障碍有积极作用。

除此之外,提高神经系统灵活性、提高运动神经元兴奋性与协同性、重点学习肢体快速运动以及运动感觉的技术动作,均有助于有效突破速度障碍。通常情况下,神经系统灵活性差、运动神经元兴奋性差、运动神经元协同性差是出现速度障碍的重要原因。因此,在速度素质训练过程中,可以对此类和人体运动神经元系统存在联系的训练方式展开尝试性构建。以优秀短跑运动员为例,与提升运动员包括力量素质在内的其他运动素质相比,提升运动员的技术动作的协同性水平对提升运动成绩的积极影响更大。

(二)身体环节动作速度

分析身体环节动作速度可知,对于运动员的动作质量以及最终能否实现动作目的来说,人体不同类型的投掷动作、跳跃动作、打击动作以及踢腿动作能够发挥直接性影响。

1.提高相关身体素质水平

和速度能力存在联系的身体素质,均为速度素质训练中的关键性辅助内容。具体来说,包括肌肉超等长快速收缩力量的发展、灵敏水平的发展、协调性水平的发展、反应力量的发展、速度力量的发展、弹性力量的发展、绝对最大力量的发展、相对最大力量的发展。

2. 快速平衡调节的能力

快速平衡调节的能力是指完成某个技术动作之后,衔接下个技术动作的快速平衡调节能力。不管运动员参与哪个运动项目,均需要具备快速平衡调节的能力。

3. 减小和增加动作阻力提高快速动作能力和专门力量

以投掷运动为例,在投掷练习中可使用重量较轻的器械来提升和发展器械出手速度。需要注意的是,严禁所用器械的重量太轻,原因在于器械重量太轻会增加运动损伤的危险指数且会破坏规范的技术动作模式,运动员可以使用比标准器械重量轻 5%~10% 的轻器械。除此之外,在相同训练单元中,运动员可在运用轻器械训练组次的情况下间隔完成标准重量器械的训练,在这种混合训练过程中,还能够逐步过渡到利用比标准器械更重的器械来参与专门力量训练。

4. 完整技术协调性训练

对于提升运动员速度能力来说,规范完成动作技术同样是一项关键条件。对于完整技术协调性训练来说,能够将其当成速度素质训练的一项辅助性训练方式。完整技术协调性训练可以作用于运动员完成身体环节的快速动作时,为担负移动人体骨骼杠杆产生的负荷时,由此出现力量的产生、传递、转化的快速转换过程。以掷标枪运动为例,随着运动员助跑速度的不断增大,其两腿需要承受的负荷刺激也会越来越大,在这种情况下,运动员务必全身心地投入到投掷阶段,并非是将注意力集中在因助跑产生的动量转换过程中,该阶段常见误区是运动员将太多注意力都投入到助跑过程中,最终造成助跑减速以及动能朝着弹性势能转化的损耗。

5. 根据运动员的技术水平来选择相应的动作速度模式

在选择具体的动作速度模式时,应当密切联系运动员的技术水平。需要注意的是,不要让运动速度水平对最基础的技术动作产生影响。

6. 根据项目需要选择适宜的练习

在设计与安排速度素质训练内容时,应当密切联系运动项目的实际需求。以田径运动中的跳跃运动为例,能够通过提升运动员的助跑速度或发展利用动能,来提升运动员的速度素质;还能够指导运动员学习起跳脚在最短时间内扒地起跳的新型动作模式,把能够利用的力量转变成起跳速度。

在速度素质训练的过程中,教练员可以利用部分训练方式,促使跳跃项目的运动员在速度能力方面大幅度提升,具体训练方式包括快速踏跳练习、快速助跑练习、利用下坡做助跑起跳练习。

第三节　速度素质训练的科学控制

一、肌肉的基本生理特性与肌肉酸痛

在制定速度素质训练方案的过程中,必须全面掌握骨骼肌的基本生理特性。结缔组织、肌肉组织、神经、血管是每块骨骼肌的四个组成部分,同时每块骨骼肌都需要接受中枢神经系统神经冲动的控制。结缔组织、肌肉组织、神经、血管会通过彼此间的协调工作对骨骼产生牵动作用,从而使人们做完身体动作,实现人们想要达到的目标。肌肉组织和肌腱连在一起,肌腱无法完成收缩过程,肌腱仅仅充当着肌肉和骨骼间的连接部分,促使肌肉产生的拉力对骨骼产生作用。每块骨骼肌上面均分布着很多纵向排列的肌纤维,纵向排列的肌纤维内部都具备收缩功能的两类蛋白质成分,在这两类蛋白质成分的彼此牵动下会出现肌肉收缩。随着中枢神经系统神经冲动的不断支配,蛋白质成分间会不间断地进行牵拉与放松,最终在肌肉收缩的作用下完成相关动作。

肌肉牵张—收缩周期就是肌肉自被拉长到发生收缩的时间过程,该过程和两手用最短时间拉长皮筋,然后瞬间松开手后的结果比较相似。肌肉在收缩前会被拉长,瞬间收缩时出现的力量输出后大幅度增加,所以这是速度素质训练过程中必须关注的一项问题。倘若在肌肉收缩前不存在被拉长的过程,或者被拉长之后停顿时间比较长,则由收缩产生的力量将会大幅度减少。速度素质训练在提高肌肉牵张—收缩周期中可以发挥突出的动作效果。

在完成崭新速度练习的过程中,特别是在练习结束后的 24～36 小时,往往会产生肌肉酸痛的感觉,原因是肌肉牵拉阶段肌肉内部微细损伤导致的,推动肌肉慢慢适应训练负荷是延缓肌肉内部微细损伤发展的唯一途径。因此,必须在相应练习的中间进行充分恢复,同时还需要在很多周内不间断地重复相同练习。因为速度素质练习中有很多通过肌肉牵张—收缩周期出现增力效应的练习,因此一周之内运动员速度素质训练不可以多于两次,同时每周速度训练课之间的间隔时间应当是 2～3 天。

二、速度素质训练的负荷控制

（一）速度素质训练的强度

速度素质训练采取的运动强度应当多元化,应当结合每位运动员的实际训练水平以及身体状况,来有针对性地安排训练强度。对于强度较低的速度训练内容,可以将其安排在学习技术动作的活动中或准备活动中,同时无须专门准备。为达到预期训练效果并保障安全,高强度速度素质训练内容往往要有比较充足的准备过程,尤其是对参训运动员的专项技术水平与力量素质两方面有较高要求。

通常情况下,在运动项目的训练初期,发展人体速度能力的训练负荷强度大约是最大强度的75%。在训练强度较高且时间受限定的情况下,有利于运动员掌握技术动作速度节奏的调节措施和保持措施,由此循序渐进地将运动强度逐步提升到100%,但依旧需要运动员不断挑战之前的速度限制。在运动员注意力集中情况和身体能量供应情况的双重限制下,导致运动员在更高强度下完成技术练习的难度不断增加。因此,教练员在指导运动员完成技术学习的过程中,能够选用高原训练、弹力绳牵引训练以及减轻器械重量等方式。

运动员提升技术动作的速度之前,一定要先熟练掌握技术动作,训练内容的具体顺序如下。

(1)利用一般训练,促使运动员完整的基本运动技术得到有效发展。

(2)实现运动员完整的基本运动技术得到大幅度发展。

(3)利用专项训练,促使运动员细致烦琐的运动技术得到发展。

(4)使运动员完成技术动作的速度能力获得发展与提升。

对于运动技术学习而言,最佳方式是在较低动作速度下完成并使其逐渐稳定。但是自训练开始以后,就应当引导运动员利用训练强度的提升来促使运动技术处于稳定状态,这对速度比较低的情况下有效掌握运动技术并逐渐发展到最大速度的过程十分必要。以短跑运动为例,运动员参与训练往往跑75米,在前40米会将注意力集中在跑的具体动作上,在后35米会将注意力集中在跑的速度上。除此之外,站在短跑训练技术的视角来分析,一般会先跑25米,在后50米往往会慢慢提高速度直至达到最高速度。由此可知,在整个训练过程中,应将技术动作所有环节的时间限制作为首要考虑的因素,在此基础上再考虑提升步速,随后结合运动员的实际水平选取最适宜的步速,由此促使运动员的速度水平达到预期目标,这对任何对手均能够形成一定挑战。

要想使神经系统兴奋状态处于最佳状态,速度素质训练过程中尽可能不要出现过于明显的疲劳,所以安排运动员完成专门的准备活动是尤为必要的,同时应将耐力素质训练与力量素质训练安排在速度素质训练之后。

(二)速度素质训练的负荷量

分析可知,负荷的量与负荷的强度之间有对应关系。倘若运动员负荷强度已经达到最大限度,则负荷的量将难以到达最大。除此之外,当运动员可以和崭新的速度水平完全适应,同时逐渐呈现出稳定状态时,则技术练习过程中应当再逐步提升负荷的强度。教练员或教师在安排训练负荷量时,应当达到以下几方面要求。

1. 较少重复次数,较多组次和高强度

在实施技术动作重复性训练的过程中,在制定具体的负荷强度与负荷量时,一定要保证所有学习环节的动作完成速度都达到最高,同时要合理安排休息时间,进而保证运动员巩固与强化训练在大脑中神经肌肉刺激痕迹的时间相对充裕。由此可知,最佳训练策略是组内的重复次数较少、组次较多、训练强度最高。

2. 用运动员达到最大跑速的最短距离发展加速能力

以短跑运动为例,一般情况下会选择运动员达到最大跑速的最短距离来促使运动员加速能力得到大幅度提升。就绝大部分运动员而言,该距离大约是30~40米。但是,对于篮球运动、足球运动以及网球运动来说,由于运动项目具体特征的限制,运动员不得不在5~10米的加速距离内达到最大速度,同时在完成爆发式加速的过程中,可以选取并完成高精度的技术动作。

3. 能够通过助力来达到最高速度,从而减轻疲劳的作用

在发展最大速度的训练过程中,运动员加速到最大速度的过程中出现的疲劳是制约产生最佳训练效果的一项重要因素。以跳远运动为例,运动员不得不用自身最高速度完成助跑过程,同时让步速由静止状态逐步提升到要求的速度水平,整个过程中出现疲劳的可能性很大。为有效避免疲劳产生的负面作用,在训练过程中,部分运动员选择较长加速距离的旋转加速或通过下坡助跑等策略。换句话说,运动员在发展自身最大速度时可以选择10~30米的距离,需要注意的是一定要进行40~60米助跑方可顺利完

成项目的具体任务。

4. 全面掌握运动员维持最大速度距离的最佳水平

积极开展切实有效的测试,可以准确掌握运动员维持最大速度距离的最佳水平。毋庸置疑,促使运动员达到个人最大速度是首要问题。例如,作为全世界范围内的高水平短跑运动员,刘易斯竟可以维持 20 米的最大跑速。人体所有部分间的协调配合和注意力集中程度,充当着维持该段距离的重要角色。通常来说,倘若不存在高原场地以及顺风的推动作用,则该段距离将难以达到或超过 30 米,至于超过 25～40 米距离范围也是不可能的。

5. 采用适宜的练习距离

对于短跑运动而言,绝大部分运动员达到自身最大速度的时间只有5～6 秒。针对这种情况,要想使运动员自初加速度开始达到自身最大速度的能力得到有效发展,训练过程中最好选用 50～60 米的练习距离。

(三)速度素质训练的练习密度

对于用最大跑速完成两个跑次中间的恢复时间,不但要保证运动员人体的工作能力彻底恢复,而且该时间段一定要尽可能地短,只有这样才能使神经系统兴奋性以及体温保持在最佳状态。当运动员参训环境中气候相对温暖时,用最大跑速完成两个跑次间的时间间隔大约是 4～6 分钟,但 4～6 分钟间隔时间对冬季参与速度素质训练的部分运动员是不适宜的。

要想使所有跑次的训练效果均达到最佳理想目标,必须保障所有跑次之间的恢复时间比较适宜,同时完成所有跑次前一定要做适当的准备活动。每个训练单元中应当由 2～3 组组成,每组应当由 3～4 个跑次组成。

(四)速度素质训练单元

虽然运动员个体间差异是难以避免的,但所有训练单元中总跑量必须在 6～12 个跑次之间,任何周训练小周期内的训练单元数量在全年训练中应当处于不断变化的状态,将运动项目之间的不同之处抛开,年训练周期中首个阶段的所有周训练小周期中的训练单元应当最少有 1 个训练单元,第二阶段和第三阶段的所有周训练小周期中分别应有 2～3 个训练单元和2～4 个训练单元。以耐力性运动项目为例,在速度性训练过程中,不但要用最大速度到比赛速度的强度来安排速度性训练,而且分配训练单元过程中必须将比赛距离、年度训练阶段、运动员个体特征作为重要依据。

三、速度素质训练的阶段划分

运动员为更好地准备与迎接比赛,以特定周期作为重要依据,有序组织训练强度、负荷强度以及负荷量,由此达到最佳竞技状态的计划过程与完成过程,就是训练的阶段划分。运动员速度训练成效的具体意义是:一方面,对年度训练过程中的专门准备期以及比赛期具有深远意义;另一方面,是运动员达到理想运动成绩的一项关键条件。这里重点对速度素质训练的年度训练周期展开详细阐析。以训练目标为依据,可以将年度训练周期划分成三个阶段,三个训练阶段主要目标分别是:第一阶段是增加训练负荷量,第二阶段是增加训练负荷强度,第三阶段是大幅度提升比赛成绩并使其处于稳定状态,第一阶段主要是为第二阶段打下良好基础。

(一)第一阶段(准备期)

第一阶段重要目标是有效发展运动员的有氧耐力、弹性力量、灵活性、技术动作效率。通常情况下,会选择一般训练与专门训练相结合的训练方式。例如,一般训练包括游戏和法特莱克跑,专门训练包括技术练习以及跳跃练习。在技术练习过程中,练习强度应当处于变化状态,但训练全过程运动员都要维持放松并使节奏处于稳定状态。倘若运动员提升力量与步频的过程中对技术稳定性产生影响,则需要适当降低训练强度,从而更好地适应运动员的技术水平。在技术训练过程中,运动员需要将绝大部分注意力集中到运动过程,并非只集中在怎样发出更大力量上,此外也需要完成部分加速练习。

(二)第二阶段(适应期)

在第二阶段,训练过程中应适度增加专门性手段,进而使运动员的速度、速度耐力、弹性力量能力得到发展。当对运动员速度发展的很多因素产生作用时,则需要适当安排最大强度训练,具体有完整的准备活动和整理活动,在准备活动中也需要安排某些专门的灵活性。

(三)第三阶段(比赛期)

在第三阶段制定比赛密度时,一定要和运动员个体特征相适应,并且该阶段还包括弹性力量的积极恢复和低强度训练手段。除此之外,第三阶段每个周训练小周期中应当有 2～4 个训练单元安排最大强度的速度练习。

四、速度素质训练与耐力发展

采用最佳负荷的有氧耐力训练,不但有利于发展运动员必须具备的比赛专门速度耐力,而且对提升运动员有氧能力以及慢肌纤维糖原含量有积极作用。除此之外,该训练不仅能有效提升运动员速度耐力水平,同时有助于提升次最大负荷与最大负荷强度训练结束后的恢复水平。由此可知,在最大或接近最大强度的速度素质训练过程,能够安排某些重复次数的练习。运动员有氧耐力基础比较扎实以后,教练员一定要组织学生参与和比赛条件相似的比赛负荷专门练习。整体分析可知,发展比赛专门速度耐力的训练方式如下。

(1)次最大强度或接近最大强度的重复跑。对于接近最大强度的训练来说,两个跑次间需要安排相对充足的恢复时间,进而促使训练质量达到预期目标。对于次最大强度训练来说,两个跑次间则需要安排相对较短的间歇时间。通常情况下,建议两个跑次间的间歇时间是 2～4 分钟,每组内的跑次是 2～4 次,切记不要在每组安排太多跑次,这样才能保障训练质量。组间间歇时间应当在 10～15 分钟,但对于选择积极手段的训练,所需恢复时间应当是该时长的一半。

(2)选择最大强度的负荷或接近最大强度的负荷,完成大约是比赛距离三分之二至两倍之间的训练。

(3)选择最大速度的训练负荷参与训练,或选择大于比赛距离 10%～20% 的训练负荷参与训练。

(4)选择节奏和强度处于变化状态的变速跑训练,具体可选择 50 米加速跑等。

(5)维持最大步幅的 30～60 米短距离跑,安排重复次数比较多的短跑训练。

(6)比赛练习。

对于年度训练周期的第二阶段,周训练小周期需要安排 2～3 个训练单元。但需要说明的是,倘若以比赛密度作为重要依据来安排耐力训练,则年度训练第二阶段周训练小周期中安排 1～2 训练单元即可。

教练员和运动员一定要全面认识制约训练的耐力因素。例如,高水平网球运动员的五盘比赛往往会大于 5 个小时;撑竿跳高运动的比赛时间会大于 6 个小时;投掷运动资格赛大约会持续 60 分钟,由于运动员试掷失败导致试掷间的间歇时间太短,同时造成资格赛与决赛在同一天的选手需要完成九次最大强度的试掷;拳击比赛会进行 75 分钟等。这些运动项目中的因素,均表明不管是哪类运动项目的运动员都需要具有较高的速度耐力与力量耐力。在身体环节动作速度训练过程中,发展运动员耐力素质可以通过很多种途径来解决。

对于田径运动投掷项目训练而言,运动员能够选择标准器械快速连续投掷练习、实心球或轻器械的快速连续投掷练习、55~60分钟的特定形式投掷练习。除此之外,运动员还能够在投掷练习结束后完成径赛训练、30秒内重复次数最多的投掷模仿练习等。对于田径运动跳跃项目训练而言,运动员能够选择助跑距离比较短的快速连续跳跃练习、快速连续跨步跳、超过30米的快速单脚练习、超过400米的跳跃循环练习、15~60分钟一种形式的跳跃练习、通过绳子与杠铃等完成的快速灵敏性练习、使用撑竿完成的模仿练习。

对于其他运动而言,运动员能够选择快速连续的网球击球练习、快速连续的壁球击球练习、篮球运动训练过程中防守的连续突破练习、不同球类运动中没有防守的持续练习、高原环境下的高速持续练习、正常训练过程中制定具体要求的持续速度练习等。

五、速度素质训练的注意事项

(一)保证训练安全

在速度素质训练的全过程中,训练前必须认真完成准备活动,训练结束后必须安排充足的休息时间以及身体恢复时间。运动员参与速度练习的过程中,倘若发出的力量、动作幅度、动作频率等均比最大限度大出很多,则会导致运动员需要承受很大的受伤危险性。

在速度练习过程中,运动员肌肉、肌腱、韧带都需要承受较大负荷,所以会增加发生运动损伤的可能性。发生运动损伤的主要原因包括运动负荷过大、训练方式单一化、当训练环境的气温较低或运动员产生运动疲劳后没有科学调整运动负荷,速度素质训练过程中准备活动不充分导致肌肉放松能力降低等。因此,对于所有形式的速度素质训练而言,比赛或训练尚未开始前均需要用心完成专门的准备活动,另外不要将最大强度的速度素质训练安排在早晨的训练中。倘若运动员感觉肌肉疼痛或肌肉痉挛等,则需要立即停止训练的原有负荷。如果速度素质训练环境的气温比较低,则需要适当添加服装,同时积极选择放松练习与按摩等训练方式。

(二)速度能力与其他身体能力协同发展

要想达到预期运动成绩,运动员和教练员必须对整个身体或部分关节的运动速度予以高度重视。运动项目需要达到的最佳运动速度往往是各个关节配合发力的最终结果,但速度发展和力量发展并非是同步的。对于速度素质发挥关键作用的运动项目来说,尽早组织运动员参与技术动作的速度训练是十分必要的,但并不要求训练完全按照基本的技术模式来开展。对于某些运动项目而言,速度素质训练和体能训练之间存在不可割舍的关系,原因在于速度和力量、耐力、灵活性都存在密切关系。与此同时,速度素质训练有可能和复杂的技术训练之间存在密切联系,原因在于速度素质训练必须结合项目专门要求来做出合理安排,另外运动项目中需要参与的相关力量、相关耐力以及相关灵活性,以及项目要求的最佳速度(最大速度)以及关节运动速度变化间的协调配合程度不同,这些专门要求同样会出现相应变化。

（三）从练习者的实际情况出发

在安排速度素质训练内容时,必须将运动员训练水平、身体状态能够接受的程度考虑进来,速度练习之间要求运动员的疲劳彻底消除。运动员要保证技术动作的科学性和有效性,衔接训练内容时必须遵循循序渐进原则。

一般情况下,人体生长发育水平对速度素质的发展具有明显的制约作用。例如,7—13 岁年龄段是人类速度素质的快速增长阶段,该阶段少年儿童会在神经系统功能以及协调能力两方面大幅度发展。常见做法是:在 13 岁之前,将注意力主要集中在提升单个动作速度和练习跑的步频上;在 13 岁之后,在已经掌握单个动作速度的实用技巧和跑的步频的情况下,通过提高速度力量与肌肉最大力量来使步长得到有效提高,最终使身体位移速度得到有效发展。

（四）学会放松地完成动作

在速度素质训练过程中,应当对具体练习要求予以高度重视。例如,当运动员到达最高速度之后,在完成高速动作时要尝试处处于放松状态,同时尽全力通过大幅度动作来做完相关练习。

（五）注意预防和正确消除"速度障碍"

当运动员速度素质到达特定水平之后,提高速度较慢乃至停止的情况比较常见,这种情况被称之为"速度障碍"。要想有效避免"速度障碍"的发生,需要从三个方面做起:首先,运动员要对基本技术做到熟练掌握,促使自身身体素质水平得到均衡发展;其次,教练员要采用多元化的训练方式,引导运动员采取多种节奏与频率来做完相应动作;最后,运动员要增加助力或战胜更小阻力,进而顺利做完技术动作,对长时间形成的动作用力以及速度结构进行进一步突破与加快。

（六）速度素质训练需要结合专项技术动作要求进行

相关研究表明,就速度类练习而言,对速度练习之外动作速度发展的迁移成效不是很明显,换句话说就是速度练习仅能够更多地局限在诱发练习动作本身的速度水平。针对这种情况,速度素质训练必须和专项技术动作的具体要求结合起来,保证训练过程中的专门性比较高。

第四节　速度素质训练的方法与手段

一、速度素质训练的方法

（一）反应速度训练方法

一般情况下,反应速度训练主要包括简单反应训练和复杂反应训练两个阶段。

简单反应训练是第一阶段,主要任务是通过已经熟悉或掌握的动作,来准确回答事先已经知道但突然出现的信号。在简单反应速度中能够发现转移现象,即如果人们对部分事物做出的反应比较快,则对另外一部分事物同样会有较快反应。不同类型的位移速度与动作速度能够循序渐进地提升简单反应速度,但简单反应速度对发展动作速度和发展位移速度不产生任何作用,原因在于反应速度、动作速度、位移速度三者间的转移是难以逆转的。简单反应速度和心理素质练习之间有十分紧密的联系。在运动过程中,运动员对小于0.1秒的细微时间间隙的感觉越精细,则准备辨别此类时间差的水平就越高,则将准确时间差的感觉转移到反应速度上的难度就越小。分析运动员简单反应速度的提升可知,通常其对信号做出应答反应的动作的熟练程度是决定性因素。具体原因是在运动员动作熟练的情况下,当信号出现的瞬间,运动员中枢神经往往不需要再花很多时间来沟通和运动器官间的反射联系。

复杂反应训练是第二阶段,具体是指对瞬间运动变化或瞬间动作变化做出对应动作的回答。例如,球类运动和部分一对一对抗项目中,均存在极为激烈的竞争与对抗,应急而变换动作的情景时有发生,所以运动员在复杂反应速度上必须达到较高要求。在运动过程中,绝大多数复杂动作反应是"选择"反应。选择反应包括对移动目标的反应和选择动作的反应。具体来说,对移动目标的反应指对运动客体变化做出反应;选择动作的反应是指将对手动作变化作为依据来做出对应动作反应。简单反应训练和复杂反应训练的训练手段如下。

1. 简单反应训练

相关研究证实,在视觉—动作反应时间方面,普通人和运动员分别在0.2~0.35 秒以及 0.15~0.2 秒。分析没有参与简单反应速度专门训练的练习者而言,通过参与一般速度练习或不同形式游戏活动以及球类练习或对抗性练习等,同样能够使简单动作反应速度得到有效发展,同时最终能够获得理想效果。倘若将专项运动要求的简单动作反应速度提升到某种程度或比较高的水平,则必须选择专门的练习方式。有效发展运动员简单动作反应速度的途径包括以下几种。

(1)重复训练法

具体来说,重复训练法是指应对突然发出的信号,用最短时间做出应答反应,从而使练习者动作反应能力得到大幅度提升。除此之外,也能够以瞬间信号(听觉、视觉)作为重要依据,来对动作或运动方向进行变换;针对对手不同类型动作做出事先设定好的反应动作。

(2)变换训练法

以动作强度与详细时间变化的信号刺激作为重要依据,大幅度革新练习形式与环境,从而使简单动作反应速度得到有效提升,即变换训练法。应用变换训练法也能够把专门心理素质练习作为辅助手段,从而使简单动作反应速度的练习得到根本发展。科学运用变换训练法,有助于练习者逐步适应不断变化的环境,促使制约完成简单动作反应的多余紧张得到有效消除,有效防止兴奋的大范围扩散。

(3)分解训练法

通过对反应的动作做出分解回答,推动其处在完成难度较小的条件下,在提高分解动作速度的情况下促使反应的速度得到大幅度提升。以蹲踞式起跑为例,其反应时间应当比站立式起跑时间长,原因在于练习者手臂需要支撑的重量相对较大,在较短时间内离开地面的难度较大。因此,练习过程中可以先练习对起跑信号的反应速度,随后在单独练习第一个动作的速度。

(4)运动感觉法

有机结合运动实践和心理素质训练的方法,即运动感觉法。运动感觉法练习大体包括三个阶段:第一阶段是练习者接收到信号之后,用最快速度应对信号做出应答反应,同时取得实际时间,从而对练习者应答反应能力的提升发挥积极作用;第二阶段是指导练习者独立判断反应时间,同时和实际时间做出比较,从而使练习者时间感觉水平得到大幅度提升;第三阶段是指导练习者根据事先规定时间来做完特定反应的练习,从而使练习者时间判断能力得到有效发展。除此之外,运动心理练习同样属于提升练习者简单动作反应速度的一项措施,如采取适宜动作、应对等待信号的时间判断等均对提升反应速度有积极作用。

2. 复杂反应速度训练方法

对于练习者的运动技术与战术练习来说,培养运动员复杂反应速度是重要部分之一,在球类运动中体现得尤为显著。在提高练习者复杂动作反应的方法中,在练习过程中模拟实战演练或整体竞赛活动、参与测验与比赛是最常见且最可行的方法。原因在于对方出现的变化在竞争激烈的竞争中方可呈现出来,自身选取的反应动作有无效果尽可以在实战应用中得到验证。发展复杂反应速度的练习手段具体如下。

(1)移动目标的训练

针对移动目标产生应答反应,同时做出选择反应,就是移动目标训练。在运动过程中,针对正在移动的目标做出应答反应往往要经历四个阶段:第一,看到目标移动或听到具体信号;第二,对目标移动速度以及目标移动方向做出判断;第三,挑选出合理的应答动作方案;第四,实现动作的方案。这四个阶段共同构成了运动条件反射的潜伏期。对于快速移动目标练习方法,能够选择培养"预料"能力,简而言之就是培养练习者在视野中事先"观察"与"盯住"正在运动的物体,和事先对该物体有可能移动的方向以及作为进行预测和确定的能力。在练习者练习技术动作以及战术动作的过程中,只有对该项能力进行持续强化练习,才有可能出现一定幅度的提升。此外,专门添加外部刺激因素同样是一种有效方式。

(2)选择性反应能力的训练

在同伴突然做出动作或对手突然做出动作的情况下,用最短时间选择并做出应答性动作的练习,就是选择性反应能力。要想实现该目标,一定要在有效提升复杂动作反应速度的过程中,促使技术动作大幅度提升,有效培养练习者的协调水平。练习者选择性反应能力的形成过程,往往是伴随运动技能熟练化与自动化、动作技术常规反应以及快速反应的练习而慢慢提升的。

(3)选择性的训练

练习者跟随不同形式信号的具体变化,做出对应应答动作或逆反应答动作,就是选择性训练。例如,在练习过程中,当同伴发出向左转的口令时,则练习者向右转。选择性训练的动作简便且完成难度较小,但练习者必须使注意力高度集中,同时要有效加快反应。

综上所述,发展复杂反应速度练习必须要持有较强的目的性,尽可能指导练习者多次模拟运动过程中容易产生的复杂反应条件以及相似形式,在重复适应的情况下,大幅度缩短反应时间。因为运动过程中复杂反应速度的转移范围比较大,所以练习形式可以多元化。

（二）动作速度训练方法

提升动作速度的练习手段包含许多,结合运动项目的实际需求,这里主要对几种切实可行的训练法进行解析。

1. 减少阻力训练法

减少外界自然条件阻力以及人体自身重阻力的练习,就是减少阻力训练法。减少阻力训练法具体包括结合风力情况来顺风骑车、顺风游泳、顺风跑等,这些方法对练习者提升高速运动感觉能力具有积极作用。对于战胜练习者体重的练习来说,能够发挥助力作用从而减轻身体重量,对练习者顺利完成技术动作的动作速度产生促进作用。以体操运动为例,可以借助动作外部助力或保护带的辅助作用。但需要说明的是,在助力和帮助的过程中,必须有效调控助力、帮助时机以及用力大小,从而对练习者实现动作速度目标发挥积极作用。

2. 加速度训练法

在速度素质训练过程中,加速度并非仅仅指物体在运动速度方面的变化,也指物体在运动速度方向方面的变化。为有效提升练习者的运动速度以及动作速度,某些项目已经将加速阶段练习设定成主要练习内容,同时还将其设定为发展速度的关键性练习方式。

3. 负重物训练法

因为运动过程中动作速度和力量水平之间存在十分重要的关系,所以要想使练习者动作速度得到有效发展一定要和发展力量有机结合起来。一般情况下,通过举重物完成专门性动作速度练习的过程中,重物实际重量应当比培养单纯力量与速度力量要轻些。要想使速度力量以及速度在相同时间发挥作用,练习过程中可以结合负重的专门练习与不负重的专门练习。需要说明的是,部分比赛的专项动作不需要另外增加重物,即一种专项力量与速度在相同时间出现的动作形式。由此可知,把专项动作本身当成练习方式时,往往是不负重的,原因是如此能够有机结合专项力量与动作速度,有助于练习者在体育比赛中更好地表现出动作速度。

4. 巩固技术训练法

在体能训练过程中,已经掌握的运动技术是提升练习者动作速度的决定性因素。原因在于练习者动作速度受动作幅度、工作距离、运动方向、工作时间、动作路线、动作角度、动作用力等情况的影响。因此,练习者在使用已经巩固以及能够灵活应用的动作完成具体动作时,可以对这些因素投入较少的注意力,把主要注意力集中在完成动作的速度方面,从而更好地发挥动作水平。

5. 体育游戏训练

体育游戏训练作为一种游戏方法,具有提高身体素质、陶冶情操、愉悦身心的功能。在日常练习的条件下,速度练习的时间比较有限,促使练习者身体呈现出最大限度的速度并非易事,采用体育游戏能够充分调动练习者的热情,并且体育游戏可以造成不同动作的变化,使得呈现出最大速度的可能性得到大幅度增加。

(三)移动速度训练方法

从某个角度展开分析,移动速度就是一种综合运动能力的具体反映。练习者的力量、速度耐力、协调性、柔韧都和移动速度存在密切联系。发展移动速度的措施具体如下。

1. 发展力量训练法

发展力量是练习移动速度的一项基本途径。力量训练目标是有效提升练习者速度素质,终极目标是将练习者已经具备的力量素质与速度素质应用到提升移动速度方面。通常情况下,在力量练习过程中需要达到以下几方面的要求。

(1)力量练习必须促使练习者力量素质获得均衡发展。

(2)在力量练习过程中,练习者需要用较快速度重复一定负重的练习,从而取得速度力量储备,从而实现提升移动速度的目标。

(3)在力量练习过程中,应当使练习者避免运动损伤与自我保护的能力得到提升,同时力量练习必须保证科学性和安全性。

(4)对于发展基本力量的练习,建议选择 40%～60% 的适中强度,以此完成快速的重复(负重)练习,有效增加肌肉力量以及肌肉横断面。此外,极限负荷练习和次极限负荷练习同样可以有效发展移动速度。

(5)在力量练习过程中,应当着重发展练习者的速度力量,通常会选择超等长的力量练习,具体包括立定跳远和跳深等。

2. 重复训练法

对于移动速度训练来说,重复练习法同样是一项有效措施。重复练习法具体是指多次重复一定距离的练习。在移动速度训练过程中,运用重复练习法需要注意以下几点。

(1)练习强度要适度

达到身体健康是速度素质训练的最本质目标,所以练习过程中必须有效把握训练强度。练习强度不仅是练习负荷的主导因素,同时是提升快速移动能力的一项可行性策略。对于移动速度练习,仅需要把握在提高身体素质的范围内,只要不强制挑战身体极限就可以。在练习过程中,练习强度不是固定不变的,练习者需要有节奏、科学变换练习强度,这样不但有助于力量速度的提升,而且对练习者轻松完成动作有积极作用,能够防止练习者动作速度始终维持在某个阶段。相反,如果只采用很高的练习强度,或者完成极限练习和接近极限练习的次数较多,均对提高练习者速度素质具有负面作用,同时会增加出现速度障碍的可能性,导致练习者绝对速度难以发生变化。

(2)练习持续时间

移动速度练习时间和其余练习要素应当保持统一,练习的刺激持续时间需要符合最佳化要求。通常来说,最低持续时间是指自起动到加快再到最高速度需要的时间。倘若持续时间比较短,但没有达到最高速度,则练习价值只体现在对加速度过程的改善作用,但无法获得最佳速度效果。相关研究表明,速度练习持续时间的主要依据是运动项目实际情况以及练习者实际情况。倘若练习者产生疲劳,同时运动能力呈现出下滑趋势,无法使最大速度一直保持着,则需要停止练习或者通过休息来调整。

(3)重复练习的次数和组数

和耐力素质训练进行比较,移动速度练习消耗总能量比较低,然而单位时间内消耗能量比剩余练习形式要高出很多,这是导致练习者在练习过程中容易产生疲劳的主要原因。因此,移动速度练习应当安排较少的重复次数,不然将会对练习者身体健康产生负面影响,某些情况下还会造成运动损伤。为增加练习时间内的效率,教练员要适度增加练习组数,由此保证练习整体时数比较充足。

（4）练习的间歇时间

在整个运动过程中，安排间歇时间应当遵循练习者身体基本实现完全恢复状态的原则。换句话说，可以保证练习者下次练习刚刚开始后中枢神经系统已经再度兴奋，机体功能通过变化达到中和状态，从而能够对每次练习的物质供能进行充分适应。倘若教练员预留的间歇时间比较短，练习者机体产生的疲劳难以得到休整和恢复，则会导致练习功效出现变化，从而使每次练习强度呈现出下降趋势，对运动员移动速度水平的正常发展造成负面影响。一般情况下，教练员在安排间歇时间时，会综合考虑练习者的练习强度、身体情况以及练习持续时间等因素。当练习持续时间越来越短时，休息时间也会随之缩短。

3. 综合性训练法

分析综合性训练法可知，其不但是移动素质练习方法中的一种，而且是很多练习方法有机结合后的运用。训练练习法与组合练习法是相对常见的综合性练习法。综合性练习法不但能有效完善练习的整体效能，而且能对练习负荷和休息进行自如调整，可以循序渐进地提升练习者的技术动作、运动素质以及速度水平。运用综合性练习法时，采用程序具体如下。

（1）肌肉建设性练习

肌肉建设性练习往往采取 40％～60％ 较低强度练习，同时会安排较多的重复次数，推动肌肉力量与肌肉横截面日益增加。

（2）肌肉内协调性练习

肌肉内协调性练习的主要目标是：练习者通过肌肉用力，来动员尽可能多的肌纤维，并且完成强力收缩过程。

（3）"金字塔式"练习法

具体来说，将肌肉建设性练习和肌肉内协调性练习同时兼顾的练习就是"金字塔式"练习法。

（4）柔韧素质练习

在增加练习者运动速度的诸多方法中，柔韧素质练习是一项有效措施。原因在于练习者柔韧性提升之后，能够使力的时间和范围得以增加，进而推动运动速度的增加，有效优化肌肉协调性，促使肌肉阻力减少、肌肉合力有效增加。由此可知，运动员经常做提升髋关节柔韧性的练习有助于提升移动速度，具体有转髋走练习、体前屈练习等。

（5）改进技术动作发展移动速度

分析练习者技术动作完善措施可知，提高移动速度是一项决定性因素。例如，技术动作的幅度、半径、工作距离、运动时间均和移动速度快慢存在密切联系。练习者要想有效发挥自身速度水平,必须掌握切实可行的技术动作,轻松完成各项动作,使多余的肌肉紧张得到彻底消失。

4. 发展步频、步长训练法

一般情况下,步长与步频是制约跑动过程中移动速度的重要因素。运动员要想有效提高移动速度,必须在跑动过程中把高频率与大步幅融合在里面。与此同时,力量协调性是对练习者步长与步频都有影响的因素。具体来说,肌纤维类型、神经系统灵活性是影响步频的因素,柔韧性、后蹬技术、腿长是影响步长的因素。需要重点说明的是,经过长期的规范性练习,能够使练习者的柔韧性与后蹬技术得到有效改善,但遗传因素是决定练习者腿长、肌纤维类型、神经系统灵活性的重要因素。后天对遗传因素的作用微乎其微,所以对于一般练习者而言,倘若步频不尽人意,则可通过尽全力增大步频来使移动速度得到有效提升。

二、速度素质训练的手段

(一)反应速度的训练手段

1. 两人拍击

如图7-1所示,两名练习者面向开立,当接收到开始口令之后,通过各种途径达到拍击对方背部的目的,同时要保证自己没有被对方击中。在事先安排的时间内(每次大约1分钟),拍击对手次数最多的练习者是胜利者。训练目标是促使练习者反应动作速度以及上体动作灵活程度得到有效发展。用最短时间灵敏做完相关动作是训练要求。

图 7-1

2. 反应起跳

如图7-2所示,练习者紧紧围绕圆圈朝圈内方向站立,圈内大约站1~2

人，站立圆心周边的练习者手拿长度超过圆圈半径的树枝或竹竿。当游戏开始之后，持竿的练习者使竹竿绕过站圈人脚下来划圆，当竿经过脚下时对应练习者应当马上起跳，不要让竿打在脚上，否则将视为失败，同时要和圈内持竿者交换位置。反应起跳训练目标是推动练习者反应动作速度得到有效发展，训练要求是用最短时间灵敏完成相关动作，此外持竿练习者需要突变划圈方向。

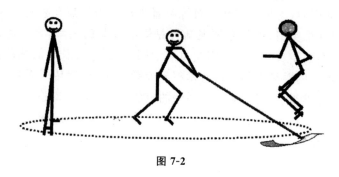

图 7-2

3. 贴人游戏

如图 7-3 所示，练习者由多人组成，每两名练习者前后站立并面朝圈内站立围成圆圈，左右间隔距离是 2 米。两名练习者在圆圈外顺着圆圈跑动追逐，当被追的练习者站在某两人前面站立时，后面第三者随即成为逃跑者，追赶练习者开始追第三者，倘若被追上则视为失败。贴人游戏训练目标是促使练习者反应动作速度以及灵敏性得到有效发展，训练要求是用最短时间灵敏完成相关动作。

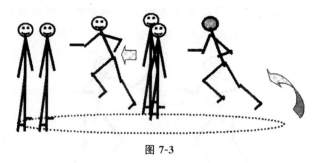

图 7-3

4. 追逐游戏

如图 7-4 所示，两队练习者在间隔距离是 2 米的位置站立，在此之前将两队规定成单数队与双数队。当两队练习者接收到教练员的单数口令或双数口令后，按照教练员叫单数、单数队跑或追的规定，一队负责跑、一队负责追。在 15～20 米距离内追上是胜利者,没有追上是失败者。追逐游戏训练目标是促使练习者反应动作速度与灵敏性得到有效改善,训练要求是用最短时间灵敏完成相关动作。

双数队　　　　　　　　　　单数队

图 7-4

（二）动作速度训练手段

动作速度训练手段主要包括上肢和躯干练习、髋部和下肢练习、全身配合练习,具体如下。

1. 上肢和躯干练习

（1）俯卧撑起击掌

如图 7-5 所示,练习者用两只手掌和两只脚掌来支撑地面,整个身体成一条线。朝身体下方弯曲肘部,随后在最短时间内支撑身体并完成击掌动作,然后恢复成开始姿势重复练习。训练目标是促使练习者上臂后部以及肩部肌肉群动作速度以及爆发力得到有效发展。训练要求是尽可能缩短完成动作的时间,通过下降肘部来达到下降身体的目标,整个身体尽可能伸展,使身体处于平衡状态。

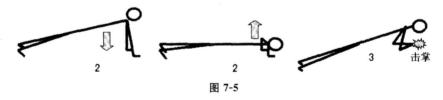

图 7-5

（2）快速滑动俯卧撑

如图 7-6 所示,利用髋部把球固定好,两臂支撑地面朝前方行进。身体在球上朝前方移动并形成俯卧撑姿势,小腿前面的部分在球上发挥支撑作用。完成一个俯卧撑动作,随后通过手"走路"退回至开始姿势,反复完成该项练习。训练目标是促使练习者胸部肌肉群速度力量、肩部肌肉群速度力量、身体支撑能力、身体稳定能力得到有效发展。

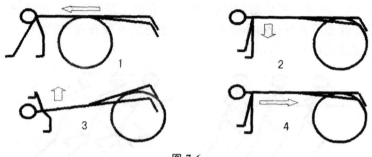

图 7-6

（3）快速传接实心球

如图 7-7 所示，和同伴面对面站立，使膝盖微微弯曲，两名练习者之间的间隔距离是 3～4 米。练习者两手在胸前位置持实心球，反复完成传接练习。训练目标是促使练习者肩部、臂部、胸部的肌肉群速度力量以及爆发力得到有效发展。训练要求是练习者接球时必须保证两臂伸直。

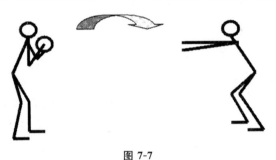

图 7-7

2. 髋部和下肢练习

（1）立定跳远

如图 7-8 所示，练习者朝向沙坑或垫子，两脚做开立动作，开立距离约同肩宽，两臂朝上方举起，同时使身体处于伸展状态。下蹲之后两腿用最短时间完成蹬伸动作，朝前上方位置跳起，同时前引两脚落地。训练目标是促使练习者下肢动作速度以及爆发力量得到有效发展。训练要求是起跳时身体要尽可能伸展，腾空时要做到收腹和屈髋，两脚落地间距和起跳间距一样。

（2）直膝跳深

如图 7-9 所示，准备 8～10 个 20～30 厘米低跳箱，每个低跳箱之间大约间隔 50 厘米，同时按照顺序进行横向排列。练习者在保证膝盖伸直的情况下，从跳箱上跳下，随后快速跳到下个跳箱，不间断地进行练习。训练目标是促使练习者的踝关节动作速度、反应力量、紧张程度得到大幅度提升。训练要求是仅可以通过踝关节在最短时间内完成动作,努力减少接触地面的时间。

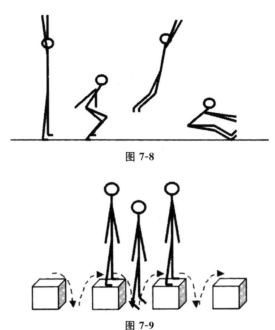

图 7-8

图 7-9

（3）连续蛙跳

如图 7-10 所示,两脚多次完成起跳动作与落地动作,起跳动作和腾空动作与立定跳远练习一样。训练目标是促使练习者的下肢动作速度以及爆发力量得到改善。训练要求是练习者身体应当朝前上方跳起,同时各个动作之间要连贯。

图 7-10

（4）跳栏架

如图 7-11 所示,准备 8～10 个高 40～60 厘米的栏架,每个栏架之间大约间隔1米,同时按照顺序进行横向排列。练习者通过两脚起跳以及落地分别越过排列的栏架,不间断地进行练习。训练目标是促使练习者下肢动作速度以及反应力量得到有效发展。训练要求是练习者下肢各个关节必须尽可能缩短完成动作的时长,努力避免两脚和地面的接触时长。

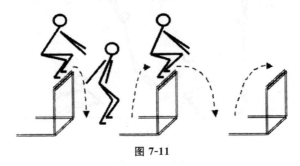

图 7-11

3. 全身配合练习

(1)双腿起跳背越过杆

如图7-12所示,练习者背部朝向海绵包以及横杆,两脚做开立姿势,开立距离和肩部宽度相同,两臂朝上方举起,同时使身体充分伸展。完成下蹲动作后,双腿必须在最短时间内完成蹬伸动作,朝后上方跳起,仰头形成背弓并越过横杆。成功过杆之后,依次完成收腹动作与团身动作,促使最先落在海绵包上的身体部位是背部。训练目标是促使练习者下肢和背部的动作速度、反应力量得到有效发展。训练要求是练习者下肢必须在最短时间内完成蹬地动作,腾空过程中要真正形成身体背弓动作,对于刚刚参与练习的练习者,应当适当降低横杆高度。

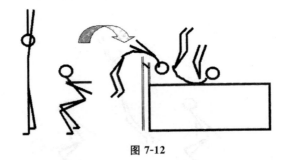

图 7-12

(2)前抛实心球或铅球

如图7-13所示,练习者朝向抛掷方向,两脚左右开立距离大约是肩宽的1.5倍,使手臂充分伸直,两手持实心球或铅球举过头顶。团身下摆实心球或铅球,一直到达两个小腿之间且和地面比较接近。在最短时间内,通过蹬腿、挺身、挥臂朝身体前上方抛出实心球或铅球。训练目标是推动练习者肩部、上肢、背部、下肢的动作速度以及爆发力量得到充分发展。训练要求是身体用力顺序应当从下往上,用最短时间做完动作。

图 7-13

（3）跳起转体接实心球

如图 7-14 所示,练习者背部朝向接球方向,两脚左右开立,同时将轻实心球牢牢夹住。用最短时间完成跳起动作,通过两腿使轻实心球抛到空中,身体落地后用最短时间完成转体动作并将实心球接住。训练目标是促使练习者下肢、骨盆、躯干、上肢的跳跃与转身的动作速度以及爆发力获得有效发展。训练要求是完成动作要做到快速、连贯,身体各个环节必须密切配合。

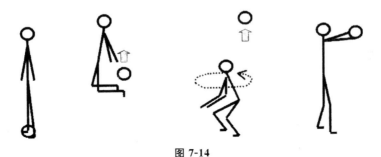

图 7-14

（4）弓箭步快速传接实心球

如图 7-15 所示,练习者和同伴相对站立,两者间的间隔距离是 3～4 步。一名练习者两手持实心球,一条腿弯曲膝盖、弯曲髋部朝前方迈步并慢慢着地。前面腿的大腿和地面形成平行关系,膝关节弯曲 90°,同时不可超出脚尖垂线。在脚落地之前,必须将实心球传给同伴,接球时前脚蹬地并恢复至开始姿势。训练目标是对练习者上肢和下肢的速度力量以及爆发力的发展产生积极作用。训练要求是训练者维持弓箭步姿势,促使身体始终处在平衡状态。

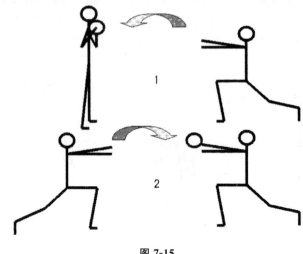

图 7-15

（三）位移速度训练手段

与动作速度训练手段相同，位移速度训练手段同样包括上肢和躯干练习、髋部和下肢练习、全身配合练习，具体如下。

1. 上肢和躯干练习

（1）摆臂

如图 7-16 所示，两脚并拢站立，通过短跑动作完成前后摆臂，肘关节大约弯曲 90°，两手处于放松状态。前摆手大约摆到和肩部位置相同的高度，后摆手摆到臀部后面的位置。训练目标是充分提升练习者摆臂动作效率，并且全面掌握规范的上体姿势。训练要求是摆臂动作不能够超过身体中线，建议练习者通过坐姿或持重物练习。

图 7-16   图 7-17

（2）跑步动作平衡

如图 7-17 所示，通过最高速度下的单腿支撑姿势，左脚通过脚掌来支撑地面，肘关节大约弯曲 90°。左手和右手分别在肩部高度与髋部高度，右腿往高处抬起，右脚踝和臀部靠近。训练目标包括两个方面：一方面，增加踝关节肌肉群的紧张感；另一方面，提高踝关节肌肉群的稳定支撑水平。训练要求是练习者维持该姿势的时长应在 20～60 秒之间。

2. 髋部和下肢练习

（1）跑步姿势交换腿高跳

如图 7-18 所示，由慢跑动作开始，高跳时采用跑的身体姿势，完成起跳动作后另外一只脚落地。训练目标是促使练习者跑动过程中的腿部蹬伸爆发力得到有效发展。训练要求是高抬膝盖、努力高跳。

（2）跑步姿势交换腿高跳落点向内

如图 7-19 所示，由慢跑动作开始，练习时始终顺着分道线或直线，完成高跳时用跑的身体姿势。完成起跳环节后，用另外一只脚落地，然后持续完成练习。训练目标是促使练习者跑动过程中腿部蹬伸爆发力量以及控制方向的水平得到大幅度发展。训练要求是高抬膝盖、努力高跳、脚落地位置是跑进方向上的直线内侧。

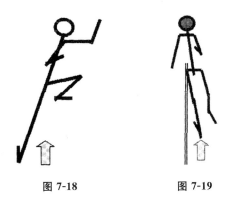

图 7-18　　　　　图 7-19

（3）脚回环

如图 7-20 所示，练习者用单腿做支撑腿，手部通过扶固定物来保持身体平衡。一只脚采取短跑动作完成回环练习。训练目标是促使练习者摆动腿的快速折叠水平与前摆水平得到有效提升。训练要求是练习者在完成动作的过程中需要回环拍击臀部，结束动作是扒地动作，脚的回环路线必须在身体前面做完。

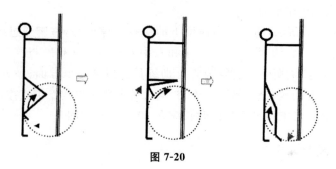

图 7-20

3. 全身配合练习

(1)高抬腿跑绳梯

如图 7-21 所示,两脚在相同格子内落地,用最快速度跑完每个格子中间距大约是 50 厘米的绳梯或小棍。训练目标是提高练习者的步频与快速高抬折叠腿两方面的水平。训练要求是练习者最先进入小格的摆动腿高抬,尽量缩短支撑腿和地面的接触时间。

图 7-21

(2)拖轮胎跑

如图 7-22 所示,练习者将绳索系在腰部,拖动一个汽车轮胎跑。训练目标是大幅度增加跑进速度力量以及爆发力量,使练习者的步长增加。训练要求是练习者需要采取规范的跑进动作技术,避免练习者拖动的轮胎过重,使跑进的加速节奏处于稳定状态。

图 7-22

（3）缓坡上坡跑

如图 7-23 所示，在坡道上向上跑进。训练目标是有效提升练习者的跑进速度力量以及爆发力，使练习者的步长增加。训练要求是发展练习者最大速度的坡度应当小于 3°，发展加速能力时的坡度允许适度增加。

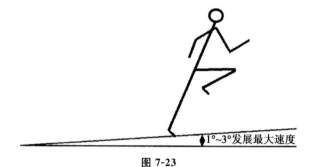

1°~3°发展最大速度

图 7-23

第八章　大学生实用体能训练之耐力素质训练

大学生参与体育运动项目需要具备一定的耐力素质。在不同体育项目中,耐力素质有着不同的作用。在竞速项目中,耐力素质是对大学生的运动能力具有决定性影响的主导素质,会直接决定大学生总体运动水平的高低;在持续时间相对较长的运动(足球、羽毛球、拳击等)中,耐力素质会直接影响比赛结果,等等。因此,大学生必须注意加强耐力素质的训练,以便能够承受较大的运动负荷,并保证以充沛的体力参与运动。本章主要就耐力素质训练进行分析与研究,主要内容包括耐力素质概述、有氧耐力训练的专门性策略、耐力素质训练方法与手段以及耐力运动员突破成绩瓶颈的训练方法。本章的内容对大学生科学参与耐力素质训练以及进一步提高耐力素质具有重要的指导意义。

第一节　耐力素质概述

一、耐力素质的概念

机体在一定时间(不同专项对运动时间的规定性)内保持特定强度负荷或动作质量的能力就是所谓的耐力素质。运动员的耐力水平直接反映在其能否在一定时间内保持特定运动强度或动作质量。如果运动员保持特定强度或动作质量的时间较长,或在一定时间内可对更高强度加以承受,就说明运动员耐力水平较高。运动员只有具备良好的耐力素质,才能在整个竞赛过程中保持特定的运动强度。

二、耐力素质的影响因素

(一)生理学因素

1.影响有氧耐力的生理学因素

对运动员有氧耐力构成影响的生理学因素主要有以下几点。

(1)运动员的年龄与性别。

(2)运动员氧运输系统的功能水平。

(3)运动员骨骼肌利用氧的能力。

(4)运动员神经系统的调节能力。

(5)运动员机体能量供应及其利用效率。

2. 影响无氧耐力的生理学因素

对运动员无氧耐力构成影响的生理学因素主要有以下几点。

(1)运动员骨骼肌的糖无氧酵解供能能力。不同项目运动员的肌纤维百分构成和糖酵解酶活性有较为明显的差异,各项目都具有非常明显的特征(表8-1),肌纤维百分构成和糖酵解酶活性在一定程度上会决定运动员的无氧耐力发展水平。

表 8-1　不同项目运动员肌纤维组成和无氧代谢酶活性的比较

项目	慢肌/(%)	乳酸脱氢酶/ (微当量/克·分⁻¹)	磷酸化酶/ (微当量/克·分⁻¹)
男子短跑	24.0	1287	15.3
男子中长跑	51.9	868	8.4
男子长跑	69.4	764	8.1
女子短跑	27.4	1 350	20.0
女子中长跑	60.0	744	12.6

(2)运动员对酸性物质的缓冲能力。

(3)运动员神经系统对酸性物质的耐受能力。

(二)心理学因素

心理学因素也是影响运动员耐力素质水平的一大因素,具体体现在运动员参与运动项目的动机,对所从事运动的兴趣,在运动过程中的心理稳定性、努力程度以及意志品质等几个方面。

上述心理学因素中,对运动员耐力素质水平具有重大影响甚至是决定性影响的因素当属意志品质。运动员如果没有良好的意志品质,是很难在出现运动疲劳之后继续进行以强度为主的训练的。良好的意志力可以强迫神经中枢继续工作,甚至使工作强度进一步提高,从而达到运动所要求的强度水平在一定时间内保持这一水平。人类的耐力潜力是巨大的,只有将意志力充分动员起来,使其战胜因疲劳而出现的软弱,人类才能最大限度地发挥自己的耐力潜力。

(三)运动技能因素

不管是什么项目的运动员,其参与训练和比赛都需要具备一定的耐力素质,其在训练和比赛中的成绩会直接受到耐力素质水平的影响。所以,任何一名运动员都应该将耐力素质作为自己的基础素质之一来对待,重视这一素质的训练与提高。需要注意的是,运动员要想提高自身的耐力素质,还必须具备一定的运动技能水平,这是进一步发展耐力素质的重要因素。运动员的耐力素质会因为运动技能水平的提高而提高。反之,如果运动技能水平较低,则会对耐力素质的进一步发展造成严重的阻碍。

三、发展耐力素质的注意事项

(1)发展耐力素质要对年龄、性别及生理特点等要素予以充分的考虑。男子与女子发展耐力素质的最佳时期分别是在 17 岁之后和 16 岁以后。

(2)在发展耐力素质的过程中,应该先发展有氧耐力,然后在此基础上发展无氧耐力。

(3)在耐力素质训练过程中,运动负荷要逐渐适量增加。

(4)中等动作速度更有利于提高耐力素质。

(5)在耐力素质锻炼中,呼吸与动作的协调配合很重要,因此要予以重视。

(6)运动员必须具备良好的意志品质,持之以恒地进行耐力素质训练,这样才能取得明显的效果。

(7)在耐力锻炼后,需注意科学补充营养,并采取有效的途径消除疲劳。

第二节 有氧耐力训练的专门性策略

一、有氧耐力的相关概念

人体在长时间内进行以有氧代谢(脂肪和糖等有氧氧化)供能为主的运动能力就是所谓的有氧耐力。下面对与有氧耐力有关的一些概念进行解析。

（一）氧亏

运动过程中,当机体的摄氧量不足,无法满足机体实际所需的氧量时,正常的运动状态就难以再继续维持,这时机体就会出现氧的亏欠现象,即氧亏。在剧烈运动过程中,这种现象较为普遍。但在低强度运动中,这种现象也会出现,通常出现在运动开始阶段。这主要是因为在开始运动时,内脏器官有较大的生理惰性,所以氧运输系统功能很难最大程度地发挥出来,这时机体的摄氧量也就无法满足实际需要(图 8-1)。

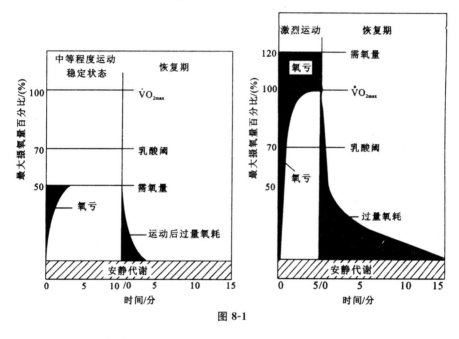

图 8-1

（二）最大摄氧量

人体在从事有大量肌肉群参加的长时间剧烈的运动中,当心肺功能和肌肉利用氧的能力与本人极限水平持平时,单位时间内(每分钟)所能摄取的氧量就是所谓的最大摄氧量,即 VO_{2max}。[①] 最大摄氧量是人体有氧工作能力评定中一个非常关键的指标。

1. 最大摄氧量的限制因素

有关最大摄氧量的限制因素,运动科学家提出了以下两个不同的理论。第一个理论认为,中枢和外周的循环因素是对人的耐力素质造成限制

---

① 封飞虎,凌波. 运动生理学[M]. 武汉:华中科技大学出版社,2014.

性影响的主要因素。

第二个理论认为,线粒体内没有足够浓度的氧化酶是对人的耐力素质造成限制性影响的主要原因。

Rowell 也曾研究过有关最大摄氧量限制因素的问题,他认为呼吸、中央循环、外周循环以及肌肉代谢是影响最大摄氧量的主要限制性因素,图 8-2 直观地反映了 Rowell 的观点。

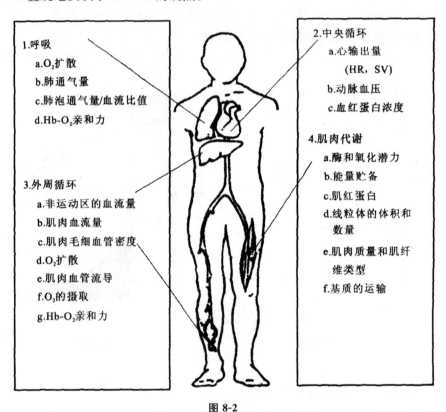

1.呼吸
  a.O_2扩散
  b.肺通气量
  c.肺泡通气量/血流比值
  d.Hb-O_2亲和力

3.外周循环
  a.非运动区的血流量
  b.肌肉血流量
  c.肌肉毛细血管密度
  d.O_2扩散
  e.肌肉血管流导
  f.O_2的摄取
  g.Hb-O_2亲和力

2.中央循环
  a.心输出量
    (HR,SV)
  b.动脉血压
  c.血红蛋白浓度

4.肌肉代谢
  a.酶和氧化潜力
  b.能量贮备
  c.肌红蛋白
  d.线粒体的体积和数量
  e.肌肉质量和肌纤维类型
  f.基质的运输

图 8-2

2. 最大摄氧量的影响因素

(1)遗传

人体的最大摄氧量在很大程度上受到遗传因素的影响,这也是不同人的最大摄氧量保持在不同范围的主要原因,而通过耐力训练可以提高最大摄氧量范围的上限。

(2)年龄、性别

男、女最大摄氧量达到峰值的年龄段分别是在 18—20 岁和 14—16 岁,而且各自峰值的年龄可分别延续到 30 岁左右和 25 岁左右。之后,最大摄氧量随年龄增长而减小(图 8-3)。经常参与体育锻炼的人可较长时间地延续峰值,并使最大摄氧量的下降速度减缓。

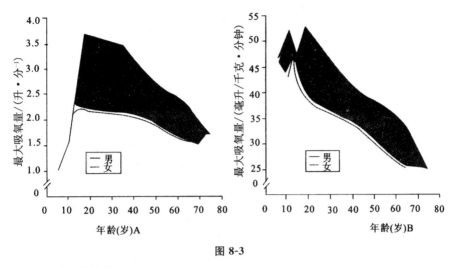

图 8-3

（3）训练因素

有氧训练是促进最大摄氧量增加的有效手段。Bouchard 提出,遗传因素会决定对训练计划的应答。图 8-4 反映的是 10 对同卵双胞胎进行为期 20 周的耐力训练的情况,从图中可以看出每对双胞胎的应答都是比较相似的。

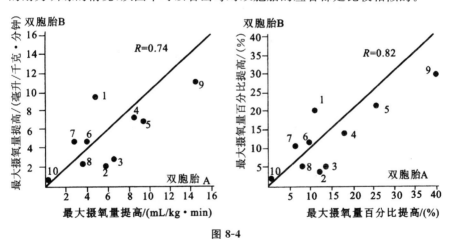

图 8-4

3. 最大摄氧量的测定

（1）直接测定

对最大摄氧量进行直接测定时,常用的测量手段有跑台跑步、台阶试验、蹬踏功率自行车等。

（2）间接推算

一般通过间接推算的方法来获得可靠的最大摄氧量数据。这一测定方法比直接测定要复杂，而且要求具备相应的设备条件，如跑台、收集和分析气体的仪器等。此外，这一测定方法比较适合体质好的年轻人，对于体质较弱和老年人来说并不适用，存在一定的危险。

目前国内外普遍采用的间接推算法是瑞典学者奥斯特兰德的列线图法（图 8-5）。奥斯特兰德以亚极量负荷时测得的摄氧量与心率的线性关系为依据设计了对最大摄氧量进行测算的列线图。

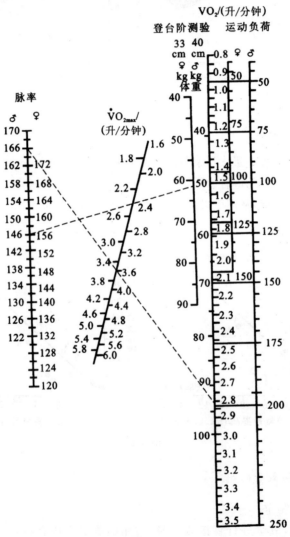

图 8-5

奥斯特兰德经过进一步研究,提出了对最大摄氧量推测值进行修正的方法,具体见表8-2。

表 8-2　推测最大摄氧量的年龄修正系数表

年龄(岁)	修正系数	最大心率	修正系数
15	1.10	210	1.12
25	1.00	200	1.00
35	0.87	190	0.93
40	0.83	180	0.83
45	0.78	170	0.75
50	0.75	160	0.69
55	0.71	150	0.64

(三)乳酸阈

　　乳酸阈是判断有氧耐力能力的重要生理指标,乳酸阈越高,表明有氧耐力水平就越高。提高乳酸阈的主要方法之一是进行有氧训练。参与耐力训练后和训练前的乳酸阈有显著的差异,如图8-6(a)所示。

　　乳酸阈与有氧耐力项目的跑步速度关系密切,乳酸阈的提高会促进跑步速度的增加,如图8-6(b)所示。

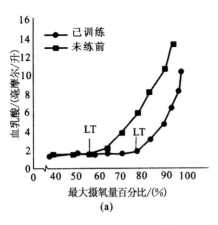

(a)

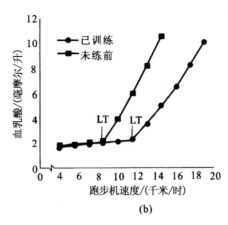

(b)

图 8-6

二、有氧耐力的生理学基础

(一)能量供应特点

人体能量供应情况会影响有氧耐力水平,具体来说,在有氧条件下,糖和脂肪是否能够长时间持续供能直接影响着人的有氧耐力。耐力型运动项目的主要特点就是运动持续时间长,运动强度较小,在这类项目中,机体所需能量主要来源于氧代谢供给的能量。随着运动时间延长,脂肪成为机体所需能量的主要来源,脂肪供能比例不断提高,而糖原产能的比例就会相应减少。人体动员脂肪供能的能力如何,可以通过血浆中自由脂肪酸的含量多少进行判断(表 8-3)。科学参加耐力训练可以提高人体动员脂肪供能的能力。此外,各种氧化酶的活性也会在耐力训练中不断提高。

表 8-3　不同持续时间中糖和脂肪的供能比例

运动时间(分钟)	0～30	30～60	60～90	90～120
需氧量(升/分钟)	2.48	2.51	2.52	2.61
糖供能比例(%)	71	66	63	56
脂肪供能比例(%)	29	34	37	44

(二)肌组织利用氧的能力

人体慢肌纤维的百分比组成会受其最大摄氧量的影响,这是经过研究证明的事实。不同运动员的最大摄氧量因为其所从事的运动项目的不同而存在一定的差异(图 8-7)。相对来说,最大摄氧量较大的是从事耐力项目(越野滑雪运动员、长跑运动员等)的专项运动员,因为这类运动员最大摄氧量较大,所以与其他项目的运动员相比而言,其慢肌纤维百分比也比较高,而且选择性肥大现象也比较普遍,正因为这样,这类运动员摄氧和利用氧的能力才比较好,而且有氧耐力成绩也能够得到很好的保持。

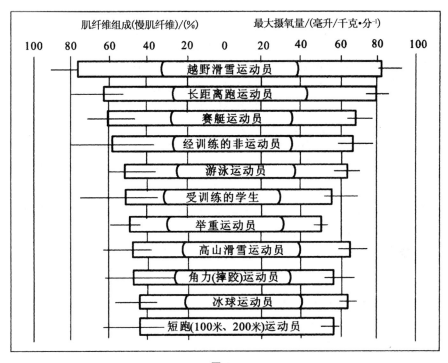

图 8-7

三、有氧耐力训练策略

有氧耐力的训练可以从以下几个策略着手。

（一）短时间高强度训练

有氧耐力运动员普遍会通过间歇性训练来进一步提高自己的耐力水平。间歇性训练的强度与 VO_{2max} 相等或稍高,一般持续 30 秒到 5 分的时间。

通常,有氧耐力训练中的间隔休息时间和运动时间相同或稍少一些,练习与休息时间之比大约为 1∶1～2∶1。练习—休息比是可以调整的,在不同训练阶段可以安排不同比例的时间。总之,在较短时间内进行大量高强度训练是可以有效提高有氧耐力水平的。

有关间歇训练的短期和慢性效应的研究有很多。间歇性训练类似于传统有氧耐力训练,可以促进心肺能力和心血管能力、血流量、乳酸阈值和肌肉缓冲能力的提高。这些因素又是促进竞技能力提高的必要因素。所以,间歇训练 20 分钟和慢速长跑训练 45～60 分钟所产生的有氧耐力能力的变化几乎是相同的,这样来看,间歇性训练的效果显然更好。

（二）中等时间高强度训练

中等时间高强度训练中采用的运动强度是高于比赛强度的，即比乳酸阈强度略高。乳酸开始积累时的运动强度就是乳酸阈值，在乳酸开始积累时，有氧供能是难以使更高水平的能量需求得到满足的，这样会导致运动疲劳早早产生。采用固定不变的步速能够顺利完成高强度的训练，所以"速度/节奏训练"是这一训练策略的又一种说法。在这一训练策略中，一般持续 20～30 分钟的训练时间，这是可以促进有氧和无氧生理适应能力提高的适宜时间。

用接近乳酸阈值的强度进行间歇训练可以提高有氧耐力水平，这也是平时所说的"法特莱克训练"，即进行有氧/无氧的间歇性训练。通过这一训练方法，可以对速度感进行培养，使乳酸阈值提高，并能够使机体承受更高强度的能力、在更长时间中持续运动的能力不断提高。

法特莱克训练法在所有运动项目中都是适用的，因为这一方法可以和慢速长跑训练、中等时间的速度/节奏训练结合起来使用，训练效果良好。

（三）长时间中等强度训练

长距离慢速训练是有氧耐力项目运动员最常用的一种训练策略，在长时间内保持中等强度是这种训练策略的主要特点。一般来说，这种训练策略的训练距离至少比比赛距离多半小时。有氧耐力运动员的总训练量中，绝大部分是中等强度的训练，也就是长距离中慢速训练。对于耐力运动员而言，长时间中等强度训练属于一种"基础训练"模式。通过这一策略，运动员不但可以参与相对较大的训练量，而且也不会将过大的压力加到肌肉骨骼系统上。此外，这一训练策略对于有氧耐力练习所预期产生的心肺系统和心血管系统适应能力的提高也有积极的促进作用。对基础有氧能力进行培养还能够促进训练课之间机体恢复能力的提高。研究表明，长时间运动可以使肌糖原消耗量增加，并使脂肪代谢的速度极大地提高，同时还可有效增加心搏量、线粒体密度及提升氧化能力。此外，与比赛距离相同或稍大的长时间持续运动对于心理素质的发展也是有利的。

第三节　耐力素质训练的方法与手段

一、耐力素质训练方法

（一）持续训练法

持续训练法的特点是持续时间长，但运动强度较低。在一般耐力素质训练中采取这一训练方法是比较有效的,大学生采用这一方法进行耐力素质训练,机体有氧代谢系统供能能力会得到有效的提高,而有氧代谢能力的提高又会促进其无氧代谢能力的增强。

在持续训练中,大学生既可以采用单一的技术动作进行训练,也可以组合多种技术动作进行训练。在选择具体的以有氧代谢系统供能为主的练习动作时,需要考虑的要点有两个:一是平均强度适中,二是负荷时间相对较长。大学生在采用这一训练方法的过程中,每练习的持续时间应≥10分钟,负荷强度心率应保持在160次/分钟左右,而且在这段时间内不能中断训练。通过这一训练方法,不但能够使大学生的有氧耐力得到提高,还可以使大学生更加稳定地应用技术动作。

持续训练法对于一般耐力、摄氧和输氧能力以及专项力量耐力的提高都有很大的帮助。不同大学生采用这一训练方法想要达到的目的不同,因此在训练中也应对训练持续时间、强度进行不同的安排(表8-4)。

表8-4 练习目的与刺激负荷的关系

训练目的	刺激强度		持续时间
	心率	强度	
调整、休整、恢复体力	120~150次/分钟	小强度	30~50分钟
提高有氧耐力	150~180次/分钟	中强度	50~90分钟
提高承受大负荷的能力	120~150~180次/分钟	小、中强度	90~120分钟
提高力量耐力	120~150~180次/分钟	小、中强度	不能再做为止

(二)间歇训练法

在间歇训练过程中,大学生间歇一定的时间后,在机体还未完全恢复时又要进行下一次的训练,这一训练方法可以使大学生的心脏功能得到增强,糖酵解代谢供能能力不断提高,并能使机体组织系统适应外界环境刺激的能力得到有效的提高。

在短跑和中长跑的速度耐力及有氧耐力训练中,采用间歇训练法可以获得良好的效果。在间歇过程中,大学生不能以静止不动的方式来休息,而应通过慢跑、慢走,或做整理运动等方式进行积极性休息。

大学生在机体未能完全恢复的情况下进行下一次练习具有以下几方面的意义。

(1)可使糖原有氧分解能力和有氧耐力水平得到有效的提高。

(2)可使有氧无氧混合供能能力大大提高。

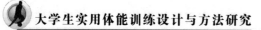

（3）可使每分钟血液输出量水平、心脏输出量水平、心肌收缩力水平等得到有效的提高。

（4）可以使呼吸系统功能、最大吸氧量水平得到改善。

不同大学生采用间歇训练方法进行训练想要达到的目的不同，因此在具体训练过程中应有针对性地对训练时间、强度、间歇时间和重复次数等要素进行合理的安排（表 8-5）。

表 8-5　不同类型的间歇训练法参数

训练目的	训练时间	训练强度	间歇时间	重复次数
提高有氧耐力	8～15 分钟	小强度	长	较少
提高无氧耐力	8 秒～2 分钟	最大强度或大强度	短	多
提高混合耐力	2～8 分钟	中等强度	中	中
提高专项耐力	8 秒～15 分钟	大强度	短、中、长	少、中、多
提高力量耐力	8 秒～15 分钟	中等强度	短、中、长	多

（三）循环训练法

大学生可采用循环训练法来提高自己的耐力素质，并对自身的训练情绪进行激发与有效的调整，使自身保持训练的积极性。在循环训练中，大学生要进行多个站的练习，因此要对总站数、每站之间的间歇时间、每次循环之间的间歇时间、循环次数等进行合理安排，此外还应对每站的训练内容、运动负荷进行适当的安排。循环训练法能够避免身体局部承受的负担过重，可以使疲劳的发生时间得到延缓，从而能够使大学生坚持不懈地完成所有站的练习。

二、一般耐力素质训练手段

（一）肌肉耐力训练手段

1. 重复爬坡跑

在斜坡道（15°）进行上坡跑练习，至少练习 5 次，距离最少为 250 米。练习一段时间后，可穿沙背心按照同样的方法重复进行练习。

2. 1 分钟立卧撑

保持直立姿势，并拢两腿，下蹲两手撑在地上，腿伸直成俯撑姿势，然后

收腿成蹲撑姿势,回到准备姿势。每次做 1 分钟,4～6 组,间歇 5 分钟,
50%～55% 的强度。

动作必须做到位,站起来恢复起始姿势才算做完一次。穿沙背心进行
练习效果更好。

3. 沙滩跑

在沙滩上进行快慢交替跑练习,每组 500～1 000 米,根据个人情况变
化速度,穿沙背心进行练习也可。

4. 原地间歇高抬腿跑

原地高抬腿跑练习,共做 6～8 组,每组 100～150 次,每组之间休息
2～4 分钟。

动作一定要做到位,对时间没有要求,但要不间断完成动作,负重练习
也可,适当减少每组练习次数及组数。

5. 连续跑台阶

在 20 厘米高的楼梯上连续跑 30～50 步,每步跑 2 级,重复 6 次,每次
间歇 5 分钟,保持 55%～65% 的强度。

不能间断动作,放松向下走,心率下降到 120 次/分钟时进行下一次练
习,穿沙背心练习也可。

6. 后蹬跑

每次负重后蹬跑 60～80 米,共练习 6～8 组,每组之间有 3～5 分钟的
间歇时间,保持 50%～60% 的强度。

7. 半蹲连续跳

在草地上双脚连续向前跳,落地成半蹲姿势,然后迅速起身继续练习,
半蹲时膝关节弯曲度为 90°～100°。

8. 连续深蹲跳

分腿站立,连续原地深蹲跳起,每组 20～30 次。
该练习要求落地即起。

9. 长距离多级跨跳

在跑道上进行多级跨跳练习,每组跳 80～100 米。

练习过程中对组间恢复情况多加注意。

10. 沙地负重走

在沙滩上肩负杠铃杆练习,每组 200 米。心率为 130～160 次/分钟。

11. 负重连续跳

肩负轻器械(杠铃杆等)原地连续轻跳或提踵,每组 30～50 次。

12. 连续跳推举

原地蹲立,双手将杠铃杆握好,将铃提到胸后,连续进行跳推举杠铃杆练习,每组 20～30 次。

13. 沙地竞走

在沙地上竞走,每组 500～1 000 米。
动作必须做到位,速度慢慢加快。

14. 沙地后蹬跑或跨步跳

在沙地上进行后蹬跑或跨步跳练习,跨步跳每组 50～60 米,后蹬跑每组 80～100 米。

15. 双摇跳绳

原地正摇跳绳,摇两圈跳一次,连续进行练习,每组 30～40 次。
大学生需对二摇一跳的技巧熟练加以掌握。进行下一组练习前,要确保心率恢复到 120 次/分钟以下。

16. 连续跳深

站在跳箱上双脚向下跳,落地后迅速向上跳上跳箱。每组需连续跳 20～30 次。

17. 连续跳栏架

将 20 个高 30～40 厘米的栏架纵向排列好,然后进行连续过栏练习(双脚起跳)。每组往返一次,共做 9 组左右。

18. 连续引体向上或屈臂伸

在单杠上连续做引体向上练习,或在双杠上连续做屈臂伸练习,每组做

20～30 次,共做 5 组左右。

19. 划船练习

在水中划小船(单桨和双桨交替进行),每次 10 分钟,共 4～5 次,每次间歇 10 分钟左右。

20. 拉胶皮带

连续拉胶皮带练习可结合专项练习进行,如做拉胶皮带支撑高抬腿、拉胶皮带扩胸等动作。

21. 双杠支撑连续摆动

双杠上直臂支撑,以肩为轴做摆动,每组 40 次,共 4～5 组,两组之间间歇 3 分钟左右的时间,保持 40%～55% 的强度,前后摆两腿要摆出杠面水平,两腿并拢、伸展。

22. 俯卧撑

连续做俯卧撑,每组 30 个,共 4～6 组,练习过程中,始终保持屈臂俯卧撑姿势。

23. 手倒立

手倒立练习可独立完成,也可对墙练习。每组 1～3 分钟,共 3～4 组,每组之间间歇 5 分钟左右。

(二)有氧耐力训练手段

1. 定时跑

进行 15 分钟左右的定时跑练习,时间更长一些也可,保持 50%～55% 的练习强度。

2. 定时定距跑

先选择习距离,然后定时跑完,如选择的距离范围为 3 600～4 600 米,用 18 分钟左右的时间跑完。

3. 重复跑

在跑道上进行重复跑练习,距离、次数与强度以专项任务与要求为依据

来进行安排,保持 50%~60% 的练习强度。

4. 沙地连续走或负重走

在海滩上进行徒手快走或负重走练习。

(1)徒手快走

每组 400~800 米,共 5~7 组,每组之间间歇 3 分钟左右,保持 45%~60% 的练习强度。

(2)负重走

负重走每组 200 米,共 5~7 组,每组之间间歇 3 分钟左右,保持 45%~60% 的练习强度。

5.5 分钟以上的跳舞

跳健美操、迪斯科舞蹈等,每组至少持续 5 分钟,共 4~6 组,每组之间间歇 5~8 分钟,保持 40%~60% 的练习强度。

6.5 分钟以上的循环练习

选择 8~10 个练习动作组成一套循环练习,每组循环时间至少为 5 分钟,共循环练习 3~5 组,每组之间有 5~10 分钟的休息时间,保持 40%~60% 的练习强度。

(三)无氧耐力训练手段

1. 高抬腿跑转加速跑

行进间高抬腿跑 20 米左右转加速跑 80 米。重复练习 5~8 次,每次之间有 2~4 分钟的间歇时间。保持 80%~85% 的练习强度。

2. 原地间歇高抬腿跑

原地快速高抬腿,采用 80% 的练习强度,要求动作做到位。

(1)发展非乳酸性无氧耐力

每组 5 秒、10 秒、30 秒快速高抬腿练习,共 6~8 组,越快越好。

(2)发展乳酸性无氧耐力

1 分钟高抬腿练习或 100~150 次为一组,共 6~8 组,每组之间保持 2~4 分钟的间歇时间。

3. 间歇后蹬跑

行进间后蹬跑,每组 30~40 次或 60~80 米,共 6~8 次,每组之间保持

2～3 分钟的间歇时间。采用 80％ 的练习强度。

4. 反复跑

进行 60 米、80 米、100 米、120 米、150 米等短距离的反复跑练习。根据跑距长短决定重复次数,通常每组 3～5 次,共 4～6 组。

5. 反复起跑

起跑 30～60 米(蹲踞式、站立式均可),每组 3～4 次,共 3～4 组。

6. 间歇行进间跑

进行 30 米、60 米、80 米、100 米等短距离的行进间跑练习。在练习中注意计时。每组 2～3 次,共 3～4 组。

7. 间歇接力跑

两人一组,两组学生相距 200 米站在跑道上,听口令起跑,每人跑 200 米后交接棒,每人重复做 8～10 次,要求对每棒跑的时间进行适当的控制。

8. 计时跑

进行重复计时跑(短于专项距离)或计时跑(长于专项距离)练习。根据运动水平及跑距选择重复次数。如果距离短,可采用较大的练习强度。

9. 迎面拉力反复跑

将学生分为两队,每队 4～5 人,两队相距 100 米站在跑道上准备迎面接力跑,每人重复 5～7 次,对每棒时间进行适当的控制。采用 70％～80％ 的练习强度。

10. 反复超赶跑

10 名大学生按一列纵队在田径场跑道上慢跑或中等速度跑,听到口令后,排尾加速跑到排头,每人重复循环 6～8 次。采用 65％～75％ 的练习强度。

11. 反复加速跑

跑道上加速跑 100 米或更长距离。跑完后放松走回再继续跑,反复 8～12 次。采用 70％～80％ 的练习强度。

12. 变速跑

快跑与慢跑结合进行练习。根据专项决定快跑段与慢跑段的距离。采用 60％～80％的练习强度。

(1)发展非乳酸性无氧耐力

采用 50 米快、50 米慢、100 米快、100 米慢或直道快、弯道慢或弯道快、直道慢等方式进行练习。

(2)发展乳酸性无氧耐力

采用 400 米快 200 米慢,或 300 米快 200 米慢,或 600 米快 200 米慢等方式进行练习。

13. 变速越野跑

越野跑中做 50～150 米或更长些距离的加速跑或快跑(距离 1 000～1 500 米)。在公路、草地等地练习均可。

14. 反复变向跑

听口令或看信号做不同方向的变向跑。每次 2 分钟,共 3～5 次,每次之间有 3～5 分钟的间歇时间,采用 65％～70％的练习强度。

15. 反复连续跑台阶

在每阶高 20 厘米的楼梯上连续跳 30～40 步台阶,每步 2 级台阶,重复 6 次,每次之间有 5 分钟的间歇时间,采用 65％～70％的练习强度。

每次练习中间不间断,可规定完成时间。

16. 法特莱克跑

变速跑 3 000～4 000 米,变速方法可采用阶梯式。

17. 跳绳跑

进行两臂正摇跳绳跑练习,每次跑 200 米,做 5～8 次,每次之间有 5 分钟左右的间歇时间。采用 60％～70％的练习强度。

18. 上下坡变速跑

在斜坡跑道(7°～10°)上,上坡阶段加速快跑 100～200 米,下坡阶段慢跑返回起点。每组 4～6 次,共 4～6 组。

19. 组合练习

进行沙坑纵跳—途中跑—双杠臂屈伸—双杠支撑前进的组合练习。

练习中要注意,沙坑纵跳这一动作要求全蹲跳起,途中跑要求保持最大速度的 70% 的跑速,双杠臂屈伸动作要做规范,支撑前进动作不能间断。

三、大学生参与不同项目的耐力素质训练

(一)篮球耐力训练

1. 弹跳耐力训练

(1)用本人绝对弹跳 80% 的高度连续跳 20~30 次为一组,跳若干组(组间休息 2~3 分钟)。

(2)5 分钟跳绳练习。

(3)连续原地或助跑单手摸高,连续助跑起跳摸篮板。

(4)双脚连续跳阶梯,跳 8~10 个高栏架。

(5)原地或沙地连续直膝跳、蹲腿跳、跳起抱膝。

2. 速度耐力训练

(1)多组 200 米或 400 米全速跑,每组间歇时间为 1.5~2 分钟。

(2)1 500 米变速跑,直道时全速跑,弯道时慢跑。

(3)30 米冲刺:10 次,每次间歇 15~20 秒。

(4)60 米冲刺:10 次,每次间歇 30 秒。

(5)长距离定时跑。3 000 米、5 000 米或越野跑。

3. 移动耐力训练

(1)看教练员手势向各个方向移动,2~3 分钟为 1 组。

(2)单人全场防守滑步。

(3)30 秒 3 米左右移动 5~8 组。

(4)全场、半场篮球赛,或小场地足球赛,要求人盯人防守。

(二)足球耐力训练

1. 有氧耐力训练

(1)不同距离的定时跑或越野跑(3 000 米、5 000 米、8 000 米、1 0000

米等)。

(2)12 分钟有氧低强度训练。

(3)400～800 米变速跑。

(4)半场 7 对 7 控球对抗训练。

(5)100～200 米间歇跑。

(6)跳跃—传球循环训练。

(7)5 对 5 传抢对抗训练。

2. 无氧耐力训练

(1)重复多次的 30～60 米冲刺。

(2)1 分钟内 1 对 1 追拍或 1 对 1 过人。

(3)进行 5 米、10 米、15 米、20 米、25 米折返跑训练。

(4)100～400 米高强度的反复跑和 1～2 分钟极限训练。

(5)往返冲刺传球,队员甲往返冲刺在限制线之间(间距 10 米),在限制线附近回传乙、丙分别传来的球,乙、丙离限制线约 5 米。

(6)100～400 米逐渐缩短间歇时间跑。

(7)编组训练。

(8)短段落间歇跑(100 米、110 米栏、100 米栏、200 米)。

(9)追逐游戏训练。

(10)争球射门训练。

(三)排球耐力训练

1. 移动耐力训练

(1)连续地跑动滚翻或鱼跃救球。

(2)20～30 米冲刺跑 7～8 组。

(3)队员连续移动接教练员抛出的不同方向、不同弧度的球。

(4)个人连续地跑动传球或垫球 10～15 次。

(5)单人全场防守,要求防起 15 个好球为一组。

(6)通过观察教练员的手势连续向右前、前、左前方进退移动,2～3 分钟为一组。

(7)运动员连续移动接教练员掷出的不同方向、不同距离的地滚球。

(8)跑动滚翻或鱼跃救球练习。

(9)36 米移动练习。

2. 弹跳耐力训练

(1)连续小负荷多次数的力量训练。

(2)3～5 人一组,连续滚翻救球,每人 30～50 次。

(3)连续收腹跳 8～10 个栏架。

(4)连续原地跳起单或双手摸篮板或篮圈。

(5)规定次数、时间、节奏的跳绳练习。

(6)30 米冲刺跑 10 次,每次间歇 15～20 秒。

(7)用本人弹跳 80％的高度连续跳 20～30 次为一组,跳若干组,组间休息 2～3 分钟。

(8)个人连续扣抛球 10～20 次为一组,扣若干组,组间休息 3 分钟。

(9)连续移动拦网。

3. 综合耐力训练

(1)身体训练以后再进行排球比赛或比赛以后再进行身体训练。

(2)象征性排球比赛模仿练习。

(3)连续打 5～7 局或 9～11 局的教学比赛,可训练比赛耐力。

(4)按场上轮转顺序,在 6 个位置上做 6 个不同的规定动作,连续进行若干组。例如,1 号位跳发球—6 号位左右补位移动救球—5 号位滚翻防守救球—4 号位扣球—3 号位拦网—2 号位后撤鱼跃救球。

四、耐力游戏训练

(一)袋鼠跳

1. 游戏目标

促进大学生跳跃能力和耐力素质的提高。

2. 场地器材

在一块空地(平坦)上画一组平行线,两线相距 10～15 米,其中一条为起点线,另一条为折返线;2 个麻袋。

3. 游戏方法

将参与游戏的大学生分成均等人数的两个队,两队分别在起点线后按纵队队形站好。教师发出开始信号,每队第一人迅速向麻袋跳入,双手提麻袋口向前跳跃,到达折返线后跳出麻袋,手提麻袋原路跑回,本队第二人接到麻袋后按照相同的方法参与游戏,直至有一队的所有人都完成了游戏后结束本轮游戏,该队获胜(图8-8)。

4．游戏规则

(1)在教师发出开始的信号之前,每队第一人不可跳进麻袋。

(2)在过折返线之前不可从麻袋钻出。

(3)抛传麻袋属于犯规行为。

(4)两队游戏者不得以任何方式干扰对方。

图 8-8

(二)跳棒接力赛

1．游戏目标

促进大学生弹跳力、快速反应能力和耐力素质的提高。

2．场地器材

画一条起跑线,将两个标志物摆放在距离该线 10 米的地方,两根体操棒。

3．游戏方法

将参与游戏的大学生分成均等人数的两个队,每队在起跑线后按照纵队队形正对本队标志物站好,排头第一名学生手持体操棒。教师发出开始信号,持棒的学生快速向前跑,从标志物绕过向本队跑回,将体操棒的一端递给第二名学生队友,二人各握一端,放低体操棒,在本队队员脚下横扫而过。本队所有人都跳过木棒后,第一人排在队尾,第二人向标志物跑进,按照同样的方法继续游戏。直到有一队所有学生都完成了游戏,且将体操棒交给排头,则游戏技术,该队获得胜利(图8-9)。

4. 游戏规则

(1)持棒横扫而过时,不得脱手。

(2)排头必须站在起跑线后。

(3)持棒从标志物绕过后才能跑回队伍。

图8-9

(三)跳长绳

1. 游戏目标

促进大学生跳跃能力的提高,并对学生的团结协作精神进行培养。

2. 场地器材

2根长绳。

3. 游戏方法

将参与游戏的大学生分成两个组,每组先选两名学生负责摇绳,其他学生连续跳绳,跳绳停摇为一局,按照每局跳绳人数的数量和跳绳次数多少来判断胜负,一局计1分,最后积分多者获胜(图8-10)。

4. 游戏规则

(1)不限制学生的跳绳方法。

(2)有人绊住跳绳时,接替摇绳者摇绳,摇绳者加入跳绳队伍。

图 8-10

（四）闯三关

1. 游戏目标

对大学生果断的精神及目测能力进行培养。

2. 场地器材

3 根长绳，每根长约 5～6 米。

3. 游戏方法

将参与游戏的所有学生两两分组，游戏者以二路纵队的队形站立，选三组学生负责摇绳，每组之间保持一定距离，摇绳节奏相同。开始游戏后，每组两名学生手拉手从三根摇动的长绳中跑过，顺利跑过三次为胜。如果中途碰绳，则负责摇绳（图 8-11）。

4. 游戏规则

（1）摇绳速度必须保持均匀，节奏需统一。

（2）从长绳中跑过时，动作要快。

（五）空中接球

1. 游戏目标

促进大学生跳远踏跳能力、协调性、弹跳力的提高。

2. 场地器材

大沙坑，起跳板（布置好），在距离沙坑另一端 2 米远的地方画条线，指定两抛球者各持 1 个排球。

图 8-11

3. 游戏方法

把参与游戏的学生分成均等人数的两队,两队各自选定起跑点,并做好相关标志,然后两队分别在助跑道两边按照一路纵队的队形排好。教师发出开始信号,各队排头从起跑标志处加速助跑踏跳成腾空步,在空中将迎面抛来的球接住,落地后再给抛球者传球,其他学生按照同样的方法进行游戏。在空中接住球得 1 分,最后累计总分多的一队为获胜方(图 8-12)。

图 8-12

4. 游戏规则

(1)在落地时和落地后接住球不计分。

(2)未接住球不计分。

(六)抛球换位

1. 游戏目标

促进大学生耐力素质的发展和动作速度的提高。

2. 场地器材

画一个等边三角形,边长 5 米,以三个顶点为圆心分别画半径为 0.5 米的圆圈。3 个篮球。

3. 游戏方法

将游戏者分为 3 组,每组 5～8 人,三组队员在三个圆圈外面向三角形成纵队队形站好,排头的学生持球在顶点上站好。教师发出开始的信号,排头听到信号后垂直向上用力抛球,然后逆时针跑动换位接右方一组抛起的球,接球后将球交给身后队员,并站到本组排尾,接球者按照相同的方式抛球练习,每名游戏者抛接数次后结束游戏(图 8-13)。

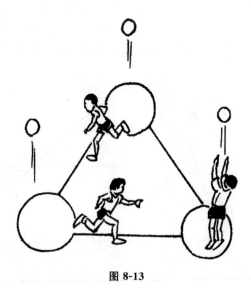

图 8-13

4. 游戏规则

(1)垂直上抛球,使球与三角形顶点在一条垂直线上。

(2)抛出的球需具有一定的高度。

(七)传球比赛

1. 游戏目标

促进大学生身体协调性和耐力素质的提高。

2. 场地器材

画一条传球线(直线),在距离传球线 3～5 米的地方画两个直径为 1.5 米的圆圈,两圆间隔 3 米。将 2 个排球分别放在两个圆圈中心。

3. 游戏方法

将参与游戏的学生分成相等人数的两个队,两队分别面对一个圆圈按照纵队的队形在传球线后站好。教师发出开始信号后,排头第一名学生快速跑到圈内拿球,通过上手传球的方式给本队第二名学生传球,第二名学生接球后同样采用这一方法回传球,然后跑到队尾,其他队员依次按照同样的方法进行游戏,全队和排头传球一次后,排头把球放回圆圈中心,回到本队拍本队排第二位的手后站到本队排尾,排在第二位的学生快速拾球按照同样的方法和本队队员每人传球一次……其他队员同样如此进行比赛,直到有一队的排尾先传球完毕并跑回传球线后结束游戏,该队获得胜利(图 8-14)。

图 8-14

4．游戏规则

(1)学生必须按规定方法和顺序传球。

(2)传球时如果出圈过线,视为犯规。

(3)传球失误后拣回重新传球。

(八)依次击球

1．游戏目标

促进学生步法移动速度的提高。

2．游戏准备

1副球台,1个乒乓球,若干球拍。

3．游戏方法

参与游戏的学生顺序报数,并按奇偶数在球台两侧站好。教师发出开始信号,1号学生发球击第一板,然后迅速站到偶数队队尾;2号学生接球并击出第二板后站到奇数队队尾;3号学生接球并击第三板后站到偶数队队尾……以此类推,10分钟内以个人失误次数排列名次(图8-15)。

图 8-15

4.游戏规则

(1)按乒乓球比赛规则接发球。

(2)接球时不允许发力攻球。

第四节　耐力运动员突破成绩瓶颈的训练方法

一、耐力运动员成绩出现瓶颈的原因

大学生运动员中,从事耐力项目的称为耐力型运动员,这类运动员成绩出现瓶颈的原因主要有以下几方面。

(1)运动员支撑力量不足,力量传导能力薄弱也是导致成绩出现瓶颈的一个主要原因。

(2)耐力运动员长时间进行同一姿势的训练,容易导致动作节省化的现象,这又会引发参与比赛的部分肌肉训练不足的问题。

(3)运动员心肺功能下降,耐乳酸能力有限也会导致成绩难以提高。

(4)运动员散热能力存在问题。

二、耐力运动员突破成绩瓶颈的方法

(一)解决支撑力量和力量传导环节薄弱的问题

影响耐力型运动员比赛成绩的一个关键性因素就是高强度的动作经济性。而动作经济性又与运动员的支撑力量和力量传导环节有关。运动员各关节周围肌肉的薄弱以及核心力量不足是导致其支撑力量及力量传导环节薄弱的主要原因。所以,要想提高动作经济性,就要对这些薄弱环节问题加以解决。

例如,提高中长跑项目运动员支撑力量的训练方法主要是超等长训练法,如单腿跳跃、双腿跳跃、低落地跳起、障碍跳跃、双足跳围栏等。提高力量传导效率主要是提高腹横肌,多裂肌,内斜肌,深横脊肌群、腹膈肌等对腰髋部位起稳定性作用的肌肉的力量,这主要可以通过垫上或健身球上的支撑性练习来实现。需要注意的是,这种训练效果是日积月累的,不会在短时间内迅速提高成绩,所以运动员必须坚持不懈地训练。

（二）解决部分参与比赛的肌肉训练不足的问题

耐力运动员参与平地长距离训练的过程中，无氧阈强度要比比赛强度低，这就导致参与比赛的肌肉无法都得到充分的锻炼，随着训练时间的增加，参与比赛的肌肉的动用比例就会因为得不到锻炼而不断降低，这样就会对比赛成绩造成影响。一些运动员试图通过大强度训练来解决这一问题，虽然这一问题得到了解决，可又有新的问题出现了，即由于大量参与高强度训练而引起不良（交感神经疲劳、心肌炎等）症状，通过间歇训练可以避免这些症状出现，但因为运动量达不到一定的程度而又无法解决之前肌肉训练不足的问题。

体育项目的动作姿态和运动强度决定了运动员在比赛中要动用哪些肌肉群。长时间进行高强度的运动不利于人体健康，所以改变肌肉训练不足这一问题的比较可行的方案是改变动作姿态，使参与比赛的部分肌肉的训练量增加。换言之，总负荷不变，只增加局部肌肉的负荷，这样就可以有针对性地训练平时不易动用的但又会参与比赛的肌肉了，而且能够使心肌疲劳、神经疲劳症状的出现得到避免。例如，中长跑运动员可通过以下三种方式来达到这一效果。

（1）在有坡度的地方（丘陵等）进行无氧阈强度训练。

（2）借助力量器械进行力量耐力训练。

（3）用功率自行车（较大阻力）进行中低强度训练，使大腿和臀部大肌群得到充分的锻炼。

（三）解决心肺功能能力及耐乳酸能力低下的问题

在同一环境下，受适应本能的影响，运动员各方面能力的挖掘是相对有限的，心肺功能、耐乳酸能力同样也是如此。心肺功能、耐乳酸能力与环境因素有关，如果环境发生变化，人就继续挖掘自身的能力来适应新环境。有关人员在进行长期的研究后提出，高原训练对提高心肺功能及耐乳酸能力很有帮助。经过系统的平原训练后，运动员具备了一定的运动能力，在此基础上进行1个月左右的大强度高原训练可以促进心肺功能及耐乳酸能力的提高。

（四）解决散热能力不足的问题

高水平体能类项目运动员的比赛成绩会受到其自身散热能力的影响。一些运动员因为散热能力较差，所以在高温、高湿环境下训练或比赛，成绩就会大幅下降。发汗是所有人散热的主要途径。发汗能力虽然会受到先天因素的影响,但后天进行有效的适应性训练是可以有效改善这一能力的。

相关研究表明,运动员在炎热环境下每天进行 100 分钟的运动,从第 5 天起,发汗量的变化就不明显了。所以说,通过 5 天热适应练习可以使运动员的发汗能力大大提高。耐力项目运动员同样可以通过这种方式来提高自身的散热能力和运动能力。

运动员在热环境中训练要特别注意补充营养,具体策略如下。

(1)运动员体内的糖分在热环境下会大量消耗,所以要充分补充主食。

(2)在热环境下训练,水分会大量丢失,因而体重也会随之下降,下降到一定程度,有氧能力和无氧能力就会不同程度地降低。所以在训练间歇期要注意对运动饮料的补充。

(3)机体内的铁会随着出汗而丢失。所以适当补贴也是在热环境中训练需要注意的事项。

(4)在训练之前,运动员应多吃碱性物质(水果、蔬菜等),补充微量元素,避免在热环境训练中出现内环境酸化的现象。

第九章　大学生实用体能训练之柔韧与灵敏素质训练

在一些体育运动项目中,柔韧和灵敏是其所需的主要的素质,也就是说这些项目需要在柔韧和灵敏素质的主导下来完成。因此,对于大学生参与这些体育运动项目以及自身身体全面发展来说,进行柔韧和灵敏素质的相关训练都是非常有必要且重要的。本章主要围绕柔韧素质和灵敏素质的基本知识以及相关的训练方法和手段展开论述。

第一节　柔韧素质及灵敏素质概述

一、柔韧素质的概述

(一)柔韧素质的概念

所谓柔韧素质是指人体中的每一个关节的活动幅度以及相关肌肉、韧带、肌腱等软组织的伸展能力。[①]

对于柔韧素质的概念,可以从以下两个方面来进行理解。

第一,人体各个关节的活动受到人体骨骼与关节解剖结构的影响,这主要从关节活动的幅度受到限制表现出来。

第二,从概念中所提及的有关肌肉、韧带、肌腱等的伸展性主要是指跨过关节的那一部分软组织的伸展能力。

(二)柔韧素质的分类

1. 一般柔韧素质与专项柔韧素质

根据柔韧素质与专项的关系,可将其分为一般柔韧素质和专项柔韧

---

① 张英波. 现代体能训练方法[M]. 北京:北京体育大学出版社,2006.

素质。

（1）一般柔韧素质：为了更好地满足一般技能发展的需要所应具备的柔韧能力。

（2）专项柔韧素质：为了满足一定强度的体育运动与训练需要所应具备的柔韧素质。

2. 静力性柔韧素质与动力性柔韧素质

从柔韧素质外部运动表现的状态来看，可将其分为静力性柔韧素质和动力性柔韧素质。

（1）静力性柔韧素质：为了更好地满足静力性技术动作的相关需要，肌肉、韧带、肌腱拉伸到动作所要求的位置角度，并保持一定时间的能力。[①]

（2）动力性柔韧素质：为了更好地满足动力性工作的具体需要，将肌肉、韧带、肌腱拉伸到解剖穴位上的最大控制范围，在通过记住与弹性回缩力来对动作进行完成时所表现出来的能力。

3. 主动柔韧素质与被动柔韧素质

根据柔韧素质训练的完成表现，可将其划分为主动柔韧素质和被动柔韧素质。

（1）主动柔韧素质：是指运动员通过主动参与运动锻炼所表现出来的柔韧素质水平。

（2）被动柔韧素质：是指需要通过借助于外力才能表现出来的柔韧水平。

二、灵敏素质的概述

（一）灵敏素质的概念

灵敏素质是指在面对各种条件突然变换的情况下，运动员能够快速、协调、准确地完成动作的能力。它是运动员各种运动素质和运动技能在运动过程中的综合表现。

（二）灵敏素质的分类

从灵敏素质与专项之间的关系来看，其可以分为一般灵敏素质和专项灵敏素质两类。

---

① 张英波．现代体能训练方法［M］．北京：北京体育大学出版社，2006.

（1）一般灵敏素质：在参与各类活动之中，运动者在面对条件突然变化的情况攻势，能够准确、快速完成各种动作的能力，它是专项灵敏素质得以发展的重要基础。

（2）专项灵敏素质：在各种专项运动中，运动者能够对各种专项运动动作进行准确、快速、协调完成的能力。

第二节　柔韧素质训练的方法与手段

一、柔韧素质训练的方法

（一）静力拉伸法

这种训练方法是指通过进行缓慢动作，来使某些环节以某一种姿势进行长时间的固定，对肌肉、韧带、肌腱等软组织进行拉伸的练习方法。这种方法可以分为两种，即被动的静力拉伸法和主动的静力拉伸法。

被动的静力拉伸练习法是指通过使用外力来对固定姿势进行保持的练习。

主动的静力拉伸练习是指在最大幅度动作的情况下，通过借助于自身肌肉力量来对静止姿势进行保持的练习方法。

（二）动力拉伸法

这种训练方法是指练习者通过进行自身动作，使原动肌进行有节奏、较为快速并多次重复的收缩，以使与环节运动相反的一侧的对抗肌受到反复拉伸的练习方法。其可以分为被动性动力拉伸法和主动性动力拉伸法两种。

被动的动力拉伸练习是指通过借助于教练员或同伴的帮助之下来对肌肉、韧带进行拉长的练习。

主动的动力拉伸练习是指通过借助于自身的力量，来使肌肉、韧带、肌腱等软组织得以拉长，促使其伸展性得以提高的方法。

（三）本体感受神经肌肉伸展法

此种方法，也被称为"PNF法"。起初，这种方法主要被用于对各种神经肌肉瘫痪的病人进行治疗，但随着体育运动的快速发展，一些学者发现这种方法能够促使个体的柔韧素质在短时间内得到快速提升。

这种方法需要借助于教练员或同伴等外力的帮助,相关关节的活动幅度可以在一次的伸展练习中得到显著提高,不容易产生肌肉损伤或酸痛,具有高效、安全、简单等特点。

二、柔韧素质训练的手段

（一）各关节柔韧素质训练的手段

1. 肩关节柔韧素质训练

（1）向内拉肩

训练手段：采用站立或坐立,将一只手臂的肘关节抬到与肩部同高的位置,屈肘；将另一只手臂抬起到与肩部同高的位置并用手抓住对侧肘关节,呼气,并向后拉。然后交换手臂进行重复练习（图 9-1）。

训练要求：在整个过程中要尽量增大动作幅度,动作结束要保持 10 秒钟左右。

（2）向后拉肩

训练手段：采用站立或坐立,将两只手在背后进行合掌,手指向下,吸气,转动手腕使手指向上移动,直到双手最大限度,并将肘部向后拉。重复这一练习（图 9-2）。

训练要求：要尽可能地增大动作幅度,将动作保持 10 秒左右。

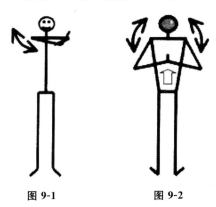

图 9-1   图 9-2

（3）背向拉肩

训练手段：背对墙壁站立,将两手臂向后抬起,直至与肩部同高,直臂扶墙,两手手指朝上。呼吸,将双膝进行屈曲。重复这一练习（图 9-3）。

训练要求:要尽可能地增加动作幅度,在动作结束后要保持10秒左右。

图 9-3

(4)助力顶肩

训练手段:采用跪立姿势,将两手臂向上举,两手在同伴的颈后进行交叉。同伴手扶髋部同练习者的肩胛进行接触,站在练习者身后采用两手左右开立姿势。将身体向后仰,使用髋部将练习者的肩胛部位向上顶,重复这一练习(图 9-4)。

训练要求:要尽可能地增加动作幅度,在动作结束后要保持10秒左右。

(5)助力转肩

训练手段:将一只手臂成90°侧举,在同伴帮助下将肘关节固定,向后进行推手腕。然后,交换手臂进行重复练习(图 9-5)。

训练要求:要尽可能地增加动作幅度,在动作结束后要保持10秒左右。

图 9-4   图 9-5

(6)单臂开门拉肩

训练手段:在一扇打开的门框内,双脚前后开立,拉伸臂肘关节外展到肩的高度。拉伸臂前臂向上,掌心对墙。呼气,上体向对侧转动拉伸肩部。重复练习(图 9-6)。

训练要求：要尽可能地增加动作幅度，在动作结束后要保持 10 秒左右。

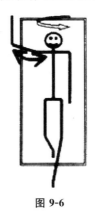

图 9-6

（7）握棍直臂绕肩

训练手段：两腿成并拢站立姿势，两手握一毛巾或木棍于髋部前方。吸气，将两手臂直臂从髋前部经过头部上方绕到髋后部，然后再按照原路线返回，并重复这一练习（图 9-7）。

训练要求：在此过程中，动作不能太多，要将两手臂始终保持伸直。

图 9-7

2. 腕关节柔韧素质训练

（1）压腕

训练手段：站立姿势，将两手臂于胸前屈肘，将一只手的手掌根部顶在另一只手的四肢末端。用一只手的手掌根部用力压另一只手的四指末端，然后交换手臂进行重复这一练习（图 9-8）。

训练要求：要尽可能地增加动作幅度，在动作结束后要保持 10 秒左右。

图 9-8

（2）跪撑正压腕

训练手段：两手臂直臂和两膝部撑地，两手之间的距离保持大约与肩同宽，手指向前。呼气，将身体重心向前移动。然后恢复到开始姿势重复进行练习（图 9-9）。

训练要求：要尽可能地增加动作幅度，在动作结束后要保持 10 秒左右。

图 9-9

（3）跪撑侧压腕

训练手段：两手臂直臂和两膝部撑地，将两手手腕靠拢，手指指向体侧。呼气，将身体重心向前、向后进行缓慢移动。重复这一练习（图 9-10）。

训练要求：要尽可能地增加动作幅度，在动作结束后要保持 10 秒左右。

图 9-10

（4）跪撑反压腕

训练手段：双膝和双臂直臂撑地，双手间距约与肩同宽，手指向后。呼气，身体重心后移。恢复开始姿势重复练习（图 9-11）。

训练要求:要尽可能地增加动作幅度,在动作结束后要保持 10 秒左右。

图 9-11

(5)向内旋腕

训练手段:采用站立姿势,将两手臂伸直,两手合掌。呼气,将两手手腕尽量内旋,双手分离。重复进行练习(图 9-12)。

训练要求:要尽可能地增加动作幅度,在动作结束后要保持 10 秒左右。

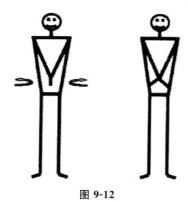

图 9-12

3. 髋关节柔韧素质训练

(1)弓箭步压髋

训练手段:采用弓箭步站位,前腿膝关节成 90°。后面腿脚背触地,脚尖朝后。两手叉腰。通过屈膝将身体重心降低,后腿膝部触地。呼气,将后腿髋部下压,然后换腿进行重复练习(图 9-13)。

图 9-13

训练要求:要尽可能地增加动作幅度,在动作结束后要保持 10 秒左右。

(2)仰卧转压腿

训练手段:采用仰卧姿势,两腿伸展,将左腿屈膝提到胸部,使用右手扶住左膝部外侧。将左手臂向左侧进行伸展。呼气,使用右手横向将左膝压在身体右侧的地面。两腿进行交替练习(图 9-14)。

训练要求:要保持头部、肘部和双肩与地面相接触。要尽可能地增加动作幅度,在动作结束后要保持 10 秒左右。

图 9-14

(3)身体扭转侧屈

训练手段:直立,左腿伸展、内收,在右腿前尽量与其交叉。呼气,躯干向右侧屈,双手力图接触左脚跟。身体两侧轮换练习(图 9-15)。

训练要求:要尽可能地增加动作幅度,在动作结束后要保持 10 秒左右。

图 9-15

(4)台上侧卧拉引

训练手段:在台子边缘进行侧卧,将双腿进行伸展。呼气,将上面的腿直膝分腿向后移动,于空中悬。然后,换腿进行重复练习(图 9-16)。

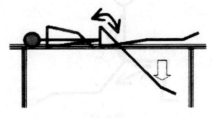

图 9-16

训练要求：要尽可能地增加动作幅度，在动作结束后要保持 10 秒左右。

（5）坐立反向转体

训练手段：做地面上坐立，将两腿于体前进行伸展，将两手撑于髋后部地面上。将一条腿与另一条腿进行交叉，屈膝使脚后跟向着臀部方向进行滑动。呼气，转体，将头转向身体后方进行继续转体，以使身体对侧的肘关节顶在屈膝腿的外侧，并将屈膝腿进行缓慢推动（图 9-17）。

训练要求：要尽可能地增加动作幅度，在动作结束后要保持 10 秒左右。

图 9-17

（6）垫上前后分腿

训练手段：在垫子上坐立，将两腿在提前进行伸展，用两手撑放在髋部两侧的地面上。右腿大腿向外展，与垫子相接触并屈膝，以使右脚与左膝部相接触。吸气，两手臂将身体撑起。左腿向身体后方进行伸展，大腿上部、膝盖、胫前部和脚掌内侧接触垫子（图 9-18）。呼气，将左腿的髋部向下压。换腿进行重复练习。

训练要求：要尽可能地增加动作幅度，在动作结束后要保持 10 秒左右。

图 9-18

（7）仰卧髋臀拉伸

训练手段：在台子边缘平卧，从台子上移下外侧腿悬垂空中。吸气，台子上的内侧腿屈膝，用双手抱膝缓慢拉向胸部（图 9-19）。

图 9-19

训练要求:要尽可能地增加动作幅度,在动作结束后要保持 10 秒左右。

(8)仰卧交叉腿屈髋

训练手段:采用仰卧姿势,将左腿于右腿上进行交叉,两手在头后部进行交叉。呼气,右腿进行屈膝,并将右脚提起与地面相脱离。将左腿向着头部方向进行缓慢推动。两腿进行交替(图 9-20)。

训练要求:要使头部、肩部、背部同地面保持接触。要尽可能地增加动作幅度,在动作结束后要保持 10 秒左右。

图 9-20

4. 踝关节柔韧素质训练

(1)跪撑后坐

训练手段:跪在地面,双手撑地,双脚并拢以脚掌支撑。呼气,向后下方移动臀部(图 9-21)。

训练要求:要尽可能地增加动作幅度,在动作结束后要保持 10 秒左右。

图 9-21

(2)上拉脚趾

训练手段:将一条腿的小腿放于另一条腿的大腿上。一只手抓住踝关节,另一只手抓住脚掌和脚趾。

训练要求:呼气,并向脚背方向拉引脚趾。双脚轮流练习(图 9-22)。

图 9-22

（3）下拉脚趾

训练手段：将一条腿的小腿放在另一条腿的大腿上。一只手抓住踝关节，另一只手抓住脚趾和脚掌。

训练要求：呼气，并将脚趾向着脚掌的方向进行拉引。上脚进行轮流练习（图9-23）。

（4）踝关节向内拉伸

训练手段：将一条腿的小腿放在另一条腿的大腿上。用一只手将换关节上部小腿抓住，另一只手将脚的外侧抓住。呼气，并将踝关节向着足弓方向进行拉引，两脚进行轮流练习（图9-24）。

训练要求：要尽可能地增加动作幅度，在动作结束后要保持10秒左右。

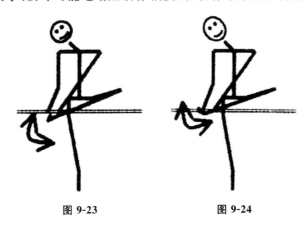

图9-23　　　　　　　　　图9-24

（5）脚趾上部拉伸

训练手段：保持两脚前后开立，前腿膝部微屈，脚趾前部支撑于地面，两手放在前大腿上。两腿交换进行练习（图9-25）。要注意的是，在吸气的过程中要将身体重心向前腿的脚趾进行移动，并向下缓慢压。

图9-25

训练要求：要尽可能地增加动作幅度，在动作结束后要保持10秒左右。

（6）脚趾下部和小腿后部拉伸

训练手段：面对前站立，并成前后开立，前脚距离墙壁50厘米左右。用两手扶墙，将身体向墙壁倾斜。后脚正对墙，将后脚脚跟贴在地面上。呼气，将脚后跟提起，将身体重心移动到后脚的脚掌上，向下压。然后两腿进行轮流练习（图9-26）。

训练要求：要尽可能地增加动作幅度，在动作结束后要保持10秒左右。

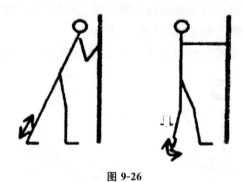

图 9-26

（二）各部位柔韧素质训练的手段

1. 颈部柔韧素质训练

（1）前拉头

训练手段：采用站立或坐立姿势，两手在头后方交叉。呼气，将头部向着胸部方向拉，下腭与胸部相接触（图9-27）。

训练要求：将肩部向下压。要尽可能地增加动作幅度，在动作结束后要保持10秒左右。

（2）侧拉头

训练手段：采用站立或坐立姿势，将左手手臂在背后屈肘，右手手臂从背后将左手臂肘关节抓住。将左手臂肘关节拉过身体中线。呼气，将右耳贴在右肩上（图9-28）。

训练要求：要尽可能地增加动作幅度，在动作结束后要保持10秒左右。

（3）后拉头

训练手段：采用站立或坐立姿势，将头部小心向后仰，将两手放在前额，将颈部向后缓慢拉（图9-29）。

训练要求：要尽量保持动作轻缓，保持结束动作10秒左右。

图 9-27   图 9-28

（4）仰卧前拉头

训练手段：屈膝仰卧，双手在头后交叉。呼气，向胸部方向拉头部（图 9-30）。

训练要求：肩胛部位贴在地面上。要尽可能地增加动作幅度，在动作结束后要保持 10 秒左右。

图 9-29   图 9-30

（5）团身颈拉伸

训练手段：身体开始从仰卧姿势进行举腿团身，使用头后部和肩部来支撑起身体重量，身体由仰卧姿势开始举腿团身，头后部和肩部支撑体重，双手膝后抱腿。呼气，向胸部拉大腿，双膝和小腿前部接触地面。重复练习（图 9-31）。

图 9-31

训练要求:保持动作结束 10 秒左右。

(6)持哑铃颈拉伸

训练手段:双脚并拢站立,右手持哑铃使肩部尽量下沉。左手经过头顶扶在头右侧。呼气,左手向左侧拉头部,使头左侧贴在左肩上。改变方向重复练习(图 9-32)。

训练要求:动作缓慢进行,动作结束保持 10 秒左右。

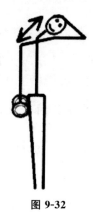

图 9-32

2. 胸部柔韧素质训练

(1)跪拉胸

训练手段:跪在地面,身体前倾,双臂前臂交叉高于头部放在台子上。呼气,下沉头部和胸部,一直到接触地面。重复练习(图 9-33)。

训练要求:要尽可能地增加动作幅度,在动作结束后要保持 10 秒左右。

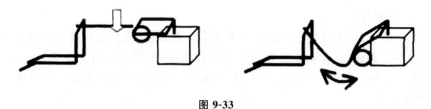

图 9-33

(2)开门拉胸

训练手段:在一扇打开的门框内,双脚前后开立,双臂肘关节外展到肩的高度。双臂前臂向上,掌心对墙。呼气,身体前倾拉伸胸部。重复练习(图 9-34)。

训练要求:要尽可能地增加动作幅度,在动作结束后要保持 10 秒左右。也可以将双臂继续提高,拉伸胸下部。

图 9-34

（3）坐椅胸拉伸

训练手段：在椅子上坐立，将双手在头后方进行交叉，椅背高度在胸中部。吸气，将两手臂向后移动，躯干上部进行后仰，将胸部进行拉伸（图 9-35）。

训练要求：缓慢进行动作，保持结束动作 10 秒左右。

（4）直臂开门拉胸

训练手段：在一个门框内，双脚成前后开立，两手臂向斜上方伸直顶在墙壁和门框上。双手掌心对墙。呼气，身体前倾对胸部进行拉伸，然后，重复这一练习（图 9-36）。

训练要求：要尽可能地增加动作幅度，在动作结束后要保持 10 秒左右。

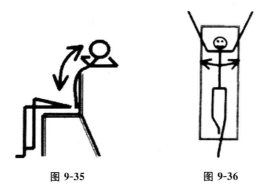

图 9-35   图 9-36

3. 腹部柔韧素质训练

（1）俯卧背弓

训练手段：在垫子上俯卧，屈膝，脚跟向着髋部进行移动。吸气，使用两手将双踝关节抓住。臀部肌肉进行收缩，将胸部和双膝提离垫子。然后，重复这一练习（图 9-37）。

训练要求：要尽可能地增加动作幅度，在动作结束后要保持 10 秒左右。

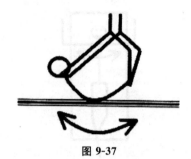

图 9-37

（2）跪立背弓

训练手段：跪立于垫子上，两脚脚尖朝后。将两手扶在臀上部，形成背弓，臀部肌肉收缩送髋。呼气，将背弓幅度加大，头后仰、张口，将两手逐渐滑向脚跟。重复进行练习（图 9-38）。

训练要求：要尽可能地增加动作幅度，在动作结束后要保持 10 秒左右。

图 9-38

（3）上体俯卧撑起

训练手段：俯卧，将两手手掌心向下，将两手指向前放在髋的两侧。呼气，用两手臂将上体撑起，头部后仰，形成背弓。重复这一练习（图 9-39）。

训练要求：要尽可能地增加动作幅度，在动作结束后要保持 10 秒左右。

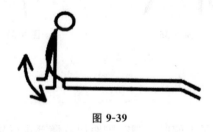

图 9-39

4. 背部柔韧素质训练

（1）坐立拉背

训练手段：坐立，双膝微屈，躯干贴在大腿上部，双手抱腿，肘关节在膝关节下面。呼气,上体前倾,双臂从大腿上向前拉背,双脚保持与地面接触(图 9-40)。

训练要求:要尽可能地增加动作幅度,在动作结束后要保持 10 秒左右。

图 9-40

(2)站立伸背

训练手段:两脚并拢站立,使身体向前倾,直到平行于地面,用两手扶在栏杆上,比头部稍高,使四肢保持伸直、屈髋。呼气,两手抓握住栏杆,并向下压上体,以使背部向下凹,形成背弓(图 9-41)。

训练要求:要尽可能地增加动作幅度,在动作结束后要保持 10 秒左右。

图 9-41

5. 腰部柔韧素质训练

(1)仰卧团身

训练手段:仰卧在垫子上,屈膝,两脚向臀部滑动。两手扶握在膝关节下部。呼气,两手将双膝向着胸部和肩部进行牵拉,并从垫子上将髋部提起。重复这一练习(图 9-42)。

训练要求:要尽可能地增加动作幅度,在动作结束后要保持 10 秒左右,之后伸膝放松。

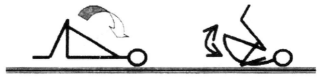

图 9-42

（2）俯卧转腰

训练手段：俯卧在台子上，躯干上部伸出边缘之外悬空，颈后肩上扛一根木棍。双臂体侧展开固定木棍。呼气，尽量大幅度转动躯干，不同方向重复练习（图 9-43）。

训练要求：动作结束保持数秒再回转躯干。

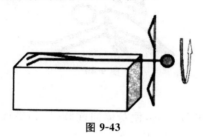

图 9-43

（3）倒立屈髋

训练手段：身体从仰卧姿势转变为垂直倒立姿势，用头后部、肩部和上臂来对身体形成支撑，用两手扶在腰部。呼气，将两腿并拢，直膝，将双脚的高度缓慢降低，一直到与地面相接触。重复进行练习（图 9-44）。

训练要求：保持动作结束 10 秒左右。

图 9-44

（4）体前屈蹲起

训练手段：将两脚进行并拢，俯身下蹲，将两手手指向前，放在脚两侧的地面上。躯干贴在大腿上部。将膝部伸直到最大限度，重复进行这一练习（图 9-45）。

图 9-45

训练要求:要尽可能地增加动作幅度,在动作结束后要保持 10 秒左右。

(5)站立体侧屈

训练手段:两只脚左右开立,将两手相交叉举过头顶并向上伸直手臂。呼气,将一侧耳朵贴在肩上,体侧屈到最大限度。向身体的另一侧进行重复练习(图 9-46)。

训练要求:要尽可能地增加动作幅度,在动作结束后要保持 10 秒左右。

(6)助力腰腹侧屈

训练手段:两只脚成左右开立,一只手臂自然向下垂,另一只手臂向上举起并在头部上方进行屈肘。在同伴的帮助下,同伴一手固定其髋部,另一手抓住其上举臂的肘部。呼气,在同伴的帮助下向着下垂臂的一侧进行侧屈上体。然后,交换进行重复练习(图 9-47)。

训练要求:要尽可能地增加动作幅度,在动作结束后要保持 10 秒左右。

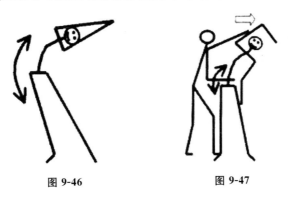

图 9-46　　　　　　　图 9-47

6.臂部柔韧素质训练

(1)上臂颈后拉

训练手段:采用站立或坐立姿势,将左手臂进行屈肘向上举起到头部后方,左肘关节放在头侧,左手向下垂到肩胛处。将右手臂屈肘向上举起,在头后部用右手抓住左臂肘关节。呼气,并用右手向右拉左手臂肘关节。然后,交换进行重复练习(图 9-48)。

训练要求:要尽可能地增加动作幅度,在动作结束后要保持 10 秒左右。

(2)背后拉毛巾

训练手段:采用站立或坐立姿势,一只臂肘关节在头侧,另一只臂肘关节在腰背部。吸气,两只手握住一条毛巾并逐渐相互靠近。然后交换进行重复练习(图 9-49)。

训练要求:要尽可能地增加动作幅度,在动作结束后要保持 10 秒左右。

图 9-48　　　　　　　　　图 9-49

7. 腿部柔韧素质训练

（1）大腿前部

①坐压脚。

训练手段：跪在地面，脚趾向后。呼气，坐在双脚的脚跟上（图 9-50）。

训练要求：将动作保持 10 秒，然后放松之后继续进行重复练习。如果膝部受伤，则不宜采用这一练习。

②分腿拉脚。

训练手段：两腿前后分开，右腿在前，并屈膝约 90°成支撑，左腿在后以膝关节来进行支撑，右手扶地。将上体向前倾，左手在身后抓住左脚，并向臀部方位进行提拉。两腿进行交替练习（图 9-51）。

训练要求：保持髋关节、膝关节、踝关节和脚在前后方向上成一线。要尽可能地增加动作幅度，在动作结束后要保持 10 秒左右。

图 9-50　　　　　　　　　图 9-51

③扶墙上拉脚。

训练手段：面对墙壁站立，一腿支撑，另一腿屈膝，使脚后跟扣紧臀部，用一只手扶墙。呼气，使用另一只手抓住屈膝腿将脚背提起，吸气，将脚向臀部方向进行缓慢提拉（图 9-52）。

训练要求：要尽可能地增加动作幅度，在动作结束后要保持 10 秒左右。

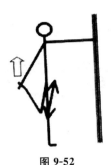

图 9-52

④垫上仰卧拉引。

训练手段：跪坐在垫子上，使臀部接触垫子，将身体向后倒，于垫子上平躺，两脚脚跟在大腿两侧，脚尖向后。身体后倒过程中呼气，直到背部平躺在垫上。重复练习（图 9-53）。

训练要求：要尽可能地增加动作幅度，在动作结束后要保持 10 秒左右。

图 9-53

⑤台上仰卧拉引。

训练手段：在台子边缘平躺，使台子内侧腿屈膝，脚跟靠近臀部，以更好地将髋关节固定。台子内侧手抓住台子内侧腿的膝关节下部。呼气，将外侧腿于髋关节部位从台子上一下。使用台子外测试后抓住外侧腿的踝关节或脚，向着臀部方向进行缓慢拉引，然后换腿进行重复练习（图 9-54）。

训练要求：要尽可能地增加动作幅度，在动作结束后要保持 10 秒左右。

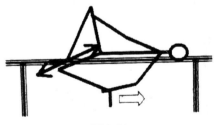

图 9-54

⑥台上平卧拉引。

训练手段：在台子边缘平卧，呼气，将外侧腿于髋关节腿从台子上移下。台子内侧手将外侧腿的踝关节或脚抓住，向着臀部方向进行缓慢拉引。换腿进行重复练习(图 9-55)。

训练要求:要尽可能地增加动作幅度,在动作结束后要保持 10 秒左右。

图 9-55

⑦坐立后仰腿折叠。

训练手段:采用坐立姿势,一条腿进行屈膝折叠,使大腿和膝内侧于地面相接触,脚尖向后。呼气,使身体向后仰,先使用两手臂的前臂和肘关节对上体进行支撑,最后于地面平躺(图 9-56)。双腿交替练习。

训练要求:要尽可能地增加动作幅度,在动作结束后要保持 10 秒左右。

图 9-56

(2)大腿后部

①压腿。

训练手段:在台子侧站立,将一条腿支撑于地面上,另一条腿伸膝放在台子上。呼气,保持两腿膝关节伸直,髋关节正对台子。将上体向前倾,与台子上的大腿相贴近,重复这一练习(图 9-57)。

训练要求:要保持腿膝部伸展,背部伸直,将肘关节向上提。要尽可能地增加动作幅度,在动作结束后要保持 10 秒左右。

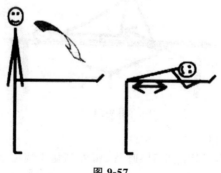

图 9-57

②坐压腿。

训练手段:坐于地面,将两腿分开,一条腿伸直,另一条腿屈膝,脚跟与伸展腿的内侧相接触。呼气,将上体向前倾,与伸展腿的大腿上部相贴近。然后,换腿进行重复练习(图9-58)。

训练要求:要保持退膝部伸展以及背部伸直。要尽可能地增加动作幅度,在动作结束后要保持10秒左右。

图 9-58

③坐拉引。

训练手段:于地面坐立,将两腿在体前伸展,两手放在髋后部的地面上进行支撑。一条腿屈膝,用一只手抓住脚跟内侧。呼气,屈膝腿伸展,直到垂直于地面(图9-59)。

训练要求:要尽可能地增加动作幅度,在动作结束后要保持10秒左右。

图 9-59

④仰卧拉引。

训练手段:仰卧于地面上,屈膝,脚跟与臀部相靠近,吸气,将一条腿向上伸膝。呼气,将空中伸展的腿向头部进行直膝拉引(图9-60)。

图 9-60

训练要求:要注意始终保持被拉引腿处于直膝状态。要尽可能地增加动作幅度,在动作结束后要保持10秒左右。

⑤站立拉伸。

训练手段:背贴墙壁站立,吸气,将一条腿直膝抬起。同时,同伴用两手抓住踝关节上步,协助将腿进行上举(图9-61)。

训练要求:帮助腿上举时呼气,要尽可能地增加动作幅度,在动作结束后要保持10秒左右。

图 9-61

⑥仰卧拉伸。

训练手段:成仰卧姿势,将一条腿直膝抬起,固定骨盆成水平姿势。同时,在同伴的帮助下对地面腿进行固定,保持直膝,并协助其继续提腿(图9-62)。

训练要求:在同伴帮助下,继续向上提腿时要呼气,要尽可能地增加动作幅度,在动作结束后要保持10秒左右。

图 9-62

⑦长凳坐压腿。

训练手段:坐在长凳上,一条腿伸膝放在凳上,另一条腿的脚接触地面。双手头后交叉。呼气,上体前倾贴近长凳上伸展腿的大腿上部。重复练习(图9-63)。

训练要求:保持腿膝部伸展和背部伸直,将肘关节继续向上提。要尽可能地增加动作幅度,在动作结束后要保持10秒左右。

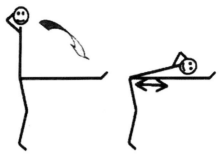

图 9-63

（3）大腿内侧

①青蛙伏地。

训练手段：在地面上成分腿跪姿势，脚趾指向身体两侧，前臂向前以肘关节支撑于地面。呼气，将两腿向着身体两侧继续分，同时将两手臂向前伸，上臂和胸部完全贴在地面上（图 9-64）。

训练要求：要尽可能地增加动作幅度，在动作结束后要保持 10 秒左右。

图 9-64

②体侧屈压腿。

训练手段：在一个同髋部高的台子前侧对站立，两只脚平行于台子，将一只脚放在台子上。在头部上方将两手交叉，呼气，将上体向台子方向进行体侧屈（图 9-65）。双腿交替练习。

训练要求：要尽可能地增加动作幅度，在动作结束后要保持 10 秒左右。

图 9-65

③扶墙侧提腿。

训练手段：双手扶墙站立，吸气，一条腿屈膝，向体侧分腿提起。同伴抓住踝关节和膝关节，帮助继续向上分腿提膝，同时呼气（图9-66）。

训练要求：要尽可能地增加动作幅度，在动作结束后要保持10秒左右。

图 9-66

④跪撑侧分腿。

训练手段：双腿于地面跪立，脚趾指向后方，双手直臂支撑于地面。将一条腿进行侧身，呼气，两手臂屈肘，将跪撑腿的髋部下压倒地面，同时向外侧转髋（图9-67）。双腿交替练习。

训练要求：要尽可能地增加动作幅度，在动作结束后要保持10秒左右。

图 9-67

⑤弓箭步拉伸。

训练手段：成弓箭步站立姿势，两脚之间的距离大约60厘米，将后脚向外旋转90°，两手叉腰。呼气，将前脚向前继续移动，后腿的髋部向下压。然后，交换腿继续进行重复练习（图9-68）。

训练要求：要尽可能地增加动作幅度，在动作结束后要保持10秒左右。

图 9-68

⑥顶墙坐拉引。

训练手段：将腿部顶墙而坐，两腿在体前进行屈膝展开，使两脚脚掌相对，两手握住两脚脚掌并向着腹股沟方向尽量拉。呼气，将上体缓慢前倾（图9-69）。

训练要求：要尽可能地增加动作幅度，要尝试将胸部与地面相接触，在动作结束后要保持10秒左右。

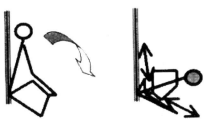

图 9-69

⑦分腿坐体侧屈。

训练手段：坐于地面，将两腿向体侧直膝并尽最大幅度进行分腿，左手臂同髋前部相贴近，将右手臂向头上进行伸展。呼气，上体从髋部尽量向着左侧屈。然后，再向右侧重复这一练习（图9-70）。

训练要求：要尽可能地增加动作幅度，在动作结束后要保持10秒左右。

图 9-70

⑧肋木大腿滑拉。

训练手段：两手扶在肋木之上，将一只脚放在肋木上，保持与髋部同高，另一只脚在地面上同肋木保持平行。呼气，将支撑腿的脚向着远离肋木的方向进行滑动，一直到最大限度（图9-71），双腿交替练习。

训练要求：要尽可能地增加动作幅度，在动作结束后要保持10秒左右。

⑨直膝分腿坐压腿。

训练手段：坐于地面，将双腿尽量分开，呼气，转体，将上体向前倾，并贴在一条腿上部。两腿交换拉伸，继续重复这一练习（图9-72）。

训练要求：将双腿和腰部进行充分伸展。要尽可能地增加动作幅度，在动作结束后要保持10秒左右。

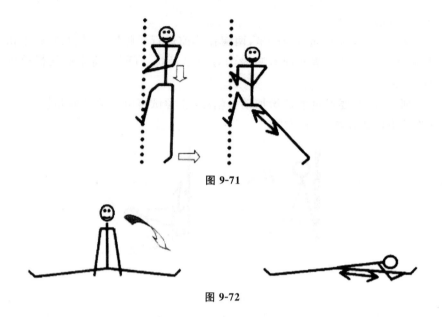

图 9-71

图 9-72

第三节　灵敏协调素质发展的方法与手段

一、灵敏素质训练的一般方法

（一）徒手训练法

这种方法主要是通过借助于身体各个部位的相互配合，来进行灵敏性训练的方法，其可分为单人练习法和双人练习法两大类。

单人练习法是指练习者通过对自身各部位加以协调运用，来提高灵敏性的方法。

双人练习法是通过两人之间的相互配合来提高灵敏性的训练方法。

（二）器械训练法

这种训练方法是指通过对一些运动器械加以运动来促使灵敏性素质得到提高的方法，包括单人训练和双人训练两类。

（三）组合训练法

这种组合训练法包括两个动作之间的组合、三个动作之间的组合和多个动作之间的组合。

（四）游戏训练法

灵敏性训练也包括很多游戏类方法,这些方法的特点就是能够使练习者在获得娱乐的同时,来促使自身灵敏性素质水平得以提高。这种训练方法主要适用于初学者以及水平较低的训练者。

二、灵敏素质训练的具体手段

（一）徒手训练手段

1. 单人练习

（1）正踢腿转体

一腿支撑,站立不动,将另一条腿由下向前上方踢直至最高点时,以支撑腿作为轴心向后转体180°,两条腿进行交替练习。

训练要求:在踢腿的过程中,应将两腿伸直,快速上踢,并缓慢下落,在上踢到距离前额30厘米以内时做转体动作。进行练习3组,每组20次。

（2）腾空飞脚

右脚上步,将左脚向前摆踢,右脚蹬地跃起,身体腾空,将右脚向着前上方进行弹踢,绷直脚面,脚尖朝下。

训练要求:右腿在空中踢摆时,腾起高度要高,左腿在击响的一瞬间,收控于右腿侧;在空中上体要直,微向前倾。练习20次。

（3）旋风腿

开步站立,两腿稍微弯曲,两臂向身体右（左）斜下方平行伸出,此时左脚由左侧迅速提起向上高摆,上体左转,两臂上摆,右脚蹬地腾空。上体从左后前方围绕身体的垂直轴旋转一周。右腿上摆后由外侧随旋转大腿内收向里摆动。左手于体前上方拍击右脚底,然后落地。

训练要求:右脚蹬地时要迅速,右腿伸直后腾空。练习5组,每组3次。

（4）后扫腿

向前上左脚,屈左膝,成半蹲,伸直右膝成弓步。将左脚脚尖内扣,屈左膝成全蹲,成右仆步姿势。同时,向右转动上体,并向前俯,两手随着身体右转在右腿内侧进行撑地,右手在前。随着两手撑地上体向右后拧转的惯性力量以左脚前脚掌为轴,右脚贴地面向后扫转一周。

训练要求:整个动作过程要快速连贯,左右腿进行交替练习。练习4

组,每组 10 次。另外,也可做前扫腿练习。

(5)快速移动跑

站立两眼注视指挥手势或判断信号。当练习者听到信号或看到手势后,按照指挥方向进行前、后、左、右快速变换跑动。一般发出的指令的间隔时间不超过 2 秒。

训练要求:反应迅速、判断准确,变换起跑快;每组 15 秒,共练习 3 组。

(6)越障碍跑

面向跑道站立,并在跑道上设置一些障碍。在听到开始指令之后,练习者通过跑、跳、绕等各类动作,越过相应的障碍物体,跑完全程,可以采用计时的方式来进行练习。

训练要求:快速、灵巧地通过障碍物体。练习 2~3 组。

2. 双人练习

(1)模仿跑

两人一组,成前后站立,相距间隔为 3 米。在开始之后,前者在跑动中做各种不同动作的变化练习,如急停、变相、跳跃、转身等,后者紧跟,并模仿前者跑的动作,并在跑动的过程中做出相同的动作变换。

训练要求:后者要集中注意力,跟随前者的动作而做出相应的动作,动作要保持协调,有节奏;每组持续 15 秒,间隔 30 秒,共进行 4 组练习。

(2)躲闪摸肩

两人一组,在一个直径为 2.5 米的圆圈内站立。在开始之后,练习者在规定的圆圈内跑动做一对一巧妙拍摸对方左肩的练习。

训练要求:统计并记录 30 秒内拍中对方肩的次数,重复 2~3 组。

(二)器械训练手段

1. 单人练习

这种练习包含有很多种形式,例如,利用球进行运球、传球、颠球、追球、接球、托球和多球练习、滚翻传接球练习,还可以借助单双杠悬垂摆动,或者借助一些器械进行翻越肋木、钻山羊、钻栏架,以及各种专项球类练习和技巧练习、体操练习等。

2. 双人练习

(1)扑球

两人分为一组,相对而立。一人抛球,一人接球,抛球者要将球抛向对方的体侧,接球者可以通过利用交叉步、交叉垫步、侧垫步起跳扑向球,并用手将球接住。然后,两人交换继续进行练习。

训练要求:逐渐加快抛球速度,判断准确、主动接球。

(2)跳起踢球

两人一组,相对而立,相距 15 米。一人抛球,将球抛向对方的体前或体侧,对方快速跳起用脚将球准确踢出。交替进行练习。

训练要求:抛球到位,踢球准确;持续练习 15 次/组,重复练习 2～3 组。

(3)接球滚翻

两人分为一组,一人坐在垫子上准备接球,另一人相对站立准备传球。坐于垫子上的人接来自不同方向和不同速度的球。在接左右两侧的球后做接球侧滚动;接正面的球后做接球后滚翻。然后交换继续进行练习。

训练要求:要将球传到位,接球滚翻动作要迅速、协调;每组持续 30 秒,做 2～3 组。

(三)组合训练手段

1. 两个动作的组合练习

两个动作的组合练习主要有:后踢腿跑接圆圈跑、前踢腿跑接后撩腿跑,交叉步接后退步,立卧撑接原地高频跑,前滚翻接挺身跳转 180°或 360°,变换跳转髋接交叉步跑、俯卧膝触胸接躲闪跑、转体俯卧接膝触胸、侧手翻接前滚翻、坐撑举腿接俯撑起跑、盘腿坐接后滚翻等。

2. 三个动作的组合练习

三个动作的组合练习主要有:腾空飞脚→侧手翻→前滚翻;交叉步→侧跨步→滑步;滑跳→交叉步跑→转身滑步跑等;转髋→过肋木→前滚翻;立卧撑→原地高频跑→跑圆圈;旋风脚→侧手翻→前滚翻等。

3. 多个动作的组合练习

多个动作的组合练习主要有:分腿跳→后退跑→鱼跃前滚翻→立卧撑;跨栏架→钻栏架→跳栏架→滚翻,后滚翻转体 180°→前滚翻→头手倒立前滚翻→挺身跳;腾空飞脚→旋子→前滚翻→乌龙绞柱;跨栏→钻栏→跳栏→滚翻、悬垂摆动→双杠跳下→钻山羊→走平衡木;倒立前滚翻→单肩滚翻→侧滚→跪跳起;摆腿→后退跑→鱼跃前滚翻→立卧撑等。

第十章 大学生体能训练的实践运用研究

大学生作为一个重要的群体，由于身心特点、成长环境、运动水平、身体素质等都存在着一定的差异性，因此他们在进行体能训练时，往往能够根据自身的实际情况来进行有针对性的训练，从而使自身的综合素质得到有效的提升。本章主要对不同体质、不同就业方向的大学生的体能训练方法、要求、注意事项等方面进行分析和阐述。

第一节 不同体质大学生的体能训练

由于大学生的体质不同，因此，他们进行体能训练的针对性和目的性也会有所不同。比如，身体较弱的大学生，进行体能训练的主要目的是强身健体；肥胖的大学生进行体能训练是为了减肥塑身；患病大学生则是为了改善病情而进行体能训练的。下面就对这些不同体质大学生的体能训练进行阐述。

一、强身健体类大学生的体能训练

对于追求强身健体目的的大学生来说，他们进行体能训练往往会针对身体不同部位的肌群进行相应的训练，具体方法如下。

（一）颈部肌群训练

颈部的强壮与否会对一个人雄健、英武和健美的形象产生直接的影响。一般来说，颈部强健的胸锁乳头肌，能够将男性的阳刚之气和女性的魅力从分显现出来，因此，进行颈部肌群的训练是非常有必要的。

1. 颈部训练的肌群及主要动作

要想得到强健美观的颈部，就需要对胸锁乳头肌、斜方肌、颈阔肌及夹肌、头长肌、颈长肌等这些与颈部健美有关的肌肉进行重点的训练。通常，采用站姿颈屈伸、侧向颈屈伸、仰卧颈屈伸、俯卧颈屈伸、俯立颈屈伸等动作来进行训练。

2. 颈部肌群训练的方法及建议

在颈部肌群训练的初期,往往只进行一些简单的练习,比如,徒手颈绕环和左右转颈等练习;在训练 6 个月后,可以在每次课选择 1～2 个动作进行训练,具体要求为:每个动作练习 2～4 组,每组 10～12 次。如果有专门的器械,可以进行借助器械来进行训练;而如果不具备这一条件,也可以通过徒手(或毛巾)的自抗力练习进行训练;6 个月至 1 年后,可根据训练的情况来加入负重颈屈伸等重量练习,从而使颈部肌群与全身肌群之间达到平衡发展。

(二)肩部肌群训练

肩膀的健美程度,受到两个方面因素的影响:一个是锁骨和肩胛骨的长短与大小,一个是锁骨末端附着的三角肌的丰满程度。因此,对锁骨和肩胛骨进行锻炼对于肩部健美的保持有着非常重要的作用。

1. 肩部训练的肌群及主要动作

对于大学生来说,男生理想的肩部为具有合适的宽度和力度,并且能够将"倒三角形"体型体现出来;女生理想的肩部要具有一定的圆滑感,并且能够将柔美的曲线体现出来。一般来说,能够有效训练和改善肩部的动作主要有站姿提肘上拉、站姿侧平举、站姿前平举、躬身侧平举、俯立飞鸟、颈后推举、颈前推举、坐姿推举哑铃、平举下拉橡皮带、侧上拉橡皮带、站立耸肩、俯立耸肩等。

2. 肩部肌群训练的方法及建议

在肩部肌群训练的初期,可以根据不同的部位进行训练,具体要求为:每次课安排一个动作,每个动作可做 2～3 组;在训练半年至一年之后,可以进行这样的训练安排:锻炼课每次可选择两个动作为组合,每个动作做 2～4 组;在训练一年以后,就可以根据实际情况来有针对性地选择三个动作为一组合,每周练两次,每次课的每个综合组为 8～10 组。

通常情况下,男女在进行肩部的训练时,往往采用相同的动作和方法即可,具体会根据训练目的的不同而在试举的重量和运动量的选择上有所区别。

(三)臂部肌群训练

人类基本动作是需要臂部协助完成的,因此,往往将健壮的胳膊作为力量的象征。当前,尽管很多力量方面的劳动已经不需要用臂部完成了,但是有一双灵巧的手和健美粗壮的胳膊还是很重要的。因此,这就需要对臂部进行相应的训练和发展。

1. 臂部的训练肌群及主要动作

对于臂部来说,需要重点进行训练的肌群主要包括肱三头肌、肱二头肌、肱肌。具体来说,可以通过站姿反握弯举、坐姿托肘固定弯举、俯身弯举、斜板单臂弯举、单臂坐弯举、斜卧弯举、反握引体向上、颈后臂屈伸、仰卧臂屈伸、俯立臂屈伸、站姿双臂胸前屈肘下压、仰卧撑、直臂后上拉举、腕屈伸、站姿双手卷棒、重锤握力器交替握等动作来完成。

2. 臂部肌群训练的方法及建议

臂部应该将肌肉训练的重点放在上臂,训练的肌群重点在肱二头肌和肱三头肌。前臂的屈肌和伸肌等其他的肌肉,只要适当安排 2～3 个动作即可。究其原因,主要是由于在进行上臂的训练时,前臂也得到一定的训练。

3. 臂部肌群训练的注意事项

大学生在进行臂部肌群的训练时,为了保证理想的训练效果,需要对以下几个方面的事项加以注意。

(1)要保证臂部肌肉较为发达且对称,就要求通过负荷完全相同的两手交替训练和依次训练的项目来达到使屈肌和伸肌都得到影响和锻炼的目的。

(2)通常,对于女大学生来说,她们进行臂部肌群的训练往往是为了增强臂力,使肌肉的弹性得到提高,多余的脂肪得到缩减。其训练的重点较小而训练次数较多。对于男大学生来说,她们进行臂部肌群训练是为了发达臂部肌肉、增强臂力。因此,他们的训练方法往往是大重量、训练次数少。在进行系统的臂部训练时,往往会对各阶段训练课的内容进行如下安排。

①第一个月的训练课安排。

肱二头肌、肱三头肌、前臂肌群等每块主要肌肉或肌群,各选择一个动作,每个动作练 2 组。

②第二、三个月的训练课安排。

要以上述各肌肉或肌群为依据来另选择动作,每个动作练 3 组。

③第三个月至第六个月的锻炼课安排。

每块肌肉或肌群可选择两个不同方位或不同器械的动作,每个动作做

2～3组。

④6个月以后的训练课安排。

要以臂部肌肉的增长情况为依据,每块肌肉或肌群有针对性地选择2～3个不同的动作,每个动作练3～4组,最多不超过5组。

需要强调的是,在进行系统训练一年左右,臂围往往会有较为明显的增粗现象。但是,在一年以后,臂围的增长幅度就会逐渐变慢,这时候,为了能够进一步增强训练效果,就要求以实际情况为依据来合理选择有效动作进行训练,运动量方面也应该适当增加。

(四)胸部肌群训练

胸部对于男大学生和女大学生都有着非常重要的意义,比如,男大学生挺拔、丰满、结实的胸脯往往能够体现出男性的力量和开阔的胸襟,而对于女大学生来说,挺拔饱满、润泽而富有弹性、坚挺不垂、富于曲线的胸脯则是美的一个非常重要的表现方式。因此,练就宽厚的胸部肌肉,不仅能够保持健壮优美的体形,而且对于低头含胸缺陷的矫正及心肺功能的增强都是有所助益的。

1. 胸部的训练肌群及主要动作

健美的胸部主要有赖于发达的胸大肌,因此,胸部训练主要对胸大肌进行训练。主要通过平卧推举、斜卧推举、仰卧飞鸟、俯卧撑、双杠臂屈伸、仰卧屈臂上拉、仰卧直臂上拉、坐姿屈臂扩夹胸等动作来进行训练。

2. 胸部肌群训练的方法及建议

(1)不同阶段胸部肌群训练的内容安排

①初练至三个月的训练安排。

这一阶段不仅要熟练掌握基本的动作要领,而且还要主要发展胸部形状。具体的训练安排为:隔天练习,每周练三次,每次课选1～2个动作。另外还需要强调的是,在练胸肌时最好同练背阔肌及大腿肌群结合起来,以取得更好的效果。

②三个月以后至一年的训练安排。

这一阶段通常可以分为两个小阶段:第一阶段是三个月至六个月,第二个阶段是六个月至一年。通常,在这个时期的训练中,主要目的在于扩大胸腔、改变基本体形为主,促使胸肌发达,以每次课练2～3组为宜。

③一年以后的训练安排。

在经过一年的系统训练之后,要以胸肌的发展情况为依据,合理地选择发展不同部位的 3～5 个动作为一个组合。随着运动量的逐渐增大,还要与身体其他部位的锻炼结合起来,因此,可以要求每次课选 3～10 个动作为一个组合,综合组数为 3～4 组。

(2)不同性别训练胸部肌群的方法也不同

①男大学生训练胸部肌群的方法。

男大学生往往会出现"排骨"体形,要通过训练改变这一体形,主要通过训练来使胸大肌发达,使胸腔扩大,呼吸系统功能增强,然后与肩、背、臂和腿部等肌肉群结合起来进行训练。通常,前三个月的训练目的主要在于发展胸部的形状为主,具体来说,就是先使"外侧翼""下缘沟"的肌群得到训练,然后,由"外侧翼"逐渐向"中间沟""下缘沟""上胸部"发展,把三角肌前束肌群联系起来,从而形成宽厚结实的胸脯。

②女大学生训练胸部肌群的方法。

女子的胸部主要是由"乳腺"外覆盖脂肪形成的。通常,胸部的大小往往是受遗传因素影响的。女子在青春期(16—18 岁)是胸部发育的顶峰,20 岁以后脂肪逐渐增多,胸部过于肥大往往是由于女性荷尔蒙分泌较多导致的。当前,有很多女性为了改善胸部过小的问题,往往会采取推拿按摩、服药等方法,收效甚微。其实,真正有用的方法是采用徒手或器械的健美锻炼,因为这样能够使脂肪增多和乳腺萎缩得到有效的预防,从而使胸部丰满而富有弹性。

需要注意的是,在开始进行胸部肌群的训练时,要以扩大胸腔、增强呼吸功能为首,同时对胸大肌的两侧翼和周围肌群进行重点训练,通常在训练三个月以后,胸大肌用力收缩时,会有结实饱满的肌肉感,也会有效改善乳腺的弹性,但是,为了保证训练的效果和安全性,还是要对以下几个方面加以注意。

第一,通常以每周训练 3 次为宜,也就是隔天练一次。

第二,在进行胸部肌群训练之前前要求选择两套或三套形体健美操为准备活动项目,活动时间最少为 15 分钟。

第三,每课可选择 2～3 个动作,每组所采用的重量以能举起 8～12 次为宜,重量过大或者过小都要进行适当的调整。随着训练水平的不断提升,每课的次数与组数也会有相应的增加。

第四,如果是为了减缩多余脂肪或增强肌肉弹性,那么就要求将每组锻炼的次数定为 15～20 次;如果是为了扩大胸腔或增强胸大肌或使胸部永远保持"挺拔丰满",那么按照一般的标准进行训练即可。

第五,对于胸部发育过大的情况,不仅要从饮食上加以注意,还要通过各种训练方法来缩减胸部的脂肪,从而获得理想的锻炼胸部的效果。

第六,对于胸部平塌、乳房较小的女大学生来说,为了促进胸部的发育,就需要加强胸部锻炼,发展胸大肌,增强肺活量,扩大胸腔。比较常用的训练方法是利用杠铃、哑铃等进行训练。

（五）背部肌群训练

1. 背部的训练肌群及主要动作

一般的,通过对胸大肌和背阔肌进行训练,往往能够达到发达躯干上部肌肉的目的。但是在现实生活中,很多人往往只注重胸大肌的训练,而忽视了背阔肌的训练,这就使得胸部和背部的发展不平衡。要使背阔肌与胸大肌同步发展,就必须做大量的专门练习,使发达胸大肌与背阔肌交替进行。一般的,可以通过坐姿重锤颈后下拉、单杠引体向上至颈后、俯立划船、俯卧提拉、屈体硬拉、坐姿双手划船、坐姿对握腹前平拉等动作来进行背部的训练。

2. 背部肌群训练的方法及建议

（1）男大学生背部肌群锻炼方法建议

对于男大学生来说,应该从背阔肌的训练着手来进行背部训练,先使其宽厚和形成良好的体形,经过一年的训练之后,再以各人的背部肌肉发展的特点为依据,来对重点训练的部位进行相应的安排。在训练课中,通常在一至三个月内,每次课可选两个动作,做2~3组;三个月至一年内,每次课可选2~3个动作,做5~8组。

（2）女大学生背部肌群锻炼方法建议

加强背部肌群的训练,能够取得理想的纠正脊柱前屈和侧屈等的整理效果,与此同时,还要使背部和腰部的多余脂肪得到有效的缩减。通常,不同阶段会进行如下不同的训练安排。

① 在训练的初期,主要要求熟练掌握正确的锻炼背部的动作要领和改变背部的形状,这里需要强调的是,第一个月的主要任务是掌握背部练习的动作要领。

② 第二、第三个月要对背部的肌肉形状加以改变,使之形成良好的形体。

③ 第三个月至一年进行背部的训练主要目的在于进一步改变背部的肌肉群和形状,使训练后所获得的形体得到有效的巩固,使肌肉坚实而富于弹性,胸部更为丰满挺拔,从而将女性的"曲线美"充分体现出来。

④ 一年以后进行背部肌群训练的主要内容在于背部重点肌肉群的训

练。除此之外,在不同的训练阶段,不仅要重点完成各阶段的主要任务和目的,还要注重背部各肌群的平均发展。

(六)腰腹肌群训练

腰腹部位于人体的中间位置,不仅具有非常重要的生理作用,还对人体的整体美产生重要影响。尤其女性对腰腹的要求更高,有"马甲线"是很多女性追求的完美的腰腹状态。增强腰腹肌群的训练,能够使消化和排泄系统的功能得到有效增强,同时,对消化不良,胃溃疡、胃炎、胃下垂和便秘等症也有一定疗效。

1.腰腹部的训练肌群及主要动作

要想保证腹部的优美曲线,使肌肉结实而有力,需要加强训练的腰腹部肌群主要包括上腹部(腹直肌上部)、下腹部(腹直肌下部及髂腰肌)和腹部两侧(腹内外斜肌)肌群。具体来说,可以通过俯卧两头起、俯卧挺身、直腿硬拉、俯身展体、负重体侧屈、侧卧弯起、负重转体、俯卧转体挺身、锻炼腹部肌群的常见练习、仰卧起坐、仰卧举腿、仰卧两头起、悬垂收腹举腿、仰卧双腿绕环等动作来进行训练。

2.腰腹部肌群的训练方法及建议

(1)男大学生腰腹部肌群的训练

男大学生通过腰腹部的训练,不仅能够使多余的脂肪得到缩减,还能够使腹直肌和腹外侧肌更加发达。

(2)女大学生腰腹部肌群的训练

女大学生进行腰腹部肌群训练的目的和要求不同,因此,采取的具体训练方法也有所不同。

①对于重点减肥者来说,其所需要训练的部位较为广泛,比如腰周围的上腹、下腹、腹侧、腰背甚至胸部、臀部和大腿上部等都需要进行训练,通常可以安排:每周5～6天训练,每次训练课至少60分钟以上,并以有氧运动为主。随着训练的不断进行,各部位的训练组数和次数也应相应增加。

②对于较瘦者来说,为了达到丰满体形、增强内脏器官机能的目的,则应采取加强重点部位训练。

③对于外型原就比较匀称者来说,主要安排的内容应该是加强力量和肌肉弹性的训练,从而使体质增强。

(3)腰腹部肌群训练的方法及建议

每次课选择2～4个动作;练习的组数约为3～5组;每组的次数不得少

于 20 次;间歇时间最多不超过 30 秒钟;每周至少安排 2～5 天。动作频率稍快;训练的动作难度要逐渐递增,由徒手逐渐发展到器械。需要强调的是,腰腹部肌群训练的关键之处在于将腰腹肌的锻炼应安排在每次训练课的最后,这样有助于理想训练效果的取得。

二、减肥塑身类大学生的体能训练

对于大学生来说,身形肥胖,不仅会影响身体形态的美观,对身体健康也会产生不利的影响,因此,对于要改变肥胖体形为目的的大学生来说,减肥塑身是非常有必要的。具体来说,通过这方面的体能训练,能够促进身体新陈代谢,缩减脂肪含量,改善内分泌系统功能,从而保证身体健康、塑造出完美的体形。

一般的,减肥塑身类大学生的训练方法主要包括以下几个方面。

(一)减肥塑身训练的形式、内容和方式

一般的,往往可以利用中等强度的训练来达到降低体重的目的。这具体要根据大学生自身的体质情况来进行区别对待。

1. 体质较差大学生减肥塑身的训练

对于体质较差的大学生来说,在训练强度上可以适当放松。具体来说,就是通过时期较长、时间较长、带有动力性、全身性的有氧运动,辅之以力量训练和柔韧训练(运动形式)来达到减肥塑身的效果。其中,较为具有代表性的有走、跑、游泳、骑车、有氧舞蹈和健身操等。从实际情况中可以得知,能够通过简单易行的走跑运动中达到减肥塑身效果的大学生很少,究其原因,主要是由于走和跑的训练方式较为枯燥。除此之外,还能够借助于相关的器械设备或者有氧运动来进行训练,并且往往能够取得理想的训练效果。

2. 体质较好大学生减肥塑身的训练

对于体质较好的大学生来说,要想达到理想的减肥塑身效果,跳绳运动是比较理想的选择,具体来说,就是每天在进行其他运动后增加跳绳训练 10 分钟,其效果相当于 500 米健身跑的功效。除此之外,游泳也是非常好的一个选择,对减肥也有效果,每周 3～4 次,每次不少于 20 分钟。各种球类,游戏和气功等如果运用得好,也能够达到有效减肥的目的。

（二）减肥塑身训练的时间和频率

由于变胖不是一蹴而就的，因此，要减肥也不是一两天就能够实现的。因此，一般会要求每次运动持续 30～60 分钟（每次活动能量消耗为 300 千卡左右），每周至少运动 3 次，或者在每天的早晨与傍晚各锻炼一次。需要强调的是，运动训练中的脂肪代谢的被调动时间较慢，因此，这就要求减肥的大学生每次持续运动的时间尽量不低于 40 分钟，但是，通过对运动耗费的时间和有利身体负荷的因素的充分考量，要将运动训练的时间控制在 120 分钟之内。

一般的，要想取得理想的减肥效果，可以选择在三个时段内进行运动训练。第一，是每天 16—21 时运动为宜，19—20 时最佳；第二，是晚餐前 2 小时，即每天的 16—18 时进行训练；第三，是晨练。由此可以看出，晚饭或早饭前跑步可使减肥进入良性循环状态，不仅能够使运动量增加，还能使能量物质的摄入减少，因此，往往能够取得更好的减肥效果。

（三）减肥塑身训练的强度及监控

体能训练中的一个最重要的因素就是运动强度。通常，可以从运动中的心率上将运动的强度反映出来，具体来说，就是准确测量 10 秒钟的脉搏乘以 6 即代表运动中的每分钟心率。在有氧运动中，减肥训练的运动强度应为最大吸氧量（$VO_2 max$）的 50%～70% 或最大靶心率的 60%～70%（青少年可达 75%）。在此负荷强度范围内运动，脂肪氧化的绝对速率处于理想状态，也就是说，这时候脂肪燃烧的速度是最快的。

对于非体育专业的大学生来说，他们一定要加强对运动负荷的重视程度和认识，究其原因，主要是由于运动负荷一定要依据本人的实际能力而定，而并非追求每次运动都要达到力竭的程度。因为并不是运动强度越大越好，也不是越小越好，只有适宜的运动负荷，也就是本人最大运动心率值的 65%～85% 之间（减肥者为最大心率的 60%～70%），才能够取得理想的训练效果。从相关的研究中可以发现，心率稍低对机体会产生较小的影响；心率过高则易产生疲劳与运动伤病。因此，最佳心率范围也可参照如下指标：

男 21—30 岁（女 18—25 岁）：150～160 次/分钟。

男 31—40 岁（女 26—35 岁）：140～150 次/分钟。

男 41—50 岁（女 36—45 岁）：130～140 次/分钟。

男 51—60 岁（女 46—55 岁）：120～130 次/分钟。

男 61 岁以上（女 55 岁以上）：100～120 次/分钟。

从相关的研究中发现,持续运动 30～60 分钟,用最大靶心率的 50％ 的负荷强度进行训练,每分钟可燃烧的热量达到了 7 千卡,且 90％ 的热量来自脂肪;而用最大靶心率的 75％ 的负荷强度进行训练,每分钟可燃烧的热量有 14 千卡,约 60％ 的热量来自脂肪。由此可以看出,强度较低但训练时间较长的训练方法所取得的减肥效果更加理想。

三、患病类大学生的体能训练

当前,随着生活水平的不断提高,不良的饮食习惯、体育运动锻炼的缺乏等原因导致健康问题的发生时间逐渐提前,也就是出现健康问题的人群逐渐年轻化。大学生中患各种疾病的概率也加大。下面就对大学生几种常见的疾病的体能训练进行分析和阐述。

(一)患高脂血症的大学生的体能训练

1. 患高脂血症的大学生体能训练的时间、频率以及强度

对于患有高脂血症的大学生来说,中等强度、长时间周期性大肌群参与的训练是较为适宜的。当前,存在着一个较为普遍的观点,就是改善脂代谢所需运动强度要比改善心肺功能的强度低一些,具体来说,就是约为 40％～60％ 最大摄氧量(VO_2max)强度或 60％～70％ 最大心率($HRmax$),大于 80％ VO_2max 强度与低强度效应相同。运动频率为 3～5 次/周。每次持续时间为 45～60 分钟(准备活动 5～10 分钟,运动部分 25～40 分钟,整理活动 5～10 分钟)。但是,也有研究不认同这一观点,并且提出了运动频率大于 3 次不会取得理想的改善血脂的效果,甚至有研究发现每周进行两次训练,共三个月也能使 HDL-C 上升 19.3％,LDL-C 下降 12.8％。由此可以看出,对于患高脂血症的大学生来说,小量、短时、多次、累积和完成总的运动时间和运动量的训练所取得的训练效果也较为理想。

2. 患高脂血症的大学生体能训练的方式和建议

能够有效改善大学生高脂血症的训练方式主要有散步、慢跑、骑自行车、游泳、健身操、太极拳、气功等有节奏的全身性运动。具体来说,患病的大学生可以以各自的体力和爱好为依据来适当选择简便、有效可行的运动项目,并且保证训练的规律性和科学性,从而保证最佳的训练效果。除此之外,还可以配合太极拳、气功等治疗方法。

（二）患高血压的大学生的体能训练

对于轻、中度高血压患者均可进行运动疗法。特别是对伴有交感神经活性亢进的轻度高血压病人效果尤佳。但对于重度高血压病人，因运动时可致短时间的血压升高而增加危险性，故在血压未得到充分控制的情况下应禁用运动疗法。

1. 患高血压的大学生体能训练的方式

通常，步行、慢跑、骑自行车、游泳和体操等有氧运动是患病大学生进行体能训练的主要方式。也可以辅之气功、放松练习。但是要尽可能地避免静力性练习及最大重量的举重。

2. 患高血压的大学生体能训练的强度

有研究提出这样的观点：$40\%\sim80\%\,VO_2\,max$ 的强度有助于血压的降低压都有效，而 $50\%\,VO_2\,max$ 的强度较 $75\%\,VO_2\,max$ 的强度降压效果更加明显。究其原因，主要是由于血浆中乳酸堆积达阈值时的运动水平大致相当于 $50\%\,VO_2\,max$，因此，这就要求选择中度的运动强度。

3. 患高血压的大学生体能训练的时间

通常，可以将每次的训练时间定为 $30\sim60$ 分钟。每周 3 次以上往往就能取得一定的降压效应。相关的研究发现，每周 $5\sim7$ 次运动训练所取得的降压效果要明显好于每周 3 次运动训练的降压效果。

（三）患糖尿病的大学生的体能训练

这里需要强调的是，并不是所有的糖尿病患者都能够通过运动训练进行治疗。也就是说，只有空腹血糖在 16.7 毫摩尔/升以下的 II 型糖尿病病人，特别是超重或肥胖者。

1. 患有糖尿病的大学生体能训练的方式

通常，会采用中等强度节律性有氧耐力运动来对患有糖尿病的大学生进行治疗。具体来说，要以病情、体力及客观条件为依据来有针对性地选择适合个人特点和兴趣的训练项目。其中，动员较多的大肌群的散步、快走、慢跑、骑自行车、做广播操及各类健身操、太极拳、球类、划船、爬山及上下楼梯等是最佳的选择。必要时，可以综合采用其中的几种。需要强调的是，快跑、快速游泳、体操、网球等快速高强度运动要尽可能地避免。此外，赛车、举重、拳击、游泳等运动也是糖尿病患者尽可能避免的。不同类型的糖尿病患者的体能训练方式的选择也会不同,具体可参见表10-1。

表 10-1 不同糖尿病患者体能训练方式的选择

肥胖型糖尿病	轻度糖尿病无并发症
平地快走、慢跑、上楼梯	举重、拳击
坡道自行车	游泳
登山、各类球类训练	体育比赛
擦地板	重体力劳动

2. 患有糖尿病的大学生体能训练的时间和频率

当前,有很多相关的学者提出了餐后1~2小时定时进行运动训练的建议,这样对于血糖的降低是有益的。另外,不同患者的病情不同,训练的时间也会有所不同,具体要根据所用药物品种而定,总的来说,就是应该在药物发挥最大效力之前进行,如注射普通胰岛素以餐后 0.5~1.5 小时运动为宜;口服优降糖时的高峰浓度为服药后 1.5 小时,故训练在餐后 0.5~1 小时即可,训练时间应避开药物高峰作用时间及空腹时间。

从一些研究中发现,停止运动训练 3 天,已获得改善的胰岛素敏感性会随之消失,因此,为了保证理想的降糖效果,可以将运动训练的频率定为 3~5 天/周,如果能坚持 1 次/天最为理想;运动的持续时间为 20~60 分钟/次/天,包括 5~10 分钟热身和放松运动。

3. 患有糖尿病的大学生体能训练的强度

对于患有糖尿病的大学生来说,在运动量和强度方面一定要适中,同时,还要保证个体化。因为如果运动过度,不仅不会有效降糖,还会使血糖过大波动,加重病情;而如果运动量过小,对肌肉的刺激过小,无法获取理想的降糖效果。因此,对没有合并症的轻中度糖尿病病人,往往会建议采用中等强度运动,具体来说,就是指训练时耗氧量占本人最大耗氧量的 60%（60%VO_2max）。美国运动医学会推荐糖尿病患者应以有氧运动为主,达到 40%~60% 的最大耗氧量,或是 60%~90% 的最大心率。国内学者多主张以 60%VO_2max 运动 30 分钟。

准确的运动强度指标是%VO_2max 即%最大耗氧量,因测定 VO_2max 比较困难,因此,往往会用心率来表示这种强度（相对强度）,把极限的强度定为 100%最大心率（HRmax）。训练过程中达到的%HRmax 越高,运动

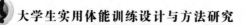

的强度也就越大。估算方法包括两种：一种是计算法，一种是简易法。

（1）计算法

$$运动中心率＝最大心率×\text{\textperthousand}HRmax$$
$$最大心率＝220－年龄$$

（2）简易法

$$运动中心率＝180(或170)－年龄－130(或120)次/分$$

4．患有糖尿病的大学生体能训练的注意事项

对于患有糖尿病的大学生来说，要进行体能训练，需要对以下几个方面的事项加以注意。

（1）由于患病的大学生的实际情况不同，因此，这就要求有针对性地选择适合自己的运动项目和运动方式。同时，还要保证训练的量要适宜，不能过多也不能过少，否则，都不利于血糖的降低。

（2）在进行体能训练之前，一定要做好充分的准备活动，比如，为了避免肌肉骨骼受伤，可以适当做一些伸展及松弛肌肉的运动，准备活动后运动量可以逐渐加大，这样能够使心率增加过快的情况得到有效的避免。另外，还需要注意的是，为了避免运动后血压过低、心律失常或晕厥等现象的发生，在运动将结束时宜行减速等适当活动。

（3）对于有空腹运动习惯的患者来说，为了预防低血糖反应，可于运动前适量加餐，并且要将加餐量计入当日主食量。

（4）定期检查身体，检测血糖、尿糖，并且要时刻关注自己的体重，对训练的效果进行客观评价，不断地修改运动处方，并使其逐渐完善。

（5）对于冠心病及高血压者来说，慢行及太极拳、气功运动是较为适宜的选择。

（6）并不是所有的糖尿病患者都能够进行体能训练的，具体来说，以下几种就不适合进行体能训练：①血糖过高，胰岛素用量太大，病情易波动者；②糖尿病酮症或消耗时分严重、血黏稠度高者；③伴有高热、严重感染、活动性肺结核者；④有严重心肾并发症及糖尿病视网膜病变者。

第二节　大学生不同就业方向的体能训练

大学生所学习的专业不同，因此，将来的就业方向就不同，可以将大学生就业的类型大致分为坐姿类、站姿类、变姿类以及工厂操作类等，不同职业的特点不同，因此，针对此进行的体能训练的侧重点也会有所差别。下面就对这四个不同就业方向的体能训练的方法等进行分析和说明。

一、坐姿类就业方向大学生的体能训练

当前,对着社会经济、科学技术的不断发展,社会分工越来越细,自动化程度也越来越高,很多体力劳动可以由机器代替完成,因此,越来越多的工作倾向于脑力劳动。比如,较为典型的工作人员(会计与出纳)、文秘及大部分办公室白领等,他们的工作方式往往是"伏案型"的,具体来说,就是长时间保持伏案的姿势进行工作,很少变换体位,这就被称为坐姿类的职业,是大学生就业的一个重要方向。一般的,坐姿类就业方向的职业人员,往往会在每个工作日的 8 小时劳动中,保持坐姿工作 6～7 小时以上。但是需要强调的是,坐位姿势是一种静态姿势。静态姿势下完成单一工作,引起疲劳的程度非常高,且工作效率会呈现出逐渐下降的趋势,并且工作差错的出现率逐渐提高。

长期以单一姿势工作,容易引起机体许多功能和结构的改变,比如,头颈部在工作时会成前俯或者后仰的姿势、脊柱的生理弯曲遭到破坏、胸廓受到挤压、背部与颈部和腰部的角度不合理、腰椎长期受到较大力的压迫、手腕部用力或者弯曲反复进行,这些都会导致相应疾病的发生。另外,由于长期处于一个姿势进行工作,就会使眼睛的负荷过大,从而导致眼睛干涩、视力下降;肺通气功能下降、血液循环的功能也有所下降,导致大脑缺氧、工作效率受到影响;等等。这些都是所谓的职业病。据了解,绝大部分坐姿类职业者都有程度不同的职业病,因此,采取有效的预防措施和训练方法,能够使职业病的发生几率大大降低,对身体的健康非常有利。

对于坐姿类就业方向的大学生来说,需要进行的体能训练主要涉及以下几个方面的内容。

(一)肌肉力量耐力训练

人体各种活动是实现与身体各部位肌肉牵动着关节和骨骼并克服各种阻力的情况有着不可分割的密切联系。因此可以说,肌肉张力是维持身体各种姿势的基础。处于坐姿的状态时,腰背部肌肉是主要的受力肌。锻炼坐姿时机体各部位的主要受力肌群,能够使肌肉弹性增强,组织血液循环功能得到改善,新陈代谢能力增强,从而使组织疲劳的现象得到有效的预防。

所谓的力量耐力,实际上就是力量和耐力相结合两一种综合素质,它是在静力性或动力性工作中长时间保持肌肉紧张,而不降低其工作效率的运动能力。

具体来说,针对坐姿类就业方向的大学生对身体素质的要求来说,应重点发展的力量耐力主要涉及颈肩部、腰背部、腕部肌肉群,具体如下。

1. 颈肩部肌群力量耐力训练方法

对坐姿类就业方向大学生颈肩部肌群力量耐力的训练方法主要有以下几种。不同训练方法所起到的作用也会不同,要根据实际情况和需要来有针对性和目的性地加以选择和运用。

(1)屈伸探肩

坐立均可,上背挺直,双手叉腰,眼睛正视前方。头缓缓地向左偏,努力接近左肩,保持6~8秒,还原;以相同的姿势换方向做,还原。

通过这一训练方法,能够使胸锁乳突肌、斜方肌肉的力量得到有效发展和提升。

(2)摸耳屈伸

坐立均可,两手自然放于体侧,眼睛正视前方。右手叉腰,同时将左手侧上举,越过头顶去摸右耳,同时头向左侧倾斜,还原;再用右手以同样的姿势去摸左耳,还原。

通过这一训练方法,能够使胸锁乳突肌、斜方肌肉的力量得到有效发展和提升。

(3)手侧压颈屈伸

坐立均可,上背挺直,眼睛正视前方。左手按头左侧,右手叉在右侧腰间。左手用力把头向右侧推压,而颈部则用力顶住,不让轻易压倒,但逐渐被压倒。然后,颈部用力把头向上向左抬起,而左手则用力压住头部,不让其轻易抬起,但逐渐完全竖直。练完一侧,换练另一侧。

通过这一训练方法,能够使胸锁乳突肌、斜方肌肉的力量得到有效的发展和提升。

(4)双手正压颈屈伸

坐立均可,上背挺直,眼睛正视前方,双手十指交叉,按在脑后。双手用力压头部,使其向前下屈,颈部则用力顶住,不让轻易下压,但逐渐被压到颈部触及锁骨柄。然后,颈部用力把头向上抬起,而两手则用力压住头部,不让其轻易抬起,但逐渐抬到原位。

通过这一训练方法,能够使斜方肌的力量得到有效发展和提升。

(5)耸肩

坐立均可,上背挺直,双手叉腰,眼睛正视前方。双肩缓缓往上耸,尽力去碰耳朵,保持6~8秒,然后放下。

通过这一训练方法,能够使斜方肌的力量得到有效发展和提升。

（6）肩绕环

坐立均可，上背挺直，双手叉腰，眼睛正视前方。双肩经前向后展，做以肩关节为中心的绕环动作。

通过这一训练方法，能够使斜方肌的力量得到有效发展和提升。

2. 腰背部肌群力量耐力训练方法

对坐姿类就业方向大学生腰背部肌群力量耐力的训练方法主要有以下几种。

（1）体后屈伸

俯卧在垫子或长凳上。以髋部支撑，脚固定，两臂前举连续做上体后屈伸动作或者保持上体屈伸6～8秒。

通过这一训练方法，能够使伸展躯干和伸髋的肌肉力量得到有效的发展和提升。

（2）仰卧过顶举

仰卧在地板或垫子上，两腿并拢伸直。双手重叠握住哑铃把的一端。开始时将哑铃提起，两臂伸直，重量承受在胸部上端，然后慢慢从头顶上下放，直至两臂能舒适伸张到头顶的后下方，然后开始举回成原来的姿势。

通过这一训练方法，能够使斜方肌力量得到有效的发展和提升。

（3）俯卧两头起

俯卧在垫子或长凳上，两臂前伸，两腿并拢伸直。两臂和两腿同时向上抬起，腹部与坐垫成背弓，然后积极还原，连续练习。15～20次为一组。

通过这一训练方法，能够使伸展躯干和伸髋的肌肉力量得到有效的发展和提升。

（4）哑铃单臂划船运动

两脚前后开立，身体前弯，一只手支撑于椅面上，另一只手提起哑铃。吸气用力，持哑铃手侧上提至胸部高度，再呼气放下。连续8～12次之后，再换另一只手练习。

通过这一训练方法，能够使背阔肌上、中部以及斜方肌、三角肌的力量得到有效发展和提升。

（5）持铃耸肩

身体直立，正握杠铃，然后以肩部斜方肌的收缩力使两肩胛向上耸起（肩峰几乎触及耳朵），直至不能再高时为止。还原后，反复进行练习。

通过这一训练方法，能够使斜方肌的力量得到有效发展和提升。

（6）高翻

两脚开立，约与肩宽，双手正握杠铃，握距同肩宽，挺胸别腰，将杠铃提

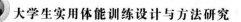

起至大腿中下部迅速发力,翻举至胸部。还原后,再反复进行。

通过这一训练方法,能够使背阔肌、斜方肌、骶棘肌的力量得到有效发展和提升。

(7)俯立划船

上体前屈近90°,抬头,正握杠铃。然后两臂从垂直姿势开始,屈臂将杠铃拉近小腹后还原,再重新开始。上拉时应注意肘靠近体侧,上体固定,不屈腕。

通过这一训练方法,能够使背阔肌上、中部以及斜方肌、三角肌的力量得到有效发展和提升。

(8)直腿硬拉

两腿伸直站立,上体前屈,两手正握杠铃,握距约同肩宽,两臂伸直,然后伸髋,展体将杠铃拉起至身体挺直。还原后重新开始。每组练习2～5次。上拉时应注意腰肌群要收紧,杠铃靠近腿部。

通过这一训练方法,能够使骶棘肌、背阔肌、斜方肌、臀大肌以及股二头肌、半腱肌、半膜肌、大收肌等伸展躯干和伸髋的肌肉力量都得到有效的发展和提升。

3.腕部肌群肌肉力量耐力训练方法

对坐姿类就业方向大学生腕部肌群力量耐力的训练方法主要有以下几种。

(1)屈伸腕静态练习

立正,一手持哑铃,手掌朝上。另一手微托持哑铃手肘关节,靠于腰部,手紧握哑铃充分屈腕静止15秒,休息5秒,再充分伸腕静止15秒。

通过这一训练方法,能够使前臂伸肌和屈肌的力量得到有效发展和提升。

(2)屈伸腕动态练习

立正,一手持哑铃,掌心朝上。另一手微托持哑铃手肘关节,靠于腰部,手紧握哑铃以2秒钟一次的频率做屈伸腕运动。

通过这一训练方法,能够使前臂伸肌和屈肌的力量得到有效发展和提升。

(3)“8”字绕环

立正,一手持哑铃(男生可以双手持哑铃),掌心朝上。持哑铃手做“8字”绕环运动。

通过这一训练方法,能够使肱桡肌的力量得到有效的发展和提升。

（二）柔韧素质训练

身体某个关节或关节组活动范围的幅度以及肌肉、肌腱、韧带等软组织跨过关节的弹性与伸展能力，就是所谓的柔韧素质。柔韧素质作为重要的身体素质之一，有着非常重要的作用和意义。一般的，良好的柔韧素质，能使人的动作舒展，这对于肌肉轻松高效地活动，以及某些运动损伤的减少都是有所助益的。

对于长期处于静坐状态的坐姿类就业方向的大学生来说，进行柔韧素质的训练是非常重要且必要的。具体来说，其应该训练和发展的柔韧素质主要涉及颈部、肩部及腰背部等部位，具体方法如下。

1. 颈肩部柔韧素质训练方法

能够有效发展坐姿类就业方向的大学生的颈肩部柔韧素质的训练方法有以下几种，各个训练方法所产生的作用也有所差别，要综合运用。

（1）低头沉思

站立均可，上背挺直，双手叉腰，眼睛正视前方。缓慢低头，下颌尽量靠近胸骨，抻拉颈部肌肉，持续 30 秒；还原，向后屈伸，保持 30 秒。

通过这一训练方法，能够使颈后部得到有效的伸展，从而使颈部的柔韧素质得到发展和提升。

（2）扭转望月

坐立均可，上背挺直，双手叉腰，眼睛正视前方。头缓缓地向左后旋转，目光注视前上方，尽最大努力保持 6～8 秒，还原，然后以相同的姿势换方向做，再还原。

通过这一训练方法，能够使侧颈部得到有效的伸展，进而使该部位的柔韧素质得到发展。

（3）"米"字形弯曲

站立均可，头部依次向前弯—复位—向左弯—复位—向后弯—复位—向右弯—复位；然后依次做左前弯—复位—左后弯—复位—右后弯—复位—右前弯—复位。

通过这一训练方法，能够使全颈部得到有效的伸展，进而使颈部的柔韧素质得到提升。

（4）正压肩

分腿站立，体前屈，两手扶于椅背，挺胸低头（或抬头），身体上半部上下振动。同伴可帮助压肩，把肩拉开。练习时要求手臂伸直，肩放松。

通过这一训练方法，能够使背部和肩部都得到有效拉伸，从而使这两个部位的柔韧素质得到发展。

（5）肩膀上提

坐在椅子上，两脚稍分开，屈肘。两手中指分别放松按于肩膀上，肩部用力往上提，上体充分舒展，在个人关节活动最大范围处静止 20～30 秒；还原，放松。

通过这一训练方法，能够使肩部得到有效拉伸，进而使肩部的柔韧素质得到发展和提升。

（6）上臂颈后拉

坐立均可，左手屈肘上举至头后，左肘关节在头侧，左手下垂至肩胛处。同时右手屈肘上举，右手在头后部抓住左臂肘关节。呼气，在头部向右拉左臂肘关节保持 6～8 秒，还原后换另一臂拉伸。

通过这一训练方法，能够使上臂后部和肩部得到有效拉伸，从而使该部位的柔韧素质得到发展和提升。

2. 腰背、胸部柔韧素质的训练方法

能够使坐姿类就业方向的大学生的腰背部和胸部柔韧素质得到训练和发展的方法主要有以下几种。

（1）坐位拉背

坐在椅子上，双膝微屈，躯干贴在大腿上部，双手抱腿，肘关节在膝关节的下面。呼气，上体前倾，双臂从大腿上向前拉背，双脚保持与地面接触，保持 6～8 秒。

通过这一训练方法，能够使背部得到有效的拉伸，进而使背部的柔韧素质得到发展和提升。

（2）坐椅胸拉伸

坐在椅子上，双手头后交叉，椅背高度在胸中部。吸气，双臂后移，躯干上部后仰，拉伸胸部。动作缓慢进行，保持 6～8 秒。

通过这一训练方法，能够使胸部得到有效的拉伸，进而使该部位的柔韧素质得到发展。

（3）体侧屈

并步站立，上身挺直。右手叉腰，左手伸直，上体尽量向左侧倾斜，保持 6～8 秒；还原，换方向做。注意上体不要有扭转动作。

通过这一训练方法，能够使腰部和躯干两侧都得到有效的拉伸，从而使该部位的柔韧素质得到发展和提升。

（4）俯腰

并步站立，两腿挺膝夹紧，两手十指交叉，手心向上，伸直上举。上体弯腰前俯,两手心尽量向下贴紧地面。两膝挺直,髋关节屈紧,腰背部充分伸展。两手直臂分别握住同侧踝关节,使胸部贴紧双腿,充分伸展腰背部。持续一定时间后再放松起立。还可以在双手触地时向左右侧转腰,用两手心触及两脚外侧的地面,增大腰部伸展时左右转动的柔韧性。

通过这一训练方法,能够使腰部和躯干两侧得到有效的拉伸,从而使该部位的柔韧素质得到提升。

(5)仰卧团身

在垫上仰卧,屈膝,双脚滑向臀部。双手扶在膝关节下部。呼气,双手将双膝拉向胸部和肩部,并提起髋部离开垫子。重复练习。动作幅度尽量大,动作保持 6～8 秒。

通过这一训练方法,能够使腰部得到有效的拉伸,从而使腰部的柔韧素质得到发展和提升。

3. 臂部和腕部柔韧素质训练方法

能够有效发展坐姿类就业方向的大学生臂部和腕部柔韧素质的训练方法主要有以下几个方面。

(1)背后拉毛巾

坐立均可,一臂肘关节在头侧,另一臂肘关节在腰背部。吸气,双手握一条毛巾逐渐互相靠近。换臂重复练习。动作幅度尽量大,每次保持 10 秒左右。

通过这一训练方法,能够使臂部得到有效的拉伸,从而使臂部的柔韧素质得到发展。

(2)向内旋腕

站立,双手合掌。呼气,尽量内旋双手手腕,双手分离。重复练习。动作幅度尽量大,每次保持 6～8 秒。

通过这一训练方法,能够使腕部得到有效的拉伸,从而使腕部的柔韧素质得到发展。

(3)跪撑反压腕

双膝着地,双臂直臂撑地,双手间距约与肩同宽,手指向后。呼气,身体重心前移。恢复开始姿势重复练习。动作幅度尽量大,每次保持 10 秒左右。

通过这一训练方法,能够使腕部的柔韧素质得到有效拉伸,进而发展和提升腕部的柔韧素质。

(4)跪撑正压腕

双膝着地,双臂直臂撑地,双手间距约与肩同宽,手指向前。呼气,身体重心前移。恢复开始姿势重复练习。动作幅度尽量大,每次保持 10 秒左右。

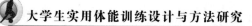

通过这一训练方法,能够使腕部得到有效的拉伸,进而发展和提升腕部的柔韧素质。

(三)心肺耐力训练

心肺耐力实际上就是心肺功能,具体来说,是指人体的心脏、肺脏、血管、血液等组织的功能,其受到很多因素的影响和制约,其中,较为主要的有氧气和营养物质的输送以及代谢物的清除。

对于长期处于坐姿状态的就业人员来说,身心产生疲劳的时间往往会缩短。再加上坐姿工作时常低头含胸,胸部和心血管得不到发展,就会对身体素质产生不利的影响,从而导致身体健康出现问题。鉴于此,就要求以职业的特点为依据来选择相应的运动项目进行训练,其中,较为理想的选择是步行、游泳、跳绳、健美操、爬山等有氧代谢的运动项目,究其原因,主要是由于这些项目有大肌肉群参与的慢节奏运动,能够使运动不足的问题得到弥补和借鉴,使心肺功能得到锻炼和提升,体形也会有所矫正。除此之外,太极拳、气功等养生练习法也是比较理想的选择,这些对于神经疲劳的消除是非常有利的。

(四)自我放松与相互按摩训练

除了进行重点的力量耐力、柔韧素质、心肺耐力等方面的训练,还要注重放松,良好的恢复是进一步训练的重要基础,也是良好训练效果取得的重要保障。具体来说,自我放松与相互按摩的训练方法主要有以下几个方面。

1. 按揉颈肌

坐立均可,双目微闭。双手五指交叉放于颈后两侧,自下而上用掌根按揉颈肌。主要用两拇指大鱼际按揉颈肌,动作有节奏,根据个人情况,选择按揉力度。

通过这一训练方法,能够使颈肌得到有效的放松。

2. 穴旋肩

两脚自然站立,稍分开,屈肘,双目微闭。两手中指分别点按肩颈穴,前后环绕各4拍。

通过这一训练方法,能够使肩颈肌得到有效放松。

3. 放松背部肌肉

两脚自然站立,稍分开,与肩同宽。双手在背后十指交叉握住,肩膀打开,尽量往后仰至自己的极限。

通过这一方法能够使背部肌肉得到有效放松。

4. 轻揉腰肌

坐立均可。先用双手轻揉腰部肌肉直,至有发热感,再以双手掌根推拿腰肌 10 次,最后握空拳轻轻叩击腰部。

通过这一方法能够使腰部肌肉得到有效放松。

二、站姿类就业方向大学生的体能训练

当前,还有很多职业是要求工作人员长期处于站立状态的,较为典型的有教师、售货员、厨师、前厅接待、迎宾小姐、餐厅服务员、模特等。从事站立型职业的人员,身体常处于站立状态,因此,对他们下肢的力量与耐力有着较高的要求,因此,下肢和腰腹肌的力量就成为发展的重点。下面就对站姿类就业方向的大学生腰腹肌和下肢力量耐力训练进行阐述。

（一）腰腹肌力量耐力训练

对站姿类就业方向的大学生腰腹肌力量耐力进行训练和发展的方法主要有以下几个方面,要根据实际需要有针对性地进行综合运用。

1. 直腿上举

仰卧于垫子上,两腿并拢伸直,双手放于体侧。双腿直腿并拢靠腹部的力量将腿慢慢举起,保持躯干与大腿成 120°左右的夹角,静止 5~10 秒,然后还原。

通过这一训练方法,能够使腹直肌、髂腰肌的力量得到发展和提升。

2. 搁腿半仰卧起坐

仰卧于垫子上,两小腿平行搁于凳面,双手交叉抱于头后。慢慢使双肩向膝部弯起,直至肩胛骨离地 3~5 厘米,保持这个姿势 1~3 秒,然后还原。

通过这一训练方法,能够使腹直肌上部力量得到有效发展和提升。

3. 仰卧侧提腿

仰卧垫上,然后侧提右膝碰右肘,然后侧提左膝碰左肘。反复练习。

通过这一训练方法,能够使腹内、外斜肌的力量得到有效发展和提升。

4. 屈膝举腿

屈膝,两踝交叉,两掌心下放在臀侧,仰卧垫上,然后朝胸的方向举腿。直到两膝收至胸上方,还原后重新开始。

通过这一训练方法,能够使腹直肌下部力量得到发展和提升。

5. 燕式平衡

由站立开始,右脚向前一步,上体前倾,左腿后上举高于头,抬头挺胸,两臂侧举成燕式平衡,站立的腿要伸直,两脚交替进行。

通过这一训练方法,能够使后背和腹部主要肌肉的力量及稳定性都得到有效的提升。

6. 静止搭桥

平躺,脚着地,手臂放在体侧。臀部、大腿和躯干肌肉用力提起骨盆,直到肩膀与膝盖连成直线。身体缓慢下降,回到起始位置。

通过这一训练方法,能够使后背和腰部主要肌肉的力量及稳定性得到有效的增强。

7. 借球搭桥

平躺,双脚放在健身球上,膝盖微屈,手臂置于体侧,做搭桥练习,脚后跟用力压球面,保持身体平衡,然后慢慢放下身体,回到初始位置。

通过这一训练方法,能够使躯干的主要肌肉的力量以及脊柱的稳定性得到有效的发展和提升。

8. 借球仰卧

跪姿,背对健身球,两脚分开夹球,手臂置于体侧,然后上体尽量往后仰,肩膀触球静止 6~8 秒。

通过这一训练方法,能够使躯干的主要肌肉的力量以及脊柱的稳定性都得到有效的发展和提升。

(二)下肢力量耐力训练

能够有效训练和发展站姿类就业方向大学生的下肢力量耐力的方法主要有以下几种。

1. 踏板弓箭步

身体直立,面对踏板,左腿屈膝成弓箭步踏踏板,右腿伸直,同时两手叉腰。还原后,交换腿连续做。

通过这一训练方法,能够使股四头肌、股二头肌、小腿三头肌的力量得到有效的发展和提升。

2. 搁腿深蹲

面对椅子,左腿深蹲,右腿伸直前举,脚跟放在椅子上,做上体前屈、两臂前平举动作。

通过这一训练方法,能够使股四头肌、股二头肌的力量得到发展和提升。

3. 踏板提踵

两脚站立于踏板上,脚跟提起,脚尖点地,两手侧平举,保持6～8秒。

通过这一训练方法,能够使小腿三头肌的力量得到有效发展。

4. 屈膝直腿

两手叉腰站立于踏板上,左腿半蹲,右腿伸直前举,停6～8秒,还原,交换腿继续做。

通过这一训练方法,能够使股四头肌、股二头肌的力量得到发展和提升。

5. 抱膝触胸

身体直立,面对踏板,然后右腿支撑站立,左脚踏在踏板,接着用力蹬踏,腿伸直,同时右腿屈膝高抬,两手抱膝触胸。还原后,交换腿连续做。

通过这一训练方法,能够使股四头肌、小腿三头肌的力量得到有效提升。

6. 踮脚跳跃

两脚并拢站立,两膝微屈,两手撑腰,双脚前掌原地向上纵跳,膝盖绷直,下落时,先前脚掌着地,然后全脚掌着地,再踮脚起跳。

通过这一训练方法,能够使小腿腓肠肌、股四头肌、比目鱼肌的力量得到有效发展和提升,同时,也能使身体平衡能力得到有效提高。

三、变姿类就业方向大学生的体能训练

除了单纯的坐姿类和站姿类的就业方向,还有一些职业是两者兼有的,

即他们劳动(工作)以坐、站、行走、乘车等相交替的姿势进行,换言之,就是静力性工作与动力性工作交替进行,也就是所谓的变姿类职业。较为典型的有贸易、营销类、导游、记者等。下面就对这类型就业人员的耐力素质和灵敏素质训练进行分析和阐述。

（一）耐力素质训练

要重点进行耐力素质训练的职业主要有导游、记者、消防战士,具体的训练方式主要有以下几种。

1. 健身走

伸直躯干、收腹、挺胸、抬头,肘关节随走步速度的加快而自然弯曲,以肩关节为肘自然前后摆臂,同时腿朝前迈,脚跟先着地,再过渡到前脚掌,然后推离地面。

通过长期坚持健身走的训练,能够使下肢各关节、肌肉活动能力得到有效的发展和提升,心肺功能也会有所增强。

2. 健身性慢速跑

跑步时,步伐要轻快,全身肌肉放松,双臂自然摆动。同时,还要配合呼吸,注意呼吸要深、长、细、缓、有节奏。呼吸的节奏以两步一呼、两步一吸或三步一呼、三步一吸为宜。除此之外,还要求尽量用腹深呼吸,吸气时鼓腹,呼气时尽量吐尽。

3. 游泳

游泳运动能够大量消耗人体的能量,完成同等距离的运动,游泳消耗的能量是跑步消耗能量的 4 倍多。因此,进行游泳运动对于人体耐力的提升是有帮助的。

4. 跳绳

跳绳这项运动较为剧烈,这就要求根据自身的实际情况来选择相应的运动负荷来达到既定的目标。随着训练时间的延长,可以适当延长跳绳的时间,跳绳的次数也可适当增加。

5. 有氧舞蹈

有氧舞蹈形式多样,锻炼者可以自己的年龄特点、体能状况和锻炼目的等为依据来有针对性地选择或自编有氧舞蹈进行训练,受到人们的广泛欢迎。

6. 登楼梯

(1)爬楼梯

爬楼梯时,弯腰、屈膝、抬高脚步,两臂自然摆动,尽可能不抓扶手。每秒钟爬一级,爬 4～5 层楼,每次往返练习 2～3 趟,每趟之间可稍作休息。开始训练的时间可以短一些,随着训练的不断进行,训练时间可以逐渐正常,训练的速度也要逐渐加快。

(2)跑楼梯

先做 30～60 秒原地跑的准备活动,然后用正常跑步的动作跑楼梯,要注意脚步用力均匀,前脚掌着地,先进行 2～3 层跑楼梯练习,往返 80～90 级台阶,逐渐过渡到 4～5 层。每趟约 3～4 分钟,每次锻炼不超过 5 趟,时间为 15～20 分钟,每趟间歇时间不超过 2 分钟。

(二)灵敏素质训练

灵敏素质训练的基本方法主要有以下几种。

(1)做各种调整身体方位的训练方法。

(2)以非常规姿势完成侧向或倒退跳远、跳深等的训练。

(3)做专门设计的各种复杂多变的"躲闪跑""之字跑""穿梭跑"和"立卧撑"四项组成的综合性训练。

(4)限制完成动作的空间训练。

(5)改变完成动作的速度或速率的训练。

(6)在跑、跳中做迅速改变方向的各种跑、躲闪、突然起动以及各种快速急停和迅速转体训练。

(7)做各种变换方向的追逐性游戏和对各种信号做出应答反应的游戏等。

四、工场操作类就业方向大学生的体能训练

工场操作类职业与其他三种类型的职业都有着较大的差别,这一类型的岗位职工工作环境较为恶劣,比如高温、高湿、高寒、辐射和噪声等,且工业自动化程度相对较低,往往以手工操作为主,体力劳动需求仍然较大。除此之外,这一类型的职业还具有较为严重的职业性疾患危险因素,较为典型的有:不良姿势、过度用力和振动等。因此,这就对工场操作类职业者的心肺功能、身体各部位的协调性和灵活性都有着较高的要求,因此,非常有必要进行心肺功能、肌肉耐力以及平衡能力的训练。下面就重点对肌肉耐力和平衡能力的训练进行分析和阐述。

（一）肌肉耐力训练

肌肉长时间维持工作的能力，就是所谓的肌肉耐力。肌肉耐力不好，就会导致肌肉血液供给不足，肌肉代谢废物的及时排除就会受到影响，从而引起局部肌肉疲劳，进而导致工作效率降低，甚至工伤事故的发生。对肌肉耐力要求较高的有上举焊接、紧固螺丝和打孔等高抬举作业，因此，训练和发展这一类型职业人员的肌肉耐力是非常有必要的。肌肉耐力的发展和提升是通过力量素质的训练实现的，具体可以分为上肢和下肢肌肉力量的训练。

1. 上肢肌肉力量训练

（1）直臂体前平举哑铃

身体直立，在大腿前部双手持哑铃，手掌相对。直臂以肩关节为肘，从身体前部平举哑铃。沿原运动路线返回开始姿势，上举时吸气，放下时呼气。

通过这一训练方法，能够使三角肌前部的力量得到有效的发展和提高。

（2）持铃头后伸臂

身体直立，双手持哑铃屈肘举于脑后，掌心相对，以肘关节为轴，前臂内旋，虎口相对，将哑铃举过头顶，然后沿原运动路线返回开始姿势。上举时吸气，放下时呼气。

通过这一训练方法，能够使肱三头肌的力量得到发展和提升。

（3）侧弯举

两手或一手侧握哑铃（拳眼向前），上臂紧贴体侧，持铃向上弯起至肩前，缓慢下放还原。

通过这一训练方法，能够使前臂伸指肌群和上臂前侧肌群的力量都得到有效的发展和提升。

（4）正握腕弯举

单手或双手正握哑铃（掌心朝下），握距与肩同宽，上臂紧贴体侧，向上弯举哑铃，举至极限后缓慢下放还原，前臂肌群始终保持紧张用力状态。

通过这一训练方法，能够使前臂伸肌群和上臂外侧肌群的力量都得到有效的发展和提升。

（5）反握腕弯举

坐在凳端，单手或双手掌心向上反握哑铃，持哑铃手前臂贴放在大腿上，手腕放松。用力将哑铃向上弯起至不能再弯时为止，然后放松还原。此动作可前臂垫在平凳上做。

通过这一训练方法，能够使前臂屈肌群的力量得到有效的发展和提升。

（6）手内旋弯举

坐姿，一手持哑铃一端，另一手支撑，持铃手前臂贴大腿、平凳或斜板上，做手的内旋外转动作。

通过这一训练方法，能够使前臂肌群的力量得到有效的发展和提升。

（7）俯立臂屈伸

自然站立在凳的一端，上体前屈至背部与地面平行，左手以手掌支撑在凳上，右手持哑铃，屈肘，使右上臂紧贴体侧与背部平行，前臂下垂手持铃，上臂贴身，固定肘部位置，持铃向后上方举起至臂伸直，再慢慢放下还原。前臂往后伸时吸气，放下时呼气。

通过这一训练方法，能够使肱三头肌外侧头的力量得到有效的发展和提升。

（8）仰卧后撑

身体仰卧，两手背后撑在稍高的凳子上，两脚放在较矮的凳子上或平地上，身体其他部分悬空。呼气，两肩放松，两臂慢慢屈肘，身体尽量下沉（尤其要沉臀），稍停 2～3 秒，然后吸气，用力伸两臂撑起身体还原。

通过这一训练方法，能够使肱二头肌、胸大肌、三角肌和大圆肌等的力量得到发展和提高。

2. 下肢肌肉力量训练

（1）颈后深蹲

两脚开立，足趾稍向外撇，两手握住杠铃并担负在颈后肩上，屈膝下蹲到大腿上面和地面平行或稍低，静止 1 秒钟，大腿和臀部用力使两脚蹬地，使身体回复到直立。重复再做。

通过这一训练方法，能够使大腿肌群、臀大肌和下背肌群的力量得到发展和提升。

（2）颈后半蹲

正握杠铃于颈后肩上，挺胸，屈膝下蹲近水平位置时，随即伸腿起立。其余要求同颈后深蹲。

通过这一训练方法，能够使伸膝肌群力量与躯干支撑力量，尤其是股四头肌的外、内侧肌，股后肌群和小腿三头肌的力量都得到有效的发展和提升。

（3）负重提踵

身体直立，颈后负铃，两脚站垫木或平地上，用力起踵，稍停再还原。

通过这一训练方法，能够使小腿三头肌及屈足肌群的力量得到发展和提升。

（4）持杠铃侧弓箭步

直立，直背抬头，正握杠铃于颈后肩上，双脚并拢，向体侧迈一大步，直到大腿内侧几乎与地面平行，另一腿尽量伸直，侧移身体还原成开始的直立姿势。双腿交替重复练习。

通过这一训练方法,能够使大腿内侧和后部肌群的力量得到有效的发展和提升。

(5)持杠铃前弓箭步

直立,直背抬头,正握杠铃于颈后肩上,双脚间距较小,向前迈一大步,大腿几乎与地面平行,后腿尽量伸直。然后身体还原至开始的直立姿势。双腿交替重复练习。

通过这一训练方法,能够使股四头肌、股二头肌、小腿三头肌的力量都得到较好的发展和提升。

(6)腿弯举

俯卧于卧推凳上,使膝盖正好抵住凳缘,两腿伸直使脚跟紧贴于上托缘的下缘,双手握住凳的前端,集中收缩股二头肌的收缩力使小腿彻底收紧,保持这个静止状态1~2秒,然后慢慢还原。

通过这一训练方法,能够使股二头肌的力量得到有效的发展和提升。

(7)腿屈伸

坐在装有伸腿架的卧推凳上,两脚背面分别紧贴下脱棍的下缘,双手握住凳的两边,使上体挺直,用股四头肌的收缩力慢慢使两腿伸直,保持这个静止收缩状态1~2秒,然后慢慢还原。

通过这一训练方法,能够使股四头肌的力量得到有效的发展和提升。

(二)平衡能力训练

个性对抗地心引力,维持自身动作稳定灵活的一种动作能力,就是所谓的平衡能力,其也被称为动态平衡。对这项能力有着较高要求的职业主要有高空建筑工、高层清洗工这些高空作业者。因此,在体能训练或运动项目选择时,就要求对前庭稳定性、下肢肌肉静力性耐力、灵敏性素质进行重点训练,从而使他们的平衡能力得到有效的发展和提升。具体来说,能够有效训练和发展平衡能力的方法主要有以下几种。

(1)急跑中听信号完成急停动作。

(2)在平衡木上做一些简单动作。

(3)在肋木上横跳、上下跳练习。

(4)发展旋转的平衡能力练习。

(5)头手倒立停一定时间。

(6)各种站立平衡。

(7)一对一面向站立,双手直臂相触,虚实结合相互推,使对方失去平衡。

(8)一对一弓箭步牵手面向站立,虚实结合互推互拉使对方失去平衡。

参考文献

[1]陶永仲.浅谈现代体能训练发展趋势及训练体系的创新[J].当代体育科技,2016(15).

[2]李雪峰.加强大学生基础体能教学的对策研究[D].南京师范大学,2008.

[3]张良力,袁运平.对体能训练的发展趋势与我国竞技体育体能训练中存在问题的探讨[J].广州体育学院学报,2009,29(04).

[4]杨世勇,李遵,唐照明.体能训练学[M].成都:四川科学技术出版社,2001.

[5]陈月亮.现代训练发展趋势及体能训练方法手段概述[J].黄石工学院学报,2009,26(04).

[6]袁守龙,现代体能训练发展趋势与对策[J].体育成人教育学刊,2014,30(01).

[7]夏培玲,王正树.大学生体育锻炼指南[M].大连:大连理工大学出版社,2012.

[8]王忠礼,谢迎霞.大学生耐力锻炼原则与方法[J].辽宁师专学报,2013(03).

[9]杨海平,廖理连,张军.实用体能训练指南[M].广州:广东高等教育出版社,2013.

[10]张琳.浅谈高校体育教育对学生心理健康的影响[J].科技资讯,2016(23).

[11]祁海辉.浅谈高校体育教育对学生心理健康的影响[J].保险职业学院学报,2009(02).

[12]吴东明,王健.体能训练[M].北京:高等教育出版社,2005.

[13]张建强.大众体育体能训练理论与实践研究[M].北京:人民出版社,2012.

[14]常伟.浅析运动疲劳的恢复途径[J].少林与太极(中州体育),2010(06).

[15]马龙蛟,王卫国.运动疲劳与恢复[J].体育科研,2008(04).

[16]朱云龙.体能康复训练理论及应用研究——以江苏省部分运动员

为例[D].南京体育学院,2014.

[17]张钧.运动营养学(第2版)[M].北京:高等教育出版社,2010.

[18]美国体能协会著,周志雄译.体能训练设计指南[M].北京:北京体育大学出版社,2015.

[19]李铂,李帅星.实用体能训练方法[M].北京:化学工业出版社,2016.

[20]封飞虎,凌波.运动生理学[M].武汉:华中科技大学出版社,2014.

[21]李铂.实用体能训练方法[M].北京:化学工业出版社,2015.

[22]张英波.现代体能训练[M].北京:北京体育大学出版社,2007.

[23]孙文新.现代体能训练——核心力量训练方法[M].北京:北京体育大学出版社,2010.

[24]万德光.现代力量训练[M].北京:人民体育出版社,2003.

[25]胡振浩,张溪,田翔.职业体能训练[M].北京:高等教育出版社,2008.